纪念改革开放四十周年丛书

张晖明——著

国有企业改革的政治经济学分析

复旦大学出版社

本丛书系"上海市中国特色哲学社会科学学术话语体系建设基地"研究成果

上海市社会科学界联合会
上海市哲学社会科学学术话语体系建设办公室
上海市哲学社会科学规划办公室
上海市"理论经济学高峰学科支持计划"
联合策划资助出版

纪念改革开放四十周年丛书编委会

学术顾问　洪远朋　张　军　陈诗一

主　　任　寇宗来

委　　员　王弟海　尹　晨　李志青　朱富强
　　　　　　陈　硕　陆前进　高　帆　高　虹
　　　　　　张　涛　张晖明　许　闲　章　奇
　　　　　　严法善　樊海潮

主　　编　张晖明

副 主 编　王弟海　高　帆

纪念改革开放四十周年丛书(12卷)作者介绍

丛书主编：张晖明,1956年7月出生,经济学博士,教授,博士研究生导师。现任复旦大学经济学系主任,兼任复旦大学企业研究所所长,上海市哲学社会科学研究基地复旦大学社会主义政治经济学研究中心主任,上海市政治经济学研究会会长。

丛书各卷作者介绍：

1.《国有企业改革的政治经济学分析》,张晖明。

2.《从割裂到融合：中国城乡经济关系演变的政治经济学》,高帆,1976年11月出生,经济学博士,复旦大学经济学院教授,博士生导师,经济学系常务副主任。

3.《中国二元经济发展中的经济增长和收入分配》,王弟海,1972年12月出生,经济学博士,复旦大学经济学院教授,博士生导师,院长助理,经济学系副系主任,《世界经济文汇》副主编。

4.《中国央地关系：历史、演进及未来》,陈硕,1980年2月出生,经济学博士,复旦大学经济学院教授。

5.《政治激励下的省内经济发展模式和治理研究》,章奇,1975年2月出生,经济学博士、政治学博士,复旦大学经济学院副教授。

6.《市场制度深化与产业结构变迁》,张涛,1976年4月出生,经济学博士,复旦大学经济学院副教授。

7.《经济集聚和中国城市发展》,高虹,1986年9月出生,经济学博士,复旦大学经济学院讲师。

8.《中国货币政策调控机制转型及理论研究》,陆前进,1969年9月出生,经济学博士,复旦大学经济学院教授。

9.《保险大国崛起：中国模式》,许闲,1979年9月出生,经济学博士,复旦大学经济学院教授,风险管理与保险学系主任,复旦大学中国保险与社会安全研究中心主任,复旦大学-加州大学当代中国研究中心主任。

10.《关税结构分析、中间品贸易与中美贸易摩擦》,樊海潮,1982年4月出生,经济学博士,复旦大学经济学院教授。首届张培刚发展经济学青年学者奖获得者。

11.《绿色发展的经济学分析》,李志青,1975年11月出生,经济学博士,复旦大学经济学院高级讲师,复旦大学环境经济研究中心副主任。

12.《中国特色社会主义政治经济学的新发展》,严法善,1951年12月出生,经济学博士,复旦大学经济学院教授,博士生导师,复旦大学泛海书院常务副院长。

总序一

改革开放到今天已经整整走过了四十年。四十年来,在改革开放的进程中,中国实现了快速的工业化和经济结构的变化,并通过城镇化、信息化和全球化等各种力量的汇集,推动了中国经济的发展和人均收入的提高。从一个孤立封闭型计划经济逐步转变为全面参与全球竞争发展的开放型市场经济。中国经济已经全面融入世界经济一体化,并成为全球第二经济大国。

中国社会经济的飞速发展源于中国改革开放的巨大成功。改革开放在"解放思想、实事求是"思想指导下,以"三个有利于"为根本判断标准,以发展社会生产力作为社会主义的根本任务,逐步探索建设中国特色社会主义事业的改革路径。四十年来的改革开放,是一个摸着石头过河的逐步探索过程和渐进性改革过程,也是一个伟大的社会发展和经济转型过程,是世界经济发展进程中的一个奇迹。当前,中国经济发展进入新常态,中国特色社会主义进入了新时代。回顾历史,借往鉴来,作为中国的经济学者,我们有义务去研究我们正在经历的历史性经济结构和制度结构转型过程,有责任研究和总结我们在过去四十年经济改革中所取得的众多成功经验和所经历过的经验教训。对这个历史变迁过程中已经发生的事件提供一个更好的理解和认识的逻辑框架,为解决我们当前所面临的困境和挑战提出一种分析思路和对策见解,从而让我们对未来尚未发生或者希望发生的事件有一个更加理性的预见和思想准备,这是每一个经济学者的目标。

为了纪念中国改革开放四十周年,深化对中国经济改革和社会发展过程的认识,加强对一些重大经济问题的研究和认识,同时也为更好解决当前以及未来经济发展所面临的问题和挑战建言献策,复旦大学经济学系主任张晖明教授组织编著了这套纪念改革开放四十周年丛书。本套丛书共包括十二卷,分别由复旦大学经济学系教师为主的十多位学者各自独立完成。丛书主要围绕四十年来中国经济体制改革过程中的重大经济问题展开研究,研究内容包括中国特色社会主义政治经济学的新发展、二元经济发展中的经济增长和收入分配、货币政策调控机制转型及理论研究、国企改革和基本经济制度完善、城乡关系和城乡融合、中央地方财政关系和财政分权、经济结构变迁和产业进入壁垒、经济集聚和城市发展、"一带一路"倡议和对外贸易、政治激励下的省内经济发展和治理模式、保险业的发展与监管、绿色发展和环境生态保护等十多个重大主题。

复旦大学经济学院具有秉承马克思主义经济学和西方经济学两种学科体系的对话和发展的传统。本套丛书在马克思主义指导下,立足中国现实,运用中国政治经济学分析方法、现代经济学分析方法和数理统计计量等数量分析工具,对中国过去四十年的改革开放的成功经验、特征事实以及新时代发展所面临的困境和挑战进行翔实而又深刻的分析和探讨,既揭示出了改革开放四十年来中国经济发展的典型事实和中国特色,也从中国的成功经验中提炼出了社会经济发展的一般规律和理论;是既立足于中国本土经济发展的事实分析和研究又具有经济发展一般机制和规律的理论创新和提升。

值得提及的是,编写纪念改革开放丛书已经成为复旦大学经济学院政治经济学科的一种传统。1998年复旦大学经济学院政治经济学教授伍柏麟先生曾主编纪念改革开放二十周年丛书,2008年复旦大学经济学院新政治经济学研究中心主任史正富教授曾主编纪念改革开放三十周年丛书。2018年正值改革开放四十周年之际,复旦大学经济学院经济学系主任张晖明教授主编了这套纪念改革开放四十周年丛书,也可谓是秉承政治经济学科的传统。

作为本套丛书的主要贡献者——复旦大学经济学院政治经济学科是国家的重点学科,也一直都是中国政治经济学研究和发展的最主要前沿阵地之一。复旦大学经济学院政治经济学历史悠久,学术辉煌,队伍整齐。她不但拥有一大批直接影响着中国政治经济学发展和中国改革进程的老一辈经济学家,今天更聚集了一批享誉国内的中青年学者。1949年中华人民共和国成立以后,老一辈著名政治经济学家许涤新、吴斐丹、漆琪生等就在复旦大学执鞭传道;改革开放之后,先后以蒋学模、张薰华、伍柏麟、洪远朋等老先生为代表的复旦政治经济学科带头人对政治经济学的学科建设和人才培养,以及国家改革和上海发展都做出了卓越贡献。蒋学模先生主编的《政治经济学教材》目前已累计发行2 000多万册,培育了一批批马克思主义的政治经济学理论学者和党政干部,在中国改革开放和现代化事业建设中发挥了重要作用。张薰华教授20世纪80年代中期提出的社会主义级差地租理论厘清了经济中"土地所有权"和"土地私有权"之间的关系,解释了社会主义经济地租存在的合理性和必要性,为中国的土地使用制度改革和中国城市土地的合理使用奠定了理论基础。目前,在张晖明教授、孟捷教授等国内新一代政治经济学领军人物的引领下,复旦大学政治经济学科聚集了高帆教授、陈硕教授、汪立鑫教授和周翼副教授等多位中青年政治经济学研究者,迎来新的发展高峰。2018年4月,由张晖明教授任主任的上海市哲学社会科学研究基地"复旦大学中国特色社会主义政治经济学研究中心"已经在复旦大学经济学院正式挂牌成立,它必将会极大推动复旦大学经济学院政治经济学理论研究和学科发展。作为复旦大学经济学院政治经济学理论研究宣传阵地,由孟捷教授主编的《政治经济学报》也已经获得国家正式刊号,未来也必将在政治经济学理论研究交流和宣传中发挥积极作用。

张晖明教授主编的本套丛书,可以视为复旦大学经济学院政治经济学科近来理论研究和学科发展的重要成果之一。通过对本套丛书的阅读,相信读者对中国的改革开放必将有新的认识和理解,对中国目前面临的挑战和未来发展必将产生新的思考和启发。

复旦大学经济学院教授、院长　张军
2018年12月9日

总序二

大约在两年前，我就开始考虑组织队伍，开展系列专题研究，为纪念改革开放四十周年撰写专著，承接和保持我们复旦大学政治经济学学科纪念改革开放二十周年、三十周年都曾经组织撰写出版大型丛书的学术传统，以体现经济理论研究者对经济社会发展的学术责任。我的这一想法得到学院领导的肯定和支持，恰好学院获得上海市政府对复旦理论经济学一级学科高峰计划的专项拨款，将我们这个研究计划列入支持范围，为研究工作的开展创造了一定的条件。在我们团队的共同努力下，最后遴选确定了十二个专题，基本覆盖了我国经济体制的主要领域或者说经济体制建构的不同侧面，经过多次小型会议，根据参加者各自的研究专长，分工开展紧张的研究工作。复旦大学出版社的领导对我们的丛书写作计划予以高度重视，将这套丛书列为2018年的重点出版图书；我们的选题也得到上海市新闻出版局的重视和鼓励。这里所呈现的就是我们团队这两年来所做的工作的最后成果。我们力求从经济体制的不同侧面进行系统梳理，紧扣改革开放实践进程，既关注相关体制变革转型的阶段特点和改革举措的作用效果，又注意联系运用政治经济学理论方法进行理论探讨，联系各专门体制与经济体制整体转型相互之间的关系，力求在经济理论分析上有所发现，为中国特色社会主义经济理论内容创新贡献复旦人的思想和智慧，向改革开放四十周年献礼。

中国经济体制改革四十年的历程举世瞩目。以1978年底召开的中国共产党十一届三中全会确定"改革开放"方针为标志，会议在认真总结中国开展社会主义实践的经验教训的基础上,纠正了存在于党的指导思想上和各项工作评价方式上存在的"左"的错误,以"破除迷信""解放思想"开路,回到马克思主义历史唯物主义"实事求是"的方法论上来,重新明确全党全社会必须"以经济建设为中心",打开了一个全新的工作局面,极大地解放了社会生产力,各类社会主体精神面貌焕然一新。从农村到城市、从"增量"到"存量"、从居民个人到企业、从思想观念到生存生产方式,都发生了根本的变化,改革开放激发起全社会各类主体的创造精神和行动活力。

中国的经济体制改革之所以能够稳健前行、行稳致远,最关键的一条就是有中国共产党的坚强领导。我们党对改革开放事业的领导,以党的历次重要会议为标志,及时地在理论创新方面作出新的表述,刷新相关理论内涵和概念表达,对实践需要采取的措施加以具体规划,并在扎实地践行的基础上及时加以规范,以及在体制内容上予以巩固。我们可以从四十年来党的历次重要会议所部署的主要工作任务清晰地看到党对改革开放事业的方向引领、阶段目标设计和工作任务安排,通过对所部署的改革任务内容的前一阶段工作予以及时总结,及时发现基层创新经验和推广价值,对下一阶段改革深化推进任务继续加以部署,久久为功,迈向改革目标彼岸。

党的十一届三中全会(1978)实现了思想路线的拨乱反正,重新确立了马克思主义实事求是的思想路线,果断地提出把全党工作的着重点和全国人民的注意力转移到社会主义现代化建设上来,作出了实行改革开放的新决策,启动了农村改革的新进程。

党的十二大(1982)第一次提出了"建设有中国特色的社会主义"的崭新命题,明确指出:"把马克思主义的普遍真理同我国的具体实际结合起来,走自己的道路,建设有中国特色的社会主义,这就是我们总结长期历史经验得出的基本结论。"会议确定了"党为全面开创社会主义现代化建设新局面而奋斗的纲领"。

党的十二届三中全会(1984)制定了《中共中央关于经济体制改革的决定》,明确坚决地系统地进行以城市为重点的整个经济体制的改革,是我国形势发展的迫切需要。这次会议标志着改革由农村走向城市和整个经济领域的新局面,提出了经济体制改革的主要任务。

党的十三大(1987)明确提出我国仍处在"社会主义初级阶段",为社会主义确定历史方位,明确概括了党在社会主义初级阶段的基本路线。

党的十四大(1992)报告明确提出,我国经济体制改革的目标是建立社会主义市场经济体制,就是要使市场在社会主义国家宏观调控下对资源配置起基础性作用;明确提出"社会主义市场经济体制是同社会主义基本制度结合在一起的"。在所有制结构上,以公有制为主体,个体经济、私营经济、外资经济为补充,多种经济成分长期共同发展,不同经济成分还可以自愿实行多种形式的联合经营。国有企业、集体企业和其他企业都进入市场,通过平等竞争发挥国有企业的主导作用。在分配制度上,以按劳分配为主体,其他分配方式为补充,兼顾效率与公平。

党的十四届三中全会(1993)依据改革目标要求,及时制定了《中共中央关于建立社会主义市场经济体制若干问题的决定》,系统勾勒了社会主义市场经济体制的框架内容。会议通过的《决定》把党的十四大确定的经济体制改革的目标和基本原则加以系统化、具体化,是中国建立社会主义市场经济体制的总体规划,是20世纪90年代中国进行经济体制改革的行动纲领。

党的十五大(1997)提出"公有制实现形式可以而且应当多样化,要努力寻找能够极大促进生产力发展的公有制实现形式"。"非公有制经济是我国社会主义市场经济的重要组成部分","允许和鼓励资本、技术等生产要素参与收益分配"等重要论断,大大拓展了社会主义生存和实践发展的空间。

党的十五届四中全会(1999)通过了《中共中央关于国有企业改革和发展若干重大问题的决定》,明确提出,推进国有企业改革和发展是完成党的十五大确定的我国跨世纪发展的宏伟任务,建立和完善社会主义市场经济体制,保持国民经济持续快速健康发展,大力促进国有企业的体制改革、机制转换、结构调整和技术进步。从战略上调整国有经济布局,要同产业结构的优化升级和所有制结构的调整完善结合起来,坚持有进有退,有所为有所不为,提高国有经济的控制力;积极探索公有制的多种有效实现形式,大力发展股份制和混合所有制经济;要继续推进政企分开,按照国家所有、分级管理、授权经营、分工监督的原则,积极探索国有资产管理的有效形式;实行规范的公司制改革,建立健全法人治理结构;要建立与现代企业制度相适应的收入分配制度,形成有效的激励和约束机制;必须切实加强企业管理,重视企业发展战略研究,健全和完善各项规章制度,从严管理企业,狠抓薄弱环节,广泛采用现代管理技术、方法和手段,提高经济效益。

党的十六大(2002)指出,在社会主义条件下发展市场经济,是前无古人的伟大创举,是中国共产党人对马克思主义发展作出的历史性贡献,体现了我们党坚持理论创新、与时俱进的巨大勇气。并进一步强调"必须坚定不移地推进各方面改革"。要从实际出发,整体推进,重点突破,循序渐进,注重制度建设和创新。坚持社会主义市场经济的改革方向,使市场在国家宏观调控下对资源配置起基础性作用。

党的十六届三中全会(2003)通过的《中共中央关于完善社会主义市场经济体制若干问题的决定》,全面部署了完善社会主义市场经济体制的目标和任务。按照"五个统筹"①的要求,更大程度地发挥市场在资源配置中的基础性作用,增强企业活力和竞争力,健全国家宏观调控,完善政府社会管理和公共服务职能,为全面建设小康社会提供强有力的体制保障。主要任务是:完善公有制为主体、多种所有制经济共同发展的基本经济制度;建立有利于逐步改变城乡二元经济结构的体制;形成促进区域经济协调发展的机制;建设统一开放、竞争有序的现代市场体系;完善宏观调控体系、行政管理体制和经济法律制度;健全就业、收入分配和社会保障制度;建立促进经济社会可持续发展的机制。

党的十七大(2007)指出,解放思想是发展中国特色社会主义的一大法

---

① 即统筹城乡发展、统筹区域发展、统筹经济社会发展、统筹人与自然和谐发展、统筹国内发展和对外开放。

宝,改革开放是发展中国特色社会主义的强大动力,科学发展、社会和谐是发展中国特色社会主义的基本要求。会议强调,改革开放是决定当代中国命运的关键抉择,是发展中国特色社会主义、实现中华民族伟大复兴的必由之路;实现未来经济发展目标,关键要在加快转变经济发展方式、完善社会主义市场经济体制方面取得重大进展。要大力推进经济结构战略性调整,更加注重提高自主创新能力、提高节能环保水平、提高经济整体素质和国际竞争力。要深化对社会主义市场经济规律的认识,从制度上更好发挥市场在资源配置中的基础性作用,形成有利于科学发展的宏观调控体系。

党的十七届三中全会(2008)通过了《中共中央关于农村改革发展的若干重大问题的决议》,特别就农业、农村、农民问题作出专项决定,强调这一工作关系党和国家事业发展全局。强调坚持改革开放,必须把握农村改革这个重点,在统筹城乡改革上取得重大突破,给农村发展注入新的动力,为整个经济社会发展增添新的活力。推动科学发展,必须加强农业发展这个基础,确保国家粮食安全和主要农产品有效供给,促进农业增产、农民增收、农村繁荣,为经济社会全面协调可持续发展提供有力支撑。促进社会和谐,必须抓住农村稳定这个大局,完善农村社会管理,促进社会公平正义,保证农民安居乐业,为实现国家长治久安打下坚实基础。

党的十八大(2012)进一步明确经济体制改革进入攻坚阶段的特点,指出"经济体制改革的核心问题是处理好政府和市场的关系",在党中央的领导下,对全面深化改革进行了系统规划部署,明确以经济体制改革牵引全面深化改革。

党的十八届三中全会(2013)通过了《中共中央关于全面深化改革若干重大问题的决定》,全方位规划了经济、政治、社会、文化和生态文明"五位一体"的336项改革任务,面对改革攻坚,提倡敢于啃硬骨头的坚忍不拔的精神,目标在于实现国家治理体系和治理能力的现代化。会议决定成立中共中央全面深化改革领导小组,负责改革总体设计、统筹协调、整体推进、督促落实。习近平总书记强调:"全面深化改革,全面者,就是要统筹推进各领域改革。

就需要有管总的目标,也要回答推进各领域改革最终是为了什么、要取得什么样的整体结果这个问题。""这项工程极为宏大,零敲碎打调整不行,碎片化修补也不行,必须是全面的系统的改革和改进,是各领域改革和改进的联动和集成。"①

党的十八届四中全会(2014)通过了《中共中央关于全面推进依法治国若干重大问题的决定》,明确提出全面推进依法治国的总目标,即建设中国特色社会主义法治体系,建设社会主义法治国家。

党的十八届五中全会(2015)在讨论通过《中共中央关于"十三五"规划的建议》中,更是基于对社会主义实践经验的总结,提出"创新、协调、绿色、开放和共享"五大新发展理念。进一步丰富完善"治国理政",推进改革开放发展的思想理论体系。不难理解,全面深化改革具有"系统集成"的工作特点要求,需要加强顶层的和总体的设计和对各项改革举措的协调推进。同时,又必须鼓励和允许不同地方进行差别化探索,全面深化改革任务越重,越要重视基层探索实践。加强党中央对改革全局的领导与基层的自主创新之间的良性互动。

党的十九大(2017)开辟了一个新的时代,更是明确提出社会主要矛盾变化为"不充分、不平衡"问题,要从过去追求高速度增长转向高质量发展,致力于现代化经济体系建设目标,在经济社会体制的质量内涵上下功夫,提出以效率变革、质量变革和动力变革,完成好"第一个一百年"收官期的工作任务,全面规划好"第二个一百年"②的国家发展战略阶段目标和具体工作任务,把我国建设成为社会主义现代化强国。国家发展战略目标的明确为具体工作实践指明了方向,大大调动实践者的工作热情和积极性,使顶层设计与基层主动进取探索之间的辩证关系有机地统一起来,着力推进改革走向更深层

---

① 习近平在省部级主要领导干部学习贯彻十八届三中全会精神全面深化改革专题研讨班开班式上的讲话,2014年2月17日。

② "第一个一百年"指建党一百年,"第二个一百年"指新中国成立一百年。

次、发展进入新的阶段。

改革意味着体制机制的"创新"。 然而,创新理论告诉我们,相较于对现状的认知理解,创新存在着的"不确定性"和因为这种"不确定性"而产生的心理上的压力,有可能影响到具体行动行为上出现犹豫或摇摆。正是这样,如何对已经走过的改革历程有全面准确和系统深入的总结检讨,对所取得成绩和可能存在的不足有客观科学的评估,这就需要认真开展对四十年改革经验的研究,并使之能够上升到理论层面,以增强对改革规律的认识,促进我们不断增强继续深化改革的决心信心。

四十年风雨兼程,改革开放成为驱动中国经济发展的强大力量,产生了对于社会建构各个方面、社会再生产各个环节、社会生产方式和生活方式各个领域的根本改造。社会再生产资源配置方式从传统的计划经济转型到市场经济,市场机制在资源配置中发挥决定性作用,社会建构的基础转到以尊重居民个人的创造性和积极性作为出发点。国有企业改革成为国家出资企业,从而政府与国家出资的企业之间的关系就转变成出资与用资的关系,出资用资两者之间进一步转变为市场关系。因为出资者在既已出资后,可以选择持续持股,也可以选择将股权转让,从而"退出"股东位置。这样的现象,也可以看作是一种"市场关系"。通过占主体地位的公有制经济与其他社会资本平等合作,以混合所有制经济形式通过一定的治理结构安排,实现公有制与市场经济的有机融合。与资源配置机制的变革和企业制度的变革相联系,社会再生产其他方方面面的体制功能围绕企业制度的定位,发挥服务企业、维护社会再生产顺畅运行的任务使命。财政、金融、对外经济交往等方面的体制架构和运行管理工作内容相应配套改革。伴随改革开放驱动经济的快速发展,城乡之间、区域之间关系相应得到大范围、深层次的调整。我们在对外开放中逐渐培养自觉遵循和应用国际经济规则的能力,更加自觉地认识到,必须积极主动地融入全球化潮流,更深层次、更广范围、更高水平地坚持对外开放,逐渐提升在对外开放中参与国际规则制定和全球治理的能力。也正是由于对经济社会发展内涵有了更加深刻的认识,摈弃了那种片面追求

GDP增长的"线性"发展思维和行为,我们开始引入环境资源约束,自觉探寻可持续的"绿色"发展道路。

可以说,改革开放对中国经济社会产生全方位的洗礼作用。正是基于这样的见解,我们的**丛书研究主题**尽可能兼顾覆盖经济体制和经济运行的相关主要方面。为了给读者一个概貌性的了解,在这里,我把十二卷论著的主要内容做一个大致的介绍。

高帆教授的《从割裂到融合:中国城乡经济关系演变的政治经济学》,基于概念界定和文献梳理,强调经典的二元经济理论与中国这个发展中大国的状况并不完全契合。我国存在着发展战略和约束条件—经济制度选择—微观主体行为—经济发展绩效(城乡经济关系转化)之间的依次影响关系,其城乡经济关系是在一系列经济制度(政府-市场关系、政府间经济制度、市场间经济制度)的作用下形成并演变的,政治经济学对理解中国的城乡经济关系问题至关重要。依据此种视角,该书系统研究了我国城乡经济关系从相互割裂到失衡型融合再到协同型融合的演变逻辑,以此为新时代我国构建新型城乡经济关系提供理论支撑,为我国形成中国特色社会主义政治经济学提供必要素材。

张晖明教授的《国有企业改革的政治经济学分析》,紧扣国有企业改革四十年的历程,系统总结国有企业改革经验,尝试建构中国特色的企业理论。基于对企业改革作为整个经济体制改革"中心环节"的科学定位分析,该书讨论了企业经营机制、管理体制到法律组织和经济制度逐层推进变革,促成企业改革与市场发育的良性互动;概括了企业制度变革从"国营"到"国有",再到"国家出资";从"全民所有""国家所有"到"混合所有";从政府机构的"附属物"改造成为法人财产权独立的市场主体,将企业塑造成为"公有制与市场经济有机融合"的组织载体,有效、有力地促进政资、政企关系的变革调整。对改革再出发,提出了从"分类"到"分层"的深化推进新思路,阐述了国有企业改革对于国家治理体系现代化建设的意义,对于丰富和完善我国基本经济制度内涵的理论意义。

王弟海教授的《中国二元经济发展中的经济增长和收入分配》，主要聚焦于改革开放四十年来中国二元经济发展过程中的经济增长和收入分配问题。该书主要包括三大部分：第 1 编以中国实际 GDP 及其增长率作为分析的对象，对中国经济增长的总体演化规律和结构变迁特征进行分析，并通过经济增长率的要素分解，研究了不同因素对中国经济增长的贡献；第 2 编主要研究中国经济增长和经济发展之间的关系，探讨一些重要的经济发展因素，如投资、住房、教育和健康等同中国经济增长之间相动机制；第 3 编主要研究了中国二元经济发展过程中收入分配的演化，包括收入分配格局的演化过程和现状、收入差距扩大的原因和机制，以及未来可能的应对措施和策略。

陈硕教授的《中国央地关系：历史、演进及未来》，全书第一部分梳理我国历史上央地关系变迁及背后驱动因素和影响；第二和第三部分分别讨论当代央地财政及人事关系；第四部分则面向未来，着重讨论财权事权分配、政府支出效率、央地关系对国家、社会及政府间关系的影响等问题。作者试图传达三个主要观点：第一，央地关系无最优之说，其形成由历史教训、政治家偏好及当前约束共同决定；第二，央地关系的调整会影响国家社会关系，对该问题的研究需借助一般均衡框架；第三，在更长视野中重新认识 1994 年分税制改革对当代中国的重要意义。

章奇副教授的《政治激励下的省内经济发展模式和治理研究》 认为，地方政府根据自己的政治经济利益，选择或支持一定的地方经济发展模式和经济政策来实现特定的经济资源和利益的分配。换言之，地方经济发展模式和政策选择本质上是一种资源和利益分配方式（包含利益分享和对应的成本及负担转移）。通过对发展模式的国际比较分析和中国 20 世纪 90 年代以来的地方经济发展模式的分析，指出地方政府领导层的政治资源的集中程度和与上级的政治嵌入程度是影响地方政府和官员选择地方经济发展模式的两个重要因素。

张涛副教授的《市场制度深化与产业结构变迁》，讨论了改革开放四十年来，中国宏观经济结构发生的显著变化。运用经济增长模型，从产品市场和劳动力市场的现实特点出发,研究开放经济下资本积累、对外贸易、产业政策等影响宏观经济结构变化的效应、机制和相应政策。

高虹博士的《经济集聚和中国城市发展》,首先澄清了对于城市发展的一个误解,就是将区域间"协调发展"简单等同于"同步发展",并进一步将其与"经济集聚"相对立。政策上表现为试图缩小不同规模城市间发展差距,以平衡地区间发展。该书通过系统考察经济集聚在城市发展中的作用发现,经济集聚的生产率促进效应不仅有利于改善个人劳动力市场表现,也将加速城市制造业和服务业产业发展,提升经济发展效率。该书为提高经济集聚程度、鼓励大城市发展的城市化模式提供了支持。

陆前进教授的《中国货币政策调控机制转型及理论研究》,首先从中央银行资产负债表的角度分析了货币政策工具的调控和演变,进而探讨了两个关键变量(货币常数和货币流通速度)在货币调控中的作用。该书重点研究了货币和信贷之间的理论关系以及信贷传导机制——货币调控影响货币和信贷,从而会影响中央银行的铸币税、中央银行的利润等——进而从货币供求的角度探讨了我国中央银行铸币税的变化,还从价格型工具探讨了我国中央银行的货币调控机制,重点研究了利率、汇率调控面临的问题,以及我国利率、汇率的市场化形成机制的改革。最后,总结了我国货币政策调控面临的挑战,以及如何通过政策搭配实现宏观经济内外均衡。

许闲教授的《保险大国崛起:中国模式》,讨论了改革开放四十年中国保险业从起步到崛起,按保费规模测算已经成为全球第二保险大国。四十年的中国保险业发展,是中国保险制度逐步完善、市场不断开放、主体多样发展、需求供给并进的历程。中国保险在发展壮大中培育了中国特色的保险市场,形成了大国崛起的中国模式。该书以历史叙事开篇,从中国保险公司上市、深化改革中的保险转型、中国经济增长与城镇化建设下的保险协同发展、对外开放中保险业的勇于担当、自贸区和"一带一路"倡议背景下保险业的时代作为、金融监管与改革等不同视角,探讨与分析了中国保险业改革开放四十年所形成的中国模式与发展路径。

樊海潮教授的《关税结构分析、中间品贸易与中美贸易摩擦》,指出不同国家间关税水平与关税结构的差异,往往对国际贸易产生重要的影响。全书从中国关税结构入手,首先对中国关税结构特征、历史变迁及国际比较进行了梳理。之后重点着眼于2018年中美贸易摩擦,从中间品关税的角度对中美贸易摩擦的相关特征进行了剖析,并利用量化分析的方法评估了此次贸易摩擦对两国福利水平的影响,同时对其可能的影响机制进行了分析。全书的研究,旨在为中国关税结构及中美贸易摩擦提供新的研究证据与思考方向。

李志青高级讲师的《绿色发展的经济学分析》,指出当前中国面对生态环境与经济增长的双重挑战,正处于环境库兹涅茨曲线爬坡至顶点、实现环境质量改善的关键发展阶段。作为指导社会经济发展的重要理念,绿色发展是应对生态环境保护与经济增长双重挑战的重要途径,也是实现环境与经济长期平衡的重要手段。绿色发展在本质上是一个经济学问题,我们应该用经济学的视角和方法来理解绿色发展所包含的种种议题,同时通过经济学的分析找到绿色发展的有效解决之道。

严法善教授的《中国特色社会主义政治经济学的新发展》,运用马克思主义政治经济学基本原理与中国改革开放实践相结合的方法,讨论了中国特色社会主义政治经济学理论的几个主要问题:新时代不断解放和发展生产力,坚持和完善基本经济制度,坚持社会主义市场经济体制,正确处理市场与政府关系、按劳分配和按要素分配关系、对外开放参与国际经济合作与竞争关系等。同时还研究了改革、发展、稳定三者的辩证关系,新常态下我国面临的新挑战与机遇,以及贯彻五大新发展理念以保证国民经济持续快速、健康、发展,让全体人民共享经济繁荣成果等问题。

以上十二卷专著,重点研究中国经济体制改革和经济发展中的一个主要体制侧面或决定和反映经济发展原则和经济发展质量的重要话题。反映出每位作者在自身专攻的研究领域所积累的学识见解,他们剖析实践进程,力求揭示经济现象背后的结构、机制和制度原因,提出自己的分析结论,向读者传播自己的思考和理论,形成与读者的对话并希望读者提出评论或批评的回应,以求把问题的讨论引向深入,为指导实践走得更加稳健有效设计出更加完善的政策建议。换句话说,作者所呈现的研究成果一定存在因作者个人的认识局限性带来的瑕疵,欢迎读者朋友与作者及时对话交流。作为本丛书的主编,在这里代表各位作者提出以上想法,这也是我们组织这套丛书所希望达到的目的之一。

是为序。

张晖明

2018 年 12 月 9 日

目　录

引言　1

第1章　导论　7
  1.1　"解放思想"为经济体制改革开路，为企业改革"定位"　9
  1.2　多元视角判断下纵览国有企业改革历程　13
  1.3　国有企业改革经验成果的政治经济学理论阐释，持续攻坚呼唤新一轮思想解放理论创新　38

第2章　经济体制转轨、市场发育进程中的国有企业改革　47
  2.1　国有经济的建立与传统企业体制的生成　49
  2.2　市场取向改革与"两权适度分离"　52
  2.3　确立社会主义市场经济目标形式与公有制实现形式创新　58
  2.4　发展非公经济与国有企业改革　63
  2.5　非公经济企业的"鲇鱼效应"与国有企业活力　70
  2.6　企业改革深化要求国有资本管理体制有根本变化　73

第3章　企业组织制度形式的蜕变：从"全民所有制""国有制"到"混合所有制"　79
  3.1　国有企业的公司制改造：多元出资与"混合所有制"　81
  3.2　企业法人财产权的确立：明确出资人，从国有企业到国家出资的企业　87

3.3 公司制度导入方式特点引发的思考 92
3.4 坚持公有制与积极发展混合所有制可以并行不悖 95
3.5 发展混合所有制与公有制控制力、影响力 99
3.6 发展混合所有制对所有制理论创新的意义 101

第4章 呼唤新国资管理体制：从"管资产"转向"管资本" 105
4.1 市场经济条件下的资本价值配置 107
4.2 "管资本"对"政企不分""政资不分"路径依赖的改革意义 116
4.3 "管资本"与"管资产"的工作内容、工作重点、工作方法比较 125
4.4 淡马锡模式借鉴与国有资本管理体制目标模式 127
4.5 国有资产管理与政府财政体制改革关系（大财政目标模式） 135

第5章 "分类改革"与产业领域、市场结构关系 143
5.1 "类"的发现：市场发育水平对国有企业改革的制约影响 145
5.2 分类条件下国有资本与其他社会资本的竞争合作关系 151
5.3 国有企业改革与产业领域开放关系 160
5.4 国有企业组织结构表现的国有资本配置对市场结构的决定影响 166
5.5 "分类"改革背景下推进"混合所有制"的配套条件要求 169
5.6 企业改革与市场发育改革如何互动 173

第6章 改革再出发：从"分类"到"分层" 179
6.1 《指导意见》对企业制度创新的拓展深化指导意义 181
6.2 从《深改决定》到《指导意见》出台对国有企业改革"再出发"的探索和启迪 186
6.3 "分类"改革面临相关因素制约，需要"分层"机制加以配合 190
6.4 "分类""分层"改革呼唤经济理论创新有新的突破 204

第7章 公司治理机制中的企业家角色 207
7.1 企业家角色作用作为特殊生产要素的认识进程 209

7.2 公司治理中的"委托代理"关系处理 220
7.3 作为特殊生产要素的企业家要素的再认识 224
7.4 国家出资企业治理中企业家因素特点 227
7.5 人力资本的独立性：如何处理市场评价与行政评价关系 231
7.6 人事任用与激励约束机制处理 234

第8章 国家出资企业的治理结构优化 237
8.1 "突破口"：混合所有制如何改造传统国有企业？ 240
8.2 公司制企业治理方式的本土化实践分析 247
8.3 在比较分析中理解公司治理实践中文化因素作用影响 256

第9章 国有企业改革对国家治理现代化建设的意义 267
9.1 国有资本的社会属性与公共利益维护 269
9.2 管资本视野中的国有资产账户管理与"政府理财" 274
9.3 国有资产账户体系建设与国家资产负债表建设和完善 280
9.4 作为"宏观经济调控管理手段"的国有资产的配置流动性 287
9.5 国家出资配置方式下劳动权益关系的制度创新 290

第10章 国有企业改革对基本经济制度内涵的丰富和完善 295
10.1 "问题导向"下的"试点探索"，渐进推广实现"增量改革"、体制转轨 297
10.2 国有企业改革带动生产关系的不断完善，丰富夯实了基本经济制度的内涵 305
10.3 混合所有制改革进程中的资本公允定价，防止国有资产流失 312

结语 317

参考文献 325

后记 339

引 言

时光荏苒,以1978年12月召开的中国共产党第十一届三中全会召开为起点,中国经济社会发展进入改革开放发展时代。四十年征程励精图治,改革开放波澜壮阔,一浪胜过一浪。国有企业改革无疑是这一潮流中的本体性的内容。就"国有企业改革"这一主题概念覆盖的具体内容而言,涉及社会主义公有制作为社会主义基本经济制度的核心内容如何得到完善、如何在经济构造中加以配置、采取什么样的工具手段形式加以配置?涉及如何使这种配置在现实经济运行中富有活力,以巩固社会主义公有制的生命力?伴随经济体制改革从传统计划经济转向社会主义市场经济,还需要回答公有制如何与市场经济如何有机地结合?国有资本遵循市场经济运行特点管理经营,其配置运行选择什么样的科学有效的实现形式?具体配置场合如何处理好与其他社会资本之间的分工合作,发挥国有资本对整个国民经济运行的控制力、影响力,共同发展推进国家经济竞争力的不断提升?

40年的改革历程,是在对传统计划经济体制弊端有深刻检讨基础上,聚焦经济运行如何赋予活力这一根本命题加以破题的。企业是经济运行活力的微观组织载体,增强"企业活力"就成为经济体制改革的"中心环节"。40年经济体制改革始终围绕着这一中心环节渐次展开,伴之以"增量改革"方式导入"市场取向"的经济管理手段,走出传统的计划经济体制,逐渐转轨过渡进入社会主义市场经济体制。其间,以中国共产党召开的历次重要会议和会议所通过的重要文件,以"解放思想"、破除传统观念和理论桎梏,阶段性总结改革经验成果,部署新的阶段改革工作内容。表明中国共产党始终站在时代的潮头,领导着中国改革开放砥砺前行,印记着改革推进的阶段特征。

1978年年底改革启动初期,针对国民经济结构存在的突出问题,以调整提高农副产品的价格为工作重点,稳定农业生产基础。与此同时,选择一批企业探路"放权让利"试点办法,为全面推开积累经验。1984年十二届三中全会明确了改革重点转向城市,会议通过了《中共中央关于经济体制改革的决定》,对经济体制改革内容任务进行全面部署,导入商品货币关系和市场机制,激活企业"主体理性",国民经济运行开始焕发活力。乘1992年春天邓小平视察武昌、深圳、珠海和上海发表系列谈话之东风,1992年10月召开的党的十四大,明确提出了"市场是配置资源的基础性手段"和"公有制实现形式多样性"命题。因此,1993年11月的十四届三中全会通过了《中共中央关于建立社会主义市场经济体制若干问题的决定》,明确社会主义市场经济体制是我国经济体制改革的目标模式。经济体制模式转轨进度和力度不断加大,经过了近三十年改革努力,到2003年10月的中国共产党第十六届三中全会通过《关于完善社会主义市场经济体制若干问题的决定》,释放出"社会主义市场经济体制的主要框架内容已经确立"的基本判断,改革进入体制深层内涵建设完善阶段;一直到2013年11月召开的十八届三中全会通过了《中共中央关于全面深化改革若干重大问题的决定》,着眼于"国家治理体系的现代化和国家治理能力的现代化"的总目标,明确经济、政治、社会、文化和生态文明"五位一体"的全面深化改革的新阶段。

实践证明,"改革开放是决定当代中国命运的关键抉择,是党和人民事业大踏步赶上时代的重要法宝"。改革开放成为驱动经济快速健康持续稳定发展的主要动力,改革开放40年来,中国经济保持了年均9.5%的增长速度,迅速走出了"短缺经济"状态,国民经济总量(GDP)连续迈上几个台阶,于2009年进入全球第二,人均产出也是迅速攀升,按照世界银行的统计指标,1978年中国人均GDP只有156美元,四十年后的今天,人均GDP水平已经接近9000美元,人民生活水平迅速提高,进入全面实现"小康"境界,开辟出一条具有中国特色的社会主义发展道路。今天,我们纪念改革开放四十周年,正是为了更好地凝聚共识,"以更大的决心冲破思想观念的束缚、突破利益固化的藩篱,推动中国特色社会主义制度自我完善和发展"①。如果说此前的改革比较多的触及经济体制机制运行的相对浅的层次,摆在我们面前的全面深化改革任务进入"攻坚期"和"深水区",如何发挥经济体制改革的"牵引作用",推动生产力、上层建筑同经济基础相适应,推动经济社会持续健康发展,需要强烈的历史使命感,"敢于啃硬骨头,敢于涉险滩",以充分表明"将改革进行到底"的信心和决心。

---

① 《中共中央关于全面深化改革若干重大问题的决定》,《〈中共中央关于全面深化改革若干重大问题的决定〉辅导读本》,人民出版社,2013年,第7页。

第1章

导 论

中国经济体制改革的特点表现为理论创新,观念变革先行。运用"解放思想,实事求是"的马克思主义思想方法对现实社会主义运动加以检讨,使中国共产党人冲破僵化的理论禁锢,对传统的高度集中的计划经济体制的根本弊端进行深刻的剖析,对启动经济体制改革形成积极响应,对经济体制安排如何决定影响资源配置和企业运行活力、效率有准确的理解判断,对国有企业改革在整个经济体制改革任务内容工作系统有准确的"定位",以增强企业活力作为经济制改革的"中心环节"展开触动经济体制建构的其他各个侧面变革,也凸显了企业体制作为微观基础的经济体制构造特点。

1.1 "解放思想"为经济体制改革开路,为企业改革"定位"

十一届三中全会成为"传统社会主义"转向"中国特色社会主义"的重要转折点,标志着中国共产党从根本上冲破了长期"左"倾错误的严重束缚,端正了指导思想,在思想上、政治上、组织上全面恢复和确立了马克思主义的正确路线,揭开了党和国家发展历史的新篇章。当时的中国,刚刚从十年"文革"走出来,也正是为了准备这次会议,此前召开的中央工作会议前后延续了36天,在一种非常宽松的气氛中,以"解放思想"开路,提倡畅所欲言,充分恢复和发扬了党内民主和党的实事求是、群众路线、批评和自我批评的优良作风,全面深入地总结了既往三十年探索社会主义在中国实践的经验教训。十一届三中全会的中心议题就是要"把全党的工作重点转移到社会主义现代化建设上来",会议提出,"根据新的历史条件和实践经验,采取一系列新的重大的经济措施,对经济管理体制和经营管理方法着手认真的改革,在自力更生的基础上积极发展同世界各国平等互利的经济合作,努力采用世界先进技术和先进设备,并大力加强实现现代化所必需的科学和教育工作。"①这就是人们概括表述的"改革、开放"重大工作方针。四十年来,中国经济社会发展高举"改革开放"旗帜,驱动中国经济社会快速发展,取得举世瞩目的成就。

《中国共产党十一届三中全会公报》在论述经济体制改革任务时,特别明确指出:"现在我国经济管理体制的一个严重缺点是权力过于集中,应该有领导地大胆下放,让地方和工农业企业在国家统一计划的指导下有更多的经营管理自主权;应该着手大力精简各级经济行政机构,把它们的大部分职权转交给企业性的专业公司或联合公司;应该坚决实行按经济规律办事,重视价值规律的作用,注意把思想政治工作和经济手段结合起来,充分调动干部和劳动者的生产积极性;应该在党的一元化领导之下,认真解决党政企不分、以党代政、以政代企的现象,实行分级分工分人负责,加强管理机构和管理人员的权限和责任,减少会议公文,提高工作效率,认真实行考核、奖惩、升降等制度。采取这些措施,才能充分发挥中央部门、地方、企业和劳动者个人四个方面的主动性、积极性、创造性,使社会主义经济的各个部门各个环节普遍地蓬蓬勃勃地发展起来。"②《公报》围绕经济运行中体制安排在集权与分权(包括中央地方之间、政府企业之间)关系;如何自觉遵循经济规律行事;如何处理好党政关系和政企关系;如何在充分发挥企业经营主体的自主权的同时,明晰工作责任并相应处理好评价奖惩,以充分调动经营管理工作者的积极性等方面作出安排。概括起来一句话,就是要以改革举措充分释放经济运行发展的活力。

经过四十年改革的历练,重温十一届三中全会公报内容,对《公报》一针

---

① 《中共中央十一届三中全会公报》(1978年12月22日),http://cpc.people.com.cn/GB/64162/64168/64563/65371/4441902.html。

② 同上。

见血地指出我国经济体制存在的弊端,并能够切中要害提出解决问题的思路和办法,不能不为之叫好。很显然,这是"思想解放"的成果。正是由于"思想"的"解放",全党上下对中国社会主义实践有全面深刻的总结检讨,才能够清晰地、有对性地提出对传统体制改革的任务内容;正是由于"思想"的"解放",使人们对外部世界现实存在有了新的见解,思维和理解分析问题的能力得到解放,从旧有思想认识的禁锢和僵化范式中走出来,实事求是地思考我们发展前进征途上所面临的问题,力求把我们的事业发展得更好、更有效率、更能够贯彻体现社会主义的原则要求。可见,破除思想僵化和旧有理论对人们思想的束缚是何等重要,我们甚至可以说,"解放思想"是驱动改革开放实践行动的源头活水。正如中国共产党十八届三中全会通过的《中共中央关于全面深化改革若干重大问题的决定》中所强调的,"实践发展永无止境,解放思想永无止境,改革开放永无止境"[①]。永无止境就是永远不满足于现状,实践就是在不断发现解决问题的过程中发展前行的,既有的认识和经验在不断变化的环境中也都会受到挑战,需要有改革的勇气去应对。四十年的改革进程总是伴随着一个个现成的理论被刷新,思想的解放拓展出行动的新空间,促成发展前行步伐一步步推进、存在的问题一件件解决、经济社会矛盾一个个化解,彰显出思想理论创新对于社会实践进步的特别意义。这就启示我们,既有的经济学理论需要在改革实践中不断加以检验、不断加以更新。

强调"解放思想"对于推进改革开放不断深化前行的作用,更是激发我们在方法论上理解它所蕴含的哲学底蕴。就是一切从实际出发,而不是从现成的理论命题出发,以"问题导向",而不是拘泥于既有的理论结论。伴随着改革进程,思想解放带动经济管理的体制机制不断变革,极大地解放了生产力,要素市场发育和分工细化促成生产组织和分工交易方式的多样性发展;开放措施一方面引入市场经济参照系,与此同时也促进了中国经济深度融入全球

[①] 《中共中央关于全面深化改革若干重大问题的决定》,《〈中共中央关于全面深化改革若干重大问题的决定〉辅导读本》,人民出版社,2013年,第2页。

化潮流,使得国际环境变化对中国经济运行的影响力度不断加强。当我们解决了既已发现面临的困难和问题,又会不断面临新的问题和挑战。如何保持清醒头脑,做到"正视"挑战,敢于担当应对,必须扎根实践土壤,通过"解放思想"为实践开路,不断破除传统观念和理论认知的束缚,在理论创新工作上下功夫、花气力。在这里,我们深刻地体会到经济理论研究创新对于指导实践的特别重要性。

回到本书所要讨论的国有企业改革话题。总结推演改革开放所经历的多个阶段、先后出台的一系列组合措施对经济体制各个方面的改革,不难看出,企业改革始终是一道亮丽的风景,作为整个经济体制改革的中心环节受到重视。改革的分阶段推进,针对高度集中的计划经济管理体制的根本弊端,从着力解决企业运行活力突破,通过采取"增量改革"的策略,以试点探索开路,取得经验逐步在面上推开,由此稳健推进、不断递进。这一改革进程的重要特征在 1984 年 10 月中国共产党十二届三中全会通过的《关于经济体制改革的决定》就有了明确清晰的定位和表述。该《决定》文本对企业改革有专门章节加以阐述,总共十章内容中,第三章以"增强企业活力是经济体制改革的中心环节"作为标题,并特别强调指出:"增强企业的活力,特别是增强全民所有制的大、中型企业的活力,是以城市为重点的整个经济体制改革的中心环节。"①并且强调了企业改革任务要重点处理好政府与企业的关系和企业与职工的关系。这样的对企业改革在整个经济体制改革目标任务体系中所处地位的阐述,抓住了经济体制功能的根本就是如何科学合理地配置生产要素,发展生产力。企业正是具体承担资源配置,整合各类生产要素的现实生产力"组织平台"或者说"组织载体"。在经济体制构造所汇聚的多重经济关系的复杂结构中,包含了政府与企业、计划与市场、宏观与微观、中央与地方、公民与社会等多对经济范畴及其在经济运行中的功能耦合,其中政府与企业

---

① 《中共中央关于经济体制改革的决定》,http://cpc.people.com.cn/GB/64162/134902/8092122.html。

的关系如何处理,直接决定了从事社会再生产经济活动的企业是否具有活力,以至于社会再生产投入产出的效率,诚然,其他经济范畴的内容如何处理也会对企业行为产生制约,由于抓住了多组经济关系中的关键,以企业是否有活力作为改革所要解决的旧体制积弊的"中心环节"。对于"现代企业是社会主义市场经济体制的微观基础"这一命题,我们在经历了改革不断深化,对社会主义市场经济体制作为体制改革的目标模式内容的理解时,对此作了更加直白的描述。从这个意义上说,1984年10月党中央《关于经济体制改革的决定》对改革蓝图设计为企业改革做出了科学的定位,抓住了经济体制构造和功能的"中心环节",对后来所展开的改革不断走向纵深至关重要,值得我们在这里予以特别的笔墨强调。邓小平同志对《关于经济体制改革的决定》评价时说:"写出了一个政治经济学的初稿,是马克思主义基本原理和中国社会主义实践相结合的政治经济学。"[1]说到这里,我们还是要再提"解放思想"这一工作内容对于理论观念刷新,激活提升人们发现问题、分析问题、驾驭解决问题能力所产生的特殊作用。更是启示我们须臾不能忘记"解放思想永无止境"这一命题富含"实事求是"马克思主义思想方法论的意义。

1.2 多元视角判断下纵览国有企业改革历程

40年来,中国经济体制改革推进围绕企业改革这一中心环节展开,人们可以从不同的视角对40年的改革实践进行总结,其中的一个最直观地总结叙述的方法就是以时间为自然连续线索对改革深化阶段内容特征的概括提炼。按照时间阶段划分,40年的企业改革深化历程可以分为三大阶段,即1978—1992年的"放权让利"、调整政府企业之间的利益结算关系和结算方式为主要

---

[1] 邓小平:《在中央顾问委员会第三次全体会议上的讲话》,《邓小平文选》(第3卷),人民出版社,1993年,第83页。

特征第一个大的阶段;1992—2012年的着力探索企业制度创新,对国有企业实行公司制改造,建立和完善企业法人治理机制的第二个大的阶段;2013年以来,以"积极发展混合所有制",推进公有制实现形式全面创新为特征的新阶段。今天,企业改革持续推进的新的深化努力,还是处在这一阶段进程之中。我们可以通过围绕企业改革三个大的阶段去透视我国经济体制改革是怎样不断走向深入,企业改革深化又是如何与经济体制的其他方面的改革内容相互带动、协同推进的;改革对经济运行又是如何释放制度变革红利、提高经济运行绩效促进经济快速发展的。通过这种解剖分析,也可以进一步加深对于经济体制整体构造的认识,加深对于企业体制是经济体制的微观基础定位的准确理解。

1.2.1　改革启动,抓住利益关系调整关键,激发企业活力

从1978年底的十一届三中全会明确"改革开放"发展方针,针对当时的国民经济结构比较突出的问题,着重对经济结构存在的不合理加以调整,特别是对农产品价格严重偏低、抑制农民生产积极性加以调整,启动对农副产品的价格体系的变革,稳定农业生产预期和国民经济基础,为城市经济体制改革准备条件。与此同时,针对集中计划管理方式下的企业缺乏经营活力问题,开始试点对企业放松管制,允许企业所创造的利润有一定比例留在企业,可以自主支配使用,包括其中有一定部分用于职工奖励。这就改变了既有的"统收统支"集中计划管控的体制模式,激活作为微观经济细胞的企业的积极性,以此改变政府对企业计划指令、"统收统支""干多干少一个样"必然形成的"企业吃国家大锅饭、职工吃企业大锅饭"的经济现象。针对企业留利行为与政府之间所形成的博弈,为保证政府可能集中的财力,早在1980年就在少数企业开始试点"利改税",摸索经验,1983年全面导入"利改税"(利税并存)做法,并在1984年进一步过渡到"利改税"第二步,以寻求企业活力提高基础上的经济发展增收,使政府和企业两者都能够增加收入。原来的"利润上缴"

改为"按章纳税",国有企业以纳税人身份的出现,突出了企业独立法人地位,需要在国有企业的所有权规定性及其实现形式等基础理论上有新的界定和解释;也需要经济体制的其他相关方面有配套性变革,包括价格体制、就业体制、财政和金融体制等方面有所协同。由于改革推进本身不可能多头并举,针对解决企业活力问题,通过调整政府与企业的利益关系取得明显的成效,国民经济运行效率和产出规模有所增长,是以政府让利和政府财政收入增长不多为"改革成本"的。正是为了继续推进经济体制其他方面内容的改革,需要保持中央财政有新的财政集中能力,以支撑和保证经济体制其他领域的改革。可见,如何处理好政府与企业利益分配关系面临着新的难点和挑战。

正是这样,1984年10月召开的中国共产党十二届三中全会通过了《关于经济体制改革的决定》,在部署改革重点转向城市经济改革、明确以企业改革作为整个经济体制改革的"中心环节"的同时,理论上创新性地提出了国有企业"所有权和经营权可以适当分离"的论断,对国有企业运行的所有制关系安排在企业运行过程把所有权的权能予以分解,回答国有企业可以作为独立的纳税主体的经济理论原因。由此表现出经济体制改革对经济理论创新的呼唤。另外,面对企业经营积极性提高,企业经营的外部环境条件出现新的变化,双轨价格并存的信息不一致性,会对企业经营目标和决策理念造成干扰,使企业行为出现紊乱。加之"利改税"的制度是以企业利润分成的"既得利益"为起点确定纳税税率,在统一利润所得税的基础上,变通性地采用"调节税"的名义,不同企业有不同的调节税税率,由此产生甚至在同一行业的不同企业税收缴交"负担"不一致,实际上就是一种"鞭打快牛"现象,无疑会挫伤企业的积极性,抑制进一步调动企业积极性的努力,与希冀通过改革调动企业和职工积极性的本意相矛盾,原本希望达到的产出增长在政府与企业之间的同向增收的目标实现难以充分实现。这就要求从既有的直接以"利益约束"调动企业和员工积极性的做法基础上,寻求新的制度创新工具手段,在处理政府(国家)与企业利益关系问题上,开拓寻找新的工具和手段。

如前所述,以"增量改革"、试点先行、不断推进的工作方式,保证了企业改革有条不紊开展。围绕简政放权的改革，针对不同企业允许选择不同的经济责任形式，在全面试行企业经营责任制改革措施的同时，对继续深化改革可能选择的"股份制"（公司制）开始选择试点。1986年12月5日，国务院发布《关于深化企业改革增强企业活力的若干规定》。《规定》提出，全民所有制小型企业可积极试行租赁、承包经营。全民所有制大中型企业要实行多种形式的经营责任制。各地可以选择少数有条件的全民所有制大中型企业进行股份制试点。《规定》的出台是推动城市经济体制改革的重大步骤，对于进一步简政放权，改善企业外部条件，扩大企业经营自主权，促进企业内部机制改革，具有重要意义。1988年2月27日，国务院发布《全民所有制工业企业承包经营责任制暂行条例》，自1988年3月1日起施行，借助承包合同形式界定企业经营的责权利，处理政府与企业之间的利益分配关系，从既有的"利益约束"转向"契约约束"①。在保护既有的"利润留成"方式所激活企业自主经营意识和经营积极性的基础上，导入"合同管理"②，借助合同条文内容明确企业经营的责任、权利和利益，实行三年一轮承包合同期限的做法，引导企业有长期经营目标，追求经济产出不断增长和自身利益增收，也有助于保证国家集中财力的稳定增长以应对逐渐展开的其他方面改革的成本开支能力。

沿着"政府与企业关系调整"变革的思路前行，向企业"扩权让利"，推行企业经营责任制，从"上缴利润"激活企业自主意识，到"利改税"，发育企业独立法人市场身份，再到"承包经营责任制"，探求企业作为市场主体的权责利对称性，对经济运行中的管理内容方式和实现机制不断深化。这一系列生产关系内容的调整包括对社会主义经济制度和生产资料公有制如何在现实经济运行中加以配置的体制安排，对于一定的体制架构下的不同主体权益（政

---

① 张晖明：《中国国有企业改革的逻辑》，山西经济出版社，1998年。
② 伴随改革进程深化和市场发育，1981年12月13日第五届全国人民代表大会第四次会议通过了《中华人民共和国经济合同法》，旨在对经济活动中的各类合作主体建立权利与责任对称的市场行为意识和行为规范。笔者认为，在处理政府与企业利益分配关系的改革中，引入"合同契约"与此背景有关。

府——表现为财政收入、企业——经营核算主体盈亏能力和企业职工——劳动收入)三者之间如何形成互为良性的激励相融机制。由此促成了我们对于现实社会主义实践运动的认识在基本经济制度、经济管理体制和具体实现机制(经济制度—经济体制—经济机制)三个层次上有了更加清晰的理解和如何科学驾驭的现场感知,对经济体制的构造有了更加全面完整的理解,对深化推进改革的前瞻设计能力有更加清晰的自觉意识。也正是在这样的背景下,1992年7月23日国务院第103号令《全民所有制工业企业转换经营机制条例》发布实施,着重强调企业经营机制转换①,推动全民所有制企业进入市场,增强企业活力,提高企业经济效益。在企业经营机制变革上发力,促进企业更好地适应市场发育的外部环境,实现国民经济整体运行效率的不断提高,处理好经济体制改革各个侧面的配套协同关系。

今天回过头来看,传统的高度集中的计划经济体制在处理资源配置的机制功能上,只是简单停留在对于"公有制"基本性质的抽象理解上,认为生产资料公有制具有对劳动者"平等"的权利关系,并且在不同场景下无差异。然而,现实生活中的具体生产活动场合存在着诸多制约因素,导致生产资料公有制的具体配置和功能实现不可能无差异,包括公有制的生产资料配置在数量(资本规模)和质量(不同分工的产业部门、地理位置、生产装备的技术含量,乃至于使用生产资料的劳动者自身的文化知识技术差异等)的多样性。正是由于这种具体配置实现场合的多样性,具体使用公有制生产资料的企业自身的经营的主观努力程度差异的科学客观评价就显得特别重要。传统计划经济体制的"统收统支"管理做法,完全无视劳动者个体理性和劳动者联合劳动基础上的企业理性,完全排斥这些商品经济因素,必然导致微观经济死气沉沉、没有活力,国民经济运行低效率,长期处在"紧运行"的"短缺"状态。

---

① 该《条例》除总则内容外,分别对企业经营权的各项具体内容、自负盈亏责任、变更与终止、企业与政府的关系、法律责任等内容都做出了明确界定,是中国企业理论发展和改革实践指导的重要文献。

正是针对这种体制弊端,通过"放权让利",根据企业占有使用的国有资产和资金数量的投入产出成果核算,确定一定的企业留成比例,由企业自主支配,由此唤起企业理性的复苏和法人意识的发育。伴随企业留利自主使用("自主钱")的改革动作,使用自有资金的"权力"形成了对应于传统的高度集中的计划经济管理体制的"计划外"行为,在企业积极性得到激发调动的基础上,进一步允许企业"自主采购"原料材料的行为和"计划外安排生产、销售",自然也就有不同于计划定价的企业计划外生产的产品的自主定价,以至于形成另外的价格轨道和逐渐发育成长起来的市场性价格体系。这样的"增量改革"策略办法形成对传统体制的消减力量,逐渐成长出以计划外市场发育形成"双轨制"经济运行,也促成效率评价的市场力量,企业作为社会再生产资源配置的微观组织自身所应该拥有的"法人"身份地位逐渐得到理解和认可,调动企业经营活力的努力在经济机制、经济体制和经济制度不同层面上的理论认识不断积累丰富,最终也促成对于企业制度的完整内容和功能以至于企业改革目标模式设计上形成清晰的思路和方案。

1.2.2 以制度创新呵护企业活力,以权责明晰塑造企业治理机制

围绕增强企业活力的改革以试点开路有序推进,为整个国民经济运行注入强大的活力,企业改革的举措所取得的成果也带动了经济体制其他侧面的改革前行。围绕企业制度创新改革内容,基于作为市场独立法人的企业明确企业出资人的要求,要求建立专司国有资产出资职能的新国有资产管理组织体系,联系探索处理公有制与市场经济的相容性,探索国有资产市场化配置能力和活力;基于企业的市场主体的法律地位,以公司制企业组织形式进行改制,变传统的"国有企业"为"国家出资的企业";与企业改制相伴,调整国有资本配置战线过长、资本规模分散的存在问题,依据"有进有退""有所为有所不为"的市场经济分工原理,推进国有企业的战略性重组;

在企业制度创新和规模优化的基础上,引入现代企业治理机制,建立健全公司治理结构,改善企业经营素质,将企业完全推向市场,塑造竞争有序的市场主体体系。

1. 企业改革触动国有资产管理体制的改革配套。以公司制法律组织形式改造传统国有企业,要求改革国有资产管理体制,建立国有资产管理新的组织体系。

以"增量改革"的措施策略渐进深化,开拓出"市场调节"的新的体制空间,发育成长起市场配置资源的新调节机制,并逐渐被各类经济和社会主体所理解采用,为廓清经济体制改革目标模式积累经验和智慧。针对经济体制中的"双轨"(计划与市场)并存,客观上造成对于资源配置和运行效率评价的双重尺度标准,需要在基本理论认识上有明确态度。1992年春天,邓小平同志南方谈话中明确提到:"计划多一点还是市场多一点,不是社会主义与资本主义的本质区别。计划经济不等于社会主义,资本主义也有计划;市场经济不等于资本主义,社会主义也有市场。计划和市场都是经济手段。"[①]正是在这样的背景下,中国共产党第十四次全国代表大会(1992年10月)明确了以建立"社会主义市场经济体制"作为我国经济体制改革的目标模式,围绕如何建设和实现这一目标,1993年11月召开的十四届三中全会通过的《关于建立社会主义市场经济体制若干问题的决定》,对各项改革任务的具体内容作了详细的描述,围绕企业改革内容提出了"建立现代企业制度"的目标方向,指出"以公有制为主体的现代企业制度是社会主义市场经济体制的基础",改革的深化就是要"让企业进入市场",必须解决深层次矛盾,"着力进行企业制度的创新",进一步解放和发展生产力。《决定》所指出的"现代企业制度"的法律组织形式,实际上就是现代公司制度。围绕"公司制改造"的新的改革任务落实标志着企业改革进入着力推进制度建设创新的阶段。

---

① 邓小平:《在武昌、深圳、珠海、上海等地的谈话要点》,《邓小平文选》(第3卷),人民出版社,1993年,第373页。

传统的国有企业的组织形式,生产资料全民所有制的性质规定采取了"国家所有制"的法律组织形式,放权让利的改革举措突破了既有的政企关系、启迪了"两权分离"的理论发现,特别是"利改税"的做法,进一步凸显出企业的独立法人地位,围绕落实企业自主经营、自负盈亏的经营机制转换,加之企业生存运行的市场经济环境的变化等方面的体制机制变化,必然提出要求企业组织的法律形式的调整,在制度建设层面上处理好政府与企业之间的关系,以"现代企业制度"作为企业改革的"目标模式",建设社会主义市场经济体制的微观基础。企业是独立的市场经济活动主体,是由"出资人"出资组建的法人组织。改革的深化必然提出"明确"企业出资人的工作内容,这就把国有资产管理体系的改革任务推上了台前。改革的深化呼唤建立专司国有资产管理、行使"出资人"职能的组织体系。从政治经济学理论创新内容的视角考察,需要回答"公有制如何与市场经济相结合"?两者在运行机制上如何相融?

改革实践证明,传统体制下企业没有活力,成为政府行政机构的附属物,一种最为典型的表现就是"政企不分",政府行政机构一方面作为国有企业的"所有者";另一方面,也承担着日常经济社会事务管理者的职能,政府事务与出资者事务集于一身,政资关系和政企关系纠缠,对企业的日常经营活动管控太多,导致企业缺乏活力。向企业"放权让利",激发活力的诸多改革,必然要求政府机构梳理分解各类具体职能,作为企业出资人职能与日常经济社会事务管理的职能必须分开,由此需要建立起独立的国有资产管理监督管理体系,作为国有企业改革的配套动作。早在1988年9月,国务院决定成立隶属于财政部的国家国有资产管理局,各级地方政府也相应组建成立国有资产管理局,具体承担行使国家赋予的对国有资产所有者的代表权、监督管理权、国家投资和收益权以及资产处置权。与此同时,从1993年开始由上海和深圳两地试点国有资产管理的新的组织体系,形成国有资产管理委员会(日常办事机构国有资产管理办公室)、国资委授权的国有资产控股公司(具体行使国有资产出资经营权)、接受国有出资从事生产经营活动的国有企业,这样三个层次的新国有资产组织体系。在明确以建立现代企业制度着力推进企业制度创新,探索处理公有制与市场经济的相融的可行性之后,经过十年的试点探索,基本形成相对成熟的新国资体系,成功地为建构完善的国有资产监督管理组织体系积累了经验①。2003年3月,经第十届全国人民代表大会第一次会议审议设立国务院国有资产监督管理委员会,作为国务院特设机构,在机构设置和组织形式上解决了政资分开问题,生成国有资产监督管理委员会代表国务院作为国有企业的出资人,原来隶属于国家有关部委的国有企业以资产关系划归国家国资委资产组织体系,由此形成中央所属企业群体,形成新国资配置企业组织体系,依据市场经济原则以出资—用资关系理顺全社会企业组织层级体系。这也就为企业制度转型按照公司制法律组织形式进行改制登记创造了外部环境条件。

2. 以《公司法》规范,指引国有企业改制的法律组织形式变革,将企业推向市场。

根据建设社会主义市场经济体制目标要求,现代企业制度即现代公司制度是新体制的微观基础,这就要求对全民所有制企业进行公司制改造,转制为现代公司制法律组织形式,成为独立的市场主体。1992年6月,国务院五个部门发布了《股份制企业试点办法》,为了更好地指导规范国有企业的公司制改造,尽快出台《公司法》等法律法规自然被提上议事日程。在这里,我们又看到了国有企业改革的深化对经济法律制度的建设完善的促进作用。正是在这样的背景下,1993年12月29日第八届全国人民代表大会常务委员会第五次会议通过了《中华人民共和国公司法》,1994年7月1日开始施行,为国有企业制度创新提供了法律规范支撑。此后,《公司法》又经历了1999年12月、2004年8月和2013年12月三次修订,反映出伴随企业改革不断深化产生了对于经济运行相关方面的体制机制内容的广泛变革,彰显出企业改革

---

① 习近平:《决胜全面建成小康社会,夺取新时代中国特色社会主义伟大胜利——在中国共产党第十九次全国代表大会上的报告》,人民出版社,2017年。

作为经济体制改革"中心环节"的特殊地位和作用。

《中华人民共和国公司法》的颁布施行和国有资产管理组织体系的建立健全,为国有企业的公司制改造、建立现代企业制度提供了相应的环境配套条件,使国有企业改革顺畅地进入制度创新的阶段。企业制度的法律组织形式变革,首先解决了在制度形式上将企业完全推向市场,政府与企业的关系转变成为"出资"与"用资"两个不同主体之间的经济关系,根据现代企业制度的四大特征"产权清晰、权责明确、政企分开、管理科学",促使企业作为独立的市场主体在参与市场竞争中"苦练内功",在发育制度功能方面跟进努力,通过建立和完善公司治理结构,提高自身驾驭市场的竞争生存能力。围绕如何创造公平竞争的市场环境,这一阶段还推出了一系列配套改革。1993年12月和1994年1月国务院先后作出分税制财政管理体制的决定、金融体制改革的决定和外贸体制改革的决定,形成与企业改革相配套的体制系统创新的组合动作,逐步形成经济体制改革内容的协同能力。

根据《公司法》规范,国有企业的公司制改造,转制为股份有限公司或有限责任公司,两种不同的公司制组织形式共同的制度规定要求必须是多元(两个以上)出资主体共同出资,其本意在于由不同出资人主体相互间形成决策机制的制衡,从而有助于解决企业治理行为的市场化判断,这种多元主体的相互之间的合作制衡可以说是公司制度的最最基础性的核心的制度价值特质。并且,这种制衡关系所表现出来的多元主体之间的资本合作制衡关系,在制度设计上,可以通过积极的协商"用手投票",也可以通过消极的行为方式"用脚投票"彼此解除合作关系,退出者以此对合作方予以变相"惩罚",犹如中国民间一直传承的说法"惹不起咱躲得起"。由此保证了投资行为权利的可进可退的完整性。纵览世界经济发展历史,从企业制度的动态变化演进过程检讨,可以发现,西方经济生活中从私人资本企业(资本家资本主义)走向现代公司制度(法人资本主义),是突破私人资本行为局限性的创新之举,是资本所有权出现"名义的"(货币的)与"现实的"(实际的)权利发生分离这样的分工深化的具体表现。马克思在他的经典著作《资本论》中又十分深入的讨论阐述,并加以褒扬①。进一步讨论现代公司制度的出现,还蕴含着其他制度因素的变化内容。对于企业经营行为的民事责任形式从"自然人"(出资人)责任主体走向"法人"(以多元主体共同出资的一定资本数量注册命名设立企业,并经法律审定取得民事责任权利赋予)责任主体,从自然人"无限责任"走向"有限责任"(出资人只以出资额度为限承担有限责任)。进而在生产力技术革命和市场竞争作用下,释放出以股权合作、经营决策制衡和出资股权流动方式表现出来的企业组织优化重组的灵活性,由此释放出来的企业经营的市场活力。从动态的经济发展进程来看,这种以资本的流动方式制造了机制优化的机会,形成容纳经济结构变化和产业技术进步的企业发展的生命力。对这一制度生命力研究最为经典的学术作品就是中央电视台所创作的十集大型纪录片《公司的力量》和以同名出版的著作②。

在中国经济改革实践深化进程中,导入现代公司制度的"入口"和实践应用场景显然有着不同于西方经济的特点。透过资本关系掌握其内在的制度机理,从而塑造培育开发利用好公司制度的内在生命力,以促其服务于社会主义发展生产力的根本任务。正是因为服从于建设社会主义市场经济体制的改革目标,从市场经济一般原理要求出发,将企业打造成为市场独立的经营主体,引入这样的机制就显得极有必要,也符合市场经济一般规律。然而,对这种机制的理解和内生机理的深刻理解和实践应用,当然需要在后来的实践中不断加以探索和积累。换句话说,对于国有企业的公司制改造,客观上存在现有企业组织制度形式上的转型创新,在此前提下,不断创造相应的条件因素,包括理论认识的、法制规范的、观念行为的、市场环境的多方面因素,以催生现代公司制度内在机理的发育逐渐走向健全成熟。这也是公司制度在中国经济实践中的导入有自身的特殊的演进轨迹的必然性,对此需要有充

---

① 马克思:《资本论》(第3卷),第27章,人民出版社,2014年。
② 《公司的力量》是中央电视台节目组集体创作的十集电视系列片。作为电视政论片《大国崛起》的姊妹篇,该系列片的剧本是专著《公司的力量》,由山西教育出版社2010年8月出版。

分的理解以及心理上的和实际行动上的准备。很明显,这种制度的实践应用彻底改变传统的国有企业所有权安排,公有制生产关系(所有者权利)通过国有资产管理主体行使出资权,表现为一种面向市场的出资投资行为,开拓出尝试与市场经济运行有机结合的新的所有权实现方式。作为一种所有制关系的新的形式安排,对既有的生产资料社会主义公有制理论是一个重要的突破创新。同时,也一定会带来一系列新经济现象需要有经济理论的系统创新加以回答,提供对现代企业制度的学理支撑。

1994年以来,中国经济生活中的企业组织基本形式都是以公司制法人组织形式出现,其中,选择公开上市发行股票的股份有限公司企业数量,根据上海和深圳两家证券交易所的统计,截至2018年6月,达到3 500多家。企业通过上市选择面向资本市场"直接融资"方式筹措资金,不仅带动促进了中国资本市场的发育成长,也促动了金融市场发展和金融体制的改革。作为市场经济微观基础的企业制度的变革,不断产生促进整个经济体制改革开拓新的空间的内生制度创新力量。

说到这里,我们还是要特别提出在全面推行以现代企业制度对传统的国有企业进行公司化改造的实践中,对于省市地方基层面上的国有企业可谓普遍有所动作,改革动作频频。改制以后也取得明显的在治理机制变革方面的跟进。其中特别是公开发起上市企业,依据上市公司治理指引,在公司治理机构设置规范制度执行方面都做得比较到位。但是,在中央所属企业组织体系,公司制改革的推进力度却存在明显的不尽如人意的地方,特别是中央企业组织体系,国务院国资委所属的90多家集团企业中尚有69家没有按公司制组织形式改制登记,近5万户中央企业子企业中仍有3 200户没有按公司制改制登记。为此,2017年7月18日,国务院办公厅专门发文,要求中央企业在2017年底前全面完成公司化改制、按照现代公司制度重新登记。通知指出,公司制是现代企业制度的有效组织形式,是建立中国特色现代国有企业制度的必要条件。经过多年改革,全国国有企业公司制改制面已达到90%以上,有力推动了国有企业政企分开,公司法人治理结构日趋完善,企业经营管理水平逐渐提高,但仍有部分国有企业特别是部分中央企业集团层面尚未完成公司制改制。随后国家国资委拟定了相关落实举措的工作方案,在2017年11月之前全面完成相关改制登记工作。这从一个侧面说明,央企的集团公司组织构造的顶层改革动作相对迟缓,国有企业改革在组织形式的变革行动上全社会范围存在比较明显的"不均齐"、不同步问题,自然也会影响在组织形式变革基础上的内在的治理机制变革的工作举措跟进。面对全面深化改革再出发的工作要求,这样的问题需要引起足够的重视。

3. 在公司制度"形似"的基础上着力培育"神似"的工作努力,加强公司治理机制建设,巩固现代企业制度功能内涵。

伴随着全社会各类企业的现代公司制改造,其间包括部分有条件的企业选择通过发起上市方式转制为股份制上市公司,后续的改革深化工作努力的内容自然而然就有:如何建设公司制度框架中的科学的治理结构,摆脱国有企业运行方式的"路径依赖",使企业运行治理具备内生的适应市场环境的能力?如何按照现代公司治理要求设置公司治理结构,建构出资人(股东)大会、董事会和监事会,处理好公司治理的"新三会"与传统国有企业运行中的职工代表大会、党委会和经理办公会(老三会)之间的关系?如何面对公有制生产关系安排上的明确"出资人"条件下的"职工主人翁"含义有新的科学解释解释,更好地组织调动员工的劳动积极性,处理好资本与劳动的关系?很明显,股份制上市公(众)企业(所谓"公众公司")的公司治理水平和治理能力因为其财务报告和相关经营信息公开,成为评价公司制企业治理能力和治理绩效水平测度的重要观测"窗口"。与前述第二个问题相关还有:公司治理的规则制订,对治理内容的具体权责安排;公司治理机构的具体当事人(包括作为股东代表进入董事会工作的董事、监事会的监事和主持日常经营管理事务的总经理及其他高级管理人员)等的遴选、任用、考核、奖惩等,就是我们常说的激励约束机制的对称性安排,都成为公司制度在法律形式转换后跟进需要致力建设的内在机制内容。理论上说,对于公司治理实际运行的工作流程和决策机制具体分工和协同功能,对于具体的权利责任的对称性处理等方面的内容都有明确的文本界定。所有这些都反映出作为现代企业制度"产权清晰、权责明确"基本特征的具体要求。依照世界银行对公司治理的定义解释,"广义的公司治理"实际上就是企业管理。回到具体的实践场合,作为公司制企业治理的工作流程和治理内容的分工协同的理论规定,如何与既往几十年形成的企业管理规章和行为方式相衔接,需要我们在后续的工作实践中不断摸索努力。实践证明,这项工作不是可以一蹴而就能够到位实现的。

伴随传统的国有企业组织制度的变革转制为公司制企业,企业内部治理机构设置相应进行了调整,形成股东大会(出资人大会)、董事会、监事会的治理机构设置,通过"交叉任职、双向进入"的人事安排方式,注意处理好与原来的企业管理机构设置(即职工代表大会、党委会和总经理工作班子)的过渡对接。围绕国有企业改革建立完善现代企业制度、健全协调运转、有效制衡的法人治理结构的具体工作,一直是作为国有企业改革的重点工作内容。依照十四届三中全会通过的《中共中央关于建立社会主义市场经济体制若干问题的决定》提出的建立社会主义市场经济体制的改革目标,国有企业改革的目标任务就是要"进一步转换国有企业经营机制,建立适应市场经济要求,产权清晰、权责明确、政企分开、管理科学的现代企业制度"①。此后的改革推进实践,对于如何完善现代企业(公司)治理机制,总是放在国有企业改革任务的重要位置上。

根据公司治理指引规则要求,相应调整企业经营决策分工和内容层次,在股东大会、董事会和监事会各自职能之间的分工。对于中央企业集团公司如何加强监管,鉴于其国家全额出资的特点,也通过对企业领导班子引入监事制度,由国家国资委或企业所属的政府主管部门委派专职监事,进入企业治理的决策班子,形成对集团公司经营决策的外部监督力量。在一般企业董事会组成人员中,建立"独立董事"制度,吸收有一定理论和实践经验的法律、

---

① 《中共中央关于建立社会主义市场经济体制若干问题的决定》第2条,http://cpc.people.com.cn/GB/64162/134902/8092314.html。

财务和经济金融专业人员担任,参与公司制企业的董事会工作。这项制度最初在股份制上市公司建立规范,由中国证券监督管理委员会出台专门文件指引①,对独立董事制度的作用、任职独立董事人员的专业素养资质要求等做出具体规定。这一文件所明确的工作意义和具体办法同时也为全社会其他企业提供了借鉴和依据,一大批社会专业人士参与到公司治理工作流程,为现代公司治理发挥积极的作用,这一制度在实践中不断摸索逐渐走向成熟。

也正是伴随这一进程,使我们不断加深对于企业治理机制发生和功能作用的理解,也深刻体会到如何发育现代企业治理机制需要有市场化发育环境相配套,这就是如何发挥市场对于资源配置的决定性作用,让企业接受市场竞争的实际考验,凸显出企业治理能力的客观重要性。也进一步提高全社会对企业改革与整个经济体制改革的相互配套关系的理解,加深对于全面深化改革意义的理解。从根本上说,现代公司治理机制是公司的不同出资股东之间的相互制衡机制,这种制衡源自不同股东对于决策事务内容的不同判断,使企业的经营决策在多元判断基础上提高决策的严谨性和有效性,以促成企业"规范经营决策","适应市场化、国际化的新形势"。对此,中国共产党十八届三中全会通过的《关于全面深化改革若干重大问题的决定》中,有系统完整的阐述。近年来,为落实这一《决定》所提出的改革任务,以"积极发展混合所有制经济"作为加快国有企业改革的新的"突破口"。也就是要在国有企业的公司制的基础上,对于电力、石油、天然气、铁路、民航、电信、军工等领域逐步推进混合所有制的改革,创造条件,对产业体系的上游领域实行"混合所有制"改革。这里所着力解决的是根据国有企业"分类改革"的原则,引入非国有资本投资主体共同出资,塑造多元主体制衡机制。除此之外,对于已经实行公司制改造、已经初步形成多元混合共同出资,但是,由于股权结构的配置

---

① 中国证券监督管理委员会于 2001 年 8 月颁发《关于在上市公司建立独立董事制度的意见》,见 http://www.csrc.gov.cn/pub/shenzhen/ztzl/ssgsjgxx/jgfg/sszl/201506/t20150612_278984.htm。

存在国有"一股独大"的现象,导致企业治理过程不能形成股东之间的相互制衡,因此,需要进一步开放股权安排,将原有的国有资本绝对控股(51%以上),通过扩股吸收民营资本进入方式,降低国有资本控股比例转为相对控股,以释放民营资本对于企业经营决策的话语权能力。这方面的改革,最具代表性的案例就是2017年中国联合网络通信集团有限公司,通过自身已经挂牌上市的股份公司平台,依据"股票定向增发相关办法",引进百度、阿里、腾讯和京东等互联网技术应用的新兴民营企业作为战略投资者,相对减少了国有资本的股权结构占比,在保持国有股权相对控股地位的同时,提高了包括非国有股东在内的其他社会股东的制衡能力;另一方面,使自身所拥有的通讯网络和数据资源与互联网应用企业的服务能力和数据资源有机结合,提高企业经营活力和市场拓展竞争能力,实现了企业治理机制的根本性的改造。据报道,"联通混改"用半年时间迅速解决了总是难以解决的机构重叠、人浮于事、虚耗成本实力问题。一个最突出的内部改革动作就是迅速实现了内部管理机构和人员配置的"瘦身"。集团总部管理机构从原来的27个部门压缩到18个;处室数量由238个减少为127个,减少46.64%,其中,净减少56个,生产分离55个;人员编制由1 787人减少到891人,减少50.14%,其中,净减编347人,生产分离549人。特别值得一提的是,联通的混改方案还结合引入员工持股,有7 000多位管理骨干团队成员被授予股权,出资购买股份,打造员工与企业发展的"命运共同体"。由此可见,联通案例具有"三合一"(股权结构优化、治理流程再造和引入员工持股)的鲜明特征,通过深化"混改",实现企业治理流程和工作内容标准的彻底重塑①。在现代企业治理机制优化方面,为全社会树立了新的标杆。

对于上面企业推进治理结构和工作机制优化的努力,比较直接的是通过改制从原来的国有独资转为多元出资或者是混合所有,因而基于多个出资主

---

① 参见中国经济网报报道,《联通混改180天:总部编制减半 改写利益分配格局》,http://www.sohu.com/a/222011570_120702?_f=index_news_19。

体参加的出资人大会(或者是股东大会)推举产权代表进入董事会,形成多元出资或者是不同所有制出资主体相互之间的制衡机制。在这里需要特别指出的是,对于由国家国资委行使出资人权利的中央企业集团的治理机制如何得到变革和优化,有效地防止国有资产经营决策行为出现失控,或者说防止"内部人控制",2000年2月1日国务院第26次常务会议通过了《国有企业监事会暂行条例》[1],明确在国有大型重点企业组建监事会,由国务院直接指定对国有重点大型企业委派监事,代表国家对国有重点大型企业的国有资产保值增值状况实施监督。《条例》明确规定,监事会以财务监督为核心,根据有关法律、行政法规和财政部的有关规定,对企业的财务活动及企业负责人的经营管理行为进行监督,确保国有资产及其权益不受侵犯。监事会与企业是监督与被监督的关系,监事会不参与、不干预企业的经营决策和经营管理活动。实践证明,在央企体系的大型重点集团企业导入监事会工作机制,对于健全和加强国有企业监督机制,摸索积累了比较丰富的经验。鉴于改革进程中国有资本配置格局的调整优化,国有资本相对集中配置在关系国民经济的重点领域和战略性产业领域,在后续的中央企业推进混合所有制改革实践中,对于如何建构更加科学有效的治理机制具有较好的参考意义。

如前所述,现代企业治理机制建设工作一直存在诸多缺陷,一方面是因为传统的观念和行为惯性的"路径依赖";另一方面,则是由于企业运行的外部环境市场化发育有待进一步深化推进。特别是在如何处理政府与市场、政府与企业的关系方面尚未形成边界相对清晰的体制规范。我们可以从新近颁布的《关于加强国有企业资产负债约束的指导意见》文件所指国有企业存在负债率过高的不健康现象,看出在国有企业治理机制存在的问题[2]。《指导

---

[1] 中华人民共和国国务院第283号令(2000年3月15日)。https://baike.baidu.com/item/国有企业监事会暂行条例/7121981? fr = aladdin。

[2] 《关于加强国有企业资产负债约束的指导意见》于2018年5月11日召开中央全面深化改革委员会第二次会议审议通过,2018年9月13日,中共中央办公厅、国务院办公厅文件印发,公开发布。

意见》一方面强调全面覆盖,把全部国有企业纳入到资产负债约束管理体制中来;另一方面又兼顾差异性,强调分类施策、因企施策,尽可能实现对高资产负债率、高债务风险企业的精准约束。并提出明确的工作目标,就是要推动国有企业平均资产负债率到2020年年末比2017年年末降低2个百分点左右。对照前述着力建设的企业改革的体制目标,也让我们从中体察到包含有两个方面的体制信息值得加以检讨。其一,国有企业的法人财产权的独立性、企业自身尚未真正形成具有"自负盈亏"、责任明晰的市场经济实体,企业"自主经营"的预算硬约束机制尚未完全形成。其二,国有企业负债率偏高的具体表现,折射出对政府的行政依赖,客观上也存在地方政府自身在谋求经济快速发展筹措资金行为上,通过组建"企业"组织形式作为"融资平台",将政府自身的负债变相有"企业"出面承担。以至于直接表现在企业负债率过高的经济现象。这样的企业经营治理决策必然与政府干预行为相伴随。客观上反映出一直以来在推进的"政资分开""政企分开"的改革举措没有到位。这也启示我们在认真总结改革开放实践经验的基础上,需要进一步确立"将改革进行到底"的决心。

4. 在企业制度变革和治理机制重塑实践推进的同时,调整优化企业组织规模和配置领域,提高国有资本与其他社会资本之间分工体系的适配性。

伴随着以建立现代企业制度推进国有企业改革的实践进程,还有一道靓丽的风景必须加以讨论,这就是对于国有企业分布领域和配置规模的调整,以及受到分布领域特点和配置规模直接影响的资本配置质量的改造完善。经过了推行经济责任制、"放权让利",国有企业扩大自主权,刺激企业内生的经营活力的不断增强,与此同时,吸引外资和开放民资,形成对企业经营的外部市场机会竞争的刺激,促进了经济运行的动力活力大大增强。在动态的经济发展中,人们又会发现,在传统体制下,所有制关系方面片面追求"一大二公",经济活动由国有企业包揽下来的格局有所触动改变,既有的国有资本数量和经营能力配置战线过长和规模数量过于分散、效率偏低的问题逐渐显露,由此也启发我们需要在国有企业组织对象上加以变革,需要联系国民经济结构和企业经济活动的技术特点科学处理国有资本配置效率问题。深化企业改革,在着力调整生产关系层面上的政府与企业关系的同时,需要联系生产力技术特点,对企业组织结构进行改革改组。这方面的举措力度,特别是在党的十四大明确提出以社会主义市场经济作为我国经济体制改革目标模式,十四届三中全会对建设社会主义市场经济的具体工作内容加以部署中得到明确。这就是围绕国有企业改革,建立现代企业制度改革目标,将企业改制与改组、改造结合起来。

从1997年9月召开的中国共产党十五大到2017年11月召开的中国共产党十九大的政治报告中,围绕如何不断完善现代企业治理机制,特别是联系企业组织规模和资本配置领域和布局特点解决好公有制产权关系的配置和运行效率,都有相关的专门论述。江泽民总书记在党的十五大报告(1997)中指出,"探索符合市场经济规律和我国国情的企业领导体制和组织管理制度,建立决策、执行和监督体系,形成有效的激励和制约机制。要建设好企业领导班子,发挥企业党组织的政治核心作用,坚持全心全意依靠工人阶级的方针"。在党的十六大报告(2002)中,对于现代企业治理机制改革提出的要求是,"按照现代企业制度的要求,国有大中型企业继续实行规范的公司制改革,完善法人治理结构。"在党的十七大报告(2007)中,胡锦涛总书记指出,"深化国有企业公司制股份制改革,健全现代企业制度,优化国有经济布局和结构,增强国有经济活力、控制力、影响力。"在党的十八大报告(2012)也指出,"要毫不动摇巩固和发展公有制经济,推行公有制多种实现形式,深化国有企业改革,完善各类国有资产管理体制,推动国有资本更多投向关系国家安全和国民经济命脉的重要行业和关键领域,不断增强国有经济活力、控制力、影响力。毫不动摇鼓励、支持、引导非公有制经济发展,保证各种所有制经济依法平等使用生产要素、公平参与市场竞争、同等受到法律保护。"党的十八届三中全会通过了《关于全面深化改革若干重大问题的决定》,明确指出:"国有资本投资运营要服务于国家战略目标,更多投向关系国家安全、国民经济命脉的重要行业和关键领域,重点提供公共服务、发展重要前瞻性战略性产业、保护生态环境、支持科技进步、保障国家安全。""准确界定不同国有企业功能。国有资本加大对公益性企业的投入,在提供公共服务方面作出更大贡献。"①习近平总书记在十九大报告中明确提出,要"加快国有经济布局优化、结构调整、战略性重组,促进国有资产保值增值,推动国有资本做强做优做大",要"深化国有企业改革,发展混合所有制经济,培育具有全球竞争力的世界一流企业"。可见,围绕国有企业改革作为"中心环节"的经济体制改革的系统推进,联动促进和配套要求国有资本配置布局、企业组织规模和经济结构调整等多个方面的优化,经济体制建构功能和经济运行质量都得到不断完善。

从与企业改革的体制环境条件相关联,国有企业组织结构调整可以概括为以下几个阶段的主要动作。1999年9月召开的中国共产党十五届四中全会,通过了《关于国有企业改革和发展若干重大问题的决定》,明确提出从战略上调整国有经济布局,将国有企业改革同产业结构的优化升级和所有制结构的调整完善结合起来,坚持有进有退,有所为有所不为,着眼于提高国有经济的控制力。在国有资产配置规模上通过企业组织结构的调整重组,将分布分散在产业链末端的国有资本"有偿退出",转而投向重点关键产业领域,适当收缩国有资产配置战线。与此同时,也有效地解决了国有资本投资层级过多、管理低效的存在问题。在实际经济工作上表现为"抓大放小",所谓"抓大放小",就是指一方面着力培育实力雄厚、竞争力强的大型企业和企业集团,使其可以成为跨地区、跨行业、跨所有制和跨国经营的大企业集团。另一方面放开搞活国有中小企业。积极扶持中小企业特别是科技型企业向"专、精、特、新"的方向发展,同大企业建立密切的协作关系,提高生产的社会化水平;根据小企业生存的具体条件环境,采取联合、兼并、租赁、承包经营、股份合

---

① 《中共中央关于全面深化改革若干重大问题的决定》,《〈中共中央关于全面深化改革若干重大问题的决定〉辅导读本》,人民出版社,2013年,第9—10页。

作、出售等形式,放开搞活国有小企业。据有关文献记录,1998—2003年六年间,我国国有及国有控股企业,1998年是23.8万户,到2003年是15万户,减少了40%;职工人数,1998年是7 804万人,2003年是4 311万人,减少了40%;实现利润,1998年是214亿元,2003年是4 951亿元,增加了22倍;企业资产总额,1998年是14.9万亿元,2003年是19.7万亿元,增长了35%;国有企业净资产,1998年为5.2万亿元,2003年为8.4万亿元,增长了60%;2003年国有资产收益率是5.9%[①]。从这些统计数据中不难得出,通过采取对于国有企业战略性重组的改革举措,极大地提升了国有经济的运行效率。

抓大放小,国有经济的战略性重组,对市场经济的发育也产生明显的推动作用。客观上说,国有资本从社会再生产的某些领域和产业部门的退出,为非公经济发展腾出空间,也必然会促进不同资本主体之间的竞争关系的发育,促进市场功能的发育;并且,市场的发育,市场分工发育必然有助于社会生产力的进步发展。所有这些都与生产力进步的分工原理相契合,无疑也会对后续的深化改革带来深刻的启发[②]。

经过"抓大放小"的较大规模范围的国有经济布局调整和企业组织结构优化,中国经济运行发展质量也得到提高。伴随着国有资本布局和对存量企业组织结构和组织体系的重组调整,国有企业在一定领域的退出,为其他社会资本腾出更多的投资发展机会,也为探索国有经济从而国有企业与其他社会资本(包括外商投资资本和私人资本)从而外资企业和私人企业在社会再生产经济运行中的有序分工合作关系创造了更多的实践机会,也有利于更好

---

① 李瑞建:《国企改革,为什么要抓大放小?》,https://zhidao.baidu.com/question/1177940274823259979.html? fr=iks&word=%D6%D0%B9%FA%B9%B2%B2%FA%B5%B3%CA%AE%CE%E5%BD%EC%CB%C4%D6%D0%C8%AB%BB%E1&ie=gbk。

② 笔者为纪念改革开放20周年所撰写的《中国国有企业改革的逻辑》(山西经济出版社,1998年出版)一书中,在讨论国有企业改革的内在理论逻辑的基础上,对改革的未来展望时,就曾经尝试提出"让国有资本向优势企业集中"和"向优秀企业家手里集中"的主张。

地推进市场机制发育。不同经济主体的市场分工竞争环境的变化,与企业组织结构优化工作相伴相随。特别是在 2003 年 3 月,国务院国有资产监督管理委员会正式成立,作为国务院特设机构具体行使国有资本"出资人"职能,十五年来,国资委也是把不断优化企业组织结构作为一项重要的工作,根据经济环境的不断变化和企业经营机制变革,配套考虑体制变动市场条件,调整优化中央企业的业务能力结构和企业组织体系。从国家国资委成立之初的 198 家中央企业,通过联合合并重组,到 2018 年 6 月调整为 93 家。这种对于央企组织体系的改革动作一方面有利于更好地突出加强主业,提高规模竞争能力;另一方面,也有利于减少资本配置管理组织重复配置,可以节约组织成本,提高资本管理效率。实践证明,国有企业组织结构调整和配置规模数量的变化,成为国有企业改革深化的重要的工作内容,这项组织调整措施也有助于政府与企业关系不断优化调整,实际上也是对资源配置、经济运行和体制功能内容的理解和设计选择不断细化的过程。

1.2.3　企业改革制度创新构筑起社会主义市场经济体制的微观基础,也为经济体制其他侧面改革提出配套要求,经济体制转型牵引全面深化改革顺畅前行

从上述围绕企业改革进程的纵向分析,不难看到,围绕企业改革作为整个经济体制改革"中心环节"的展开,通过变革政府与企业的关系,科学处理好"所有权与经营权的适度分离",促进公有制实现形式理论创新,最终明确通过"积极发展混合所有制经济作为基本经济制度实现的重要形式",解决好公有制与市场经济的相容性;将企业推向市场,从培育企业活力、提升市场竞争能力,要求企业制度的法律组织形式微观基础建构方式的创新,确立企业法人财产权的独立性。由此提出明晰现代"企业出资人"的改革要求,推动国有资产管理体系的变革;从采用现代公司制度,鼓励多元资本共同出资,塑造企业治理的新机制的建设完善,从制度创新解决好对企业治理机制的根本改

造,为企业经营的"科学管理"奠定组织制度基础,最终实现企业经营绩效的提升;从强化企业科学管理要求,对企业经营的市场环境公平性提出更加客观透明的要求,由此促进各类要素市场的发育、促进财政税收、金融信贷投资体制的变革,进一步提出全面配套改革的要求;特别是如何处理好对不同所有制企业经营提供公平竞争的市场和法治环境,塑造"普惠"的市场营商环境。正如党的十八届三中全会通过的《关于全面深化改革若干重大问题的决定》中所提出的,"国家保护各种所有制产权平等和合法利益,保证各种所有制经济依法平等使用生产要素、公开公平公正参与市场竞争、同等受到法律保护,依法监督各种所有制经济"[1]。可见,改革推进不断深化的进程,有一个围绕企业改革作为"中心环节"所展开的经济体制改革各侧面工作内容之间,互为促进、制度转型和机制变革之间互为融合的过程。从这里我们可以加深对于经济体制自身所具有的构造和功能发育不断完善的理解。深刻总结和透彻理解体制构造功能关系、科学处理体制改革各相关侧面的行动举措和推进顺序对于改革规划设计目标实现的作用影响,对于后续推进全面深化改革所富有的启迪意义。

从我国经济体制改革40年历程可以看到,1984年中国共产党十二届三中全会《关于经济体制改革的决定》中所明确的将企业改革作为"中心环节"定位,明确了经济体制构造的微观基础对象,也抓准了改革调整经济体制安排对于经济社会多个主体中最为重要的一对主体即政府与企业的关系。《决定》明确强调了"增强企业的活力,特别是增强全民所有制的大、中型企业的活力,是以城市为重点的整个经济体制改革的中心环节"[2],正是有了围绕政府与企业关系的变革,揭示了经济体制改革的工作重点与其他工作内容的逻辑关系,通过将企业推向市场,凸显出确立企业独立市场主体身份的改革要

---

[1] 《中共中央关于全面深化改革若干重大问题的决定》,第5条,《〈中共中央关于全面深化改革若干重大问题的决定〉辅导读本》,人民出版社,2013年。

[2] 《中共中央关于经济体制改革的决定》,http://cpc.people.com.cn/GB/64162/134902/8092122.html。

求,将其塑造成为经济活动中"法人财产权"独立的经济实体。在此基础上,如何科学客观评价企业经营活动的成果,必然要求导入商品货币等经济核算工具手段,让企业在市场竞争环境下施展经营能力,从而发挥"市场"对于资源配置的调节作用,这也是理论界对于经济体制改革讨论中常说到的所谓"市场取向"的改革,即通过"增量改革"的过渡办法,逐渐走出政府直接指挥企业经营活动的"计划经济"体制,迈向"社会主义市场经济"改革目标模式。与变革调整"政府与企业"关系相伴随,必然有不断发育"市场"、充分发挥"市场"机制的作用体制改革内容要求,以至于进一步加强了对于如何处理"政府与市场关系"作为经济体制改革的"关键"的认识理解。在理解经济体制模式的主要特点就是如何处理资源配置机制,早在1992年党的十四大就明确提出了我国经济体制改革的目标就是建立社会主义市场经济体制。通过"增量改革"的渐进推进方式,市场机制的作用范围逐渐扩大,渐进地实现经济体制得"转轨"。在不断完善社会主义市场经济体制的改革实践中,进一步加深了对于如何处理好政府市场关系是经济体制改革的"核心问题",在2013年11月中国共产党十八届三中全会通过的《中共中央关于全面深化改革若干重大问题的决定》中指出:"经济体制改革是全面深化改革的重点,核心问题是处理好政府与市场的关系,使市场在资源配置中起决定性作用和更好发挥政府作用。市场决定资源配置是市场经济的一般规律,健全社会主义市场经济体制必须遵循这条规律,着力解决市场体系不完善、政府干预过多和监管不到位问题。"①党的十九大报告中,对此有更进一步的阐述,强调要"毫不动摇巩固和发展公有制经济,毫不动摇鼓励、支持、引导非公有制经济发展,使市场在资源配置中起决定性作用,更好发挥政府作用"②。以上分析表明,围绕企业作为改革中心环节所展开的经济体制改革转轨,与如何处理资源配置、以什

---

① 《中共中央关于全面深化改革若干重大问题的决定》,《〈中共中央关于全面深化改革若干重大问题的决定〉辅导读本》,人民出版社,2013年,第5—6页。
② 习近平:《决胜全面建成小康社会,夺取新时代中国特色社会主义伟大胜利——在中国共产党第十九次全国代表大会上的报告》,人民出版社,2017年。

么样的手段工具配置资源两组关系是经济体制建构的最重要的内容。解决好这两组关系就能够带动经济体制构造中处理好中央与地方、财政与金融、市场结构与竞争秩序等方面改革内容和体制功能定位,更好地建设完善社会主义市场经济体制。在明确由市场发挥"决定性"作用的基础上,如何发挥政府的作用,成为经济体制改革进入深水区需要特别重视处理的改革任务。不难理解,政府功能的定位的另一面又是政治体制建构的重要组成部分,由此表现为经济体制与政治体制相互嵌套、具有"一体两面"的特点,自然也就不难理解"政府"的功能定位和作用如何改革完善在全面深化改革任务中所处的位置。经济体制改革牵引全面深化改革走向新的境界。

经济体制构造中作为社会主义市场经济微观基础的企业制度变革创新,伴随企业改革进程的企业组织规模和布局结构的调整和经济体制转轨带来的企业经营的市场环境的优化,带来了企业活力的不断增强和竞争能力的提升,推动中国经济保持快速平稳增长,连续迈上多个新的台阶。中国经济总量在 2009 年成为全球第二大经济体,一直处在追赶第一的通道上。基于企业活力和发展竞争能力快速提升,企业参与全球竞争实力大大增强。在美国《财富》杂志 2018 年 7 月公布的 2018 年全球 500 强榜单中,中国有 120 家企业进入,比上年又增加了 5 家[①]。中国经济发展所取得的成就,充分证明了我们党秉持"实事求是"和"与时俱进"的马克思主义思想方法和实践能力,坚信改革开放是中国经济快速发展的主要驱动力量,也必然有"将改革进行到底"的信心和决心。

从以上分析,我们可以清晰地看到 40 年经济体制改革不断迈向深化的轨迹,这一轨迹可以从我们党召开的历次重要会议所通过的重要文件得到具体印证。我们党始终站在改革开放工作的第一线,发挥着领导组织作用。以理论创新引领,对改革开放各个阶段的改革目标原则制定、改革任务内容的设

---

① 财富中文网:《2018 年财富世界 500 强排行榜》,2018 年 7 月 19 日,http://www.fortunechina.com/fortune500/c/2018-07-19/content_311046.htm。

计、改革实施的组织落实。实践证明,改革开放展开的进程以经济体制的成功转轨的理论和实践,丰富了政治经济学理论对于基本经济制度、经济体制和经济运行机制之间关系的理解,开辟了经济体制理论研究的新空间,丰富开拓了中国特色社会主义政治经济学理论的新境界。

1.3 国有企业改革经验成果的政治经济学理论阐释,持续攻坚呼唤新一轮思想解放理论创新

国有企业改革40年的实践推进,每一步都与理论探索的努力相关。经济理论的突破创新为实践开路,实践的绩效成果检验验证理论的科学客观。中国经济发展成就正是以企业制度的变革创新、企业组织体系的大范围调整和结构优化、竞争实力的快速成长、国有企业与社会其他经济活动组织形式之间的有序合作分工的微观基础的建设巩固予以支撑的。

1.3.1 国有企业改革经验的政治经济学理论创新:中国特色的企业理论

有"改革开放"方针的指引,有"解放思想,实事求是"的思想方法论的活用,有对传统计划经济体制的主要特征的深刻检讨,就有了将国有企业改革作为整个经济体制改革的"中心环节"①的准确定位,使传统体制下沦为政府行政机构附属物(基于"全民所有制"理论)的"国营企业"以扩大经营自主权破题,逐步改造成为(基于"所有权经营权相分离"理论)"自主经营"的"国有企业"。伴随社会主义市场经济目标的明确,又提出建立"现代企业制度"的

---

① 1984年中国共产党十二届三中全会通过的《关于经济体制改革的决定》,对此有明确阐述。

改革目标,将传统的依全民所有制企业登记条例注册的"国有企业"改制成为"国家出资"设立的"现代公司"制企业,使其成为市场经济的独立法人组织,成为社会主义市场经济微观基础。由此形成公司制企业组织平台,可以有多元、多种性质的出资主体共同出资,形成公司制组织面貌出现的"混合所有制经济",成为"基本经济制度的重要实现形式",有利于处理好公有制与市场经济的有机融合。在企业组织形式变革的同时,促成企业经营机制得到改造。上述多个节点顺次推进的改革,积累起丰富的经验和理论元素,创新发展了具有中国特色的企业理论,需要我们对此进行政治经济学理论的解读。我们可以尝试从以下几个方面加以概括和归纳梳理。

1. 坚持和完善基本经济制度理论。伴随改革开放渐进深化的实践检验和积累,在1992年党的十四大明确社会主义市场经济体制改革目标模式后,1997年党的十五大明确了"公有制为主体、多种所有制经济共同发展的基本经济制度"的内容规定性,2002年党的十六大进一步提出坚持"两个毫不动摇"的方针,即"必须毫不动摇巩固和发展国有经济的主导作用","必须毫不动摇鼓励、支持、引导非公有制经济发展"。十八届三中全会通过的《关于全面深化改革若干重大问题的决定》在重申"基本经济制度"和"两个毫不动摇"原则基础上,对基本经济制度的实现形式有了进一步的深化,有更加完整深刻的阐述:"积极发展混合所有制经济"。"国家保护各种所有制经济产权平等和合法利益,保证各种所有制经济依法平等使用生产要素、公开公平公正参与市场竞争、同等受到法律保护,依法监督各种所有制经济"[1]。结合经济运行机制对不同所有制主体相互之间平等合作发展关系做出了全面的阐述。

基于明确确立的中国特色社会主义基本经济制度的原则和框架,为现实社会主义经济运行发挥公有制的"主体"和"主导"作用,同时充分发挥不同所

---

[1]《中共中央关于全面深化改革若干重大问题的决定》第二章"坚持和完善基本经济制度"相关条文,《中共中央关于全面深化改革若干重大问题的决定》,人民出版社,2013年,第5—7页。

有制各自的经营机制的特点,"取长补短、相互促进、共同发展",以"混合所有制经济"作为所有制的"实现形式",开拓出不同所有制在社会主义初级阶段相互之间形成"共同发展"的合作竞争的新局面。

2. "混合所有制"是基本经济制度的重要实现形式的理论。改革开放40年来,鼓励、支持、引导非公经济发展,非公经济已经发育累积形成一定资本规模数量和企业数量。因此,需要明确认识公有制经济和非公有制经济都是社会主义市场经济的重要组成部分的客观现实。通过发挥国有经济主导作用,不断增强国有经济活力、控制力、影响力和抗风险能力。以"混合所有制"企业组织形式,通过市场手段动员集中联合不同资本,形成不同所有制资本相互竞争合作的生机勃勃的经济活动局面。不难理解,混合所有制经济作为多个不同的所有者共同出资所组成的法人组织(即法人财产所有制)成为所有制(出资人所有权)的实现形式,是基本经济制度的重要实现形式。可见,混合所有制是由出资人出资后生成的"派生的所有制"。出资人(终极)所有权或者说出资人所有制与混合所有制是两个不同层次的所有制经济关系,坚持公有制与积极发展混合所有制完全可以并行不悖。

3. 塑造国有资本"出资人"的新国资组织体系理论。围绕增强企业活力,促成国家所有与企业自主经营的"所有权"与"经营权"适度分离的理论,在此基础上,将企业推向市场,采取现代公司制度法律组织形式,对既存的国有企业进行"公司制改造"任务,国有企业从"全民所有制企业"组织形式转制为"公司制"组织形式,由此提出,需要明确企业"出资人",建立新国资组织体系。全民所有制就采取国家所有制形式,在前期国家国有资产管理局机构功能试点和上海、深圳地方政府设立国资委机构试点的基础上,2003年国务院国资委成立,作为国务院的特设机构,专司行使国有资本"出资人"职能。明确"出资人",将传统的抽象的"全民所有制"概念进一步具象化。建构起全社会依托各级政府的不同层级的国有资产管理体系,形成对国有企业的公司制改造的配套改革动作。体现与市场经济环境条件相融合的所有者出资与实际使用出资资本的法人企业的资本所有权实现过程的"分工"关系,更好地处理解决好公有制与市场经济有机结合。在此基础上,也有助于更好地处理国有资本和其他社会资本合作的出资主体关系。

4. 以"管资本"为主处理政资、政企关系的理论。根据市场经济的一般规律,明确企业法人生成的"出资"和"用资"关系,界定政府作为出资人与企业之间的"政资关系"。在此基础上,处理好公有制实现机制、企业经营活动与政府管理经济社会事务职能之间的关系,即"政企关系"。在国有企业明确"出资人"的出资行为和与现代公司制度的治理机制的基础上,混合所有制企业的经营活动,表现在投资管理、产业准入、产品质量标准、财务核算的会计准则、成本价格管理、能源资源获取、职工薪酬和社会保障等方面,势必会有与政府对经济活动和市场秩序管理的各类具体职能之间的"政企"关系。因此,一方面需要探索优化"管资本"的工作内容和管理机制如何依据《公司法》的规范,科学处理"政资关系";另一方面,对于国有企业经营活动必然面对的与外部经济社会环境相关的管理事务之间的关系,也就是人们常说到的"政企关系",如何发挥市场的"决定性"作用,减少政府对企业经营活动的审批和直接的行政干预,十八大以来,一直在探索的以"放管服"为主要特征的政府行政职能改革,就是为了优化处理政府与企业的关系界面,相信这方面的工作在持之以恒的努力中一定会取得更好的实效。

5. 现代公司法人财产权理论和股东与企业"出资(人)""用资(人)"关系理论。根据《公司法》的有关规定,企业作为市场经济活动的法人财产权独立的经济主体,其资产都是所有者(出资人或者股东)的,由此可以说"企业没有自己的资产"。企业经营的盈亏责任都由出资人(股东)承担。出资行为一旦发生,企业设立运行后,除非经营不善持续亏损,股东大会通过决议歇业清算,或者是破产清算,企业法人生命具有一定的"永续性"。由此表现出现代公司制运行中的"出资(人)"和"用资(人)"关系特点。出资人(股东)要想"退出"股东身份、赎回所投资资本,也有一套法律的规范程序。股份有限公司可以通过二级资本市场转让,由其他(新)股东接手;有限责任公司需要首先征求合作股东过半数同意可以由其他股东接手。可见,现代公司运行赋予了股东完整的"进入"和"退出"的权利和灵活性。我国国有企业改革的实践证明，将传统的国有企业改制为现代公司制，促成企业资本流动重组的灵活性大大提高，为国有资本配置布局结构的调整优化提供了更为规范灵活的条件，最终表现在国有资本配置效率的提高和经济发展的绩效上。

6. 混合所有制企业经营运行中的出资者相互合作制衡的企业治理机制理论。不同所有制的出资主体联合出资合作关系，必然表现在对于企业经营活动相关内容"民主"决策机制上，通过出资人大会（股东大会）对企业经营活动的相关决策内容形成分层次的赋予权力的治理规范准则，在股东大会、董事会和监事会以及日常经营管理者之间形成分工，将权利和责任做出对称性安排，不同投资者相互之间形成一定的相互制衡关系，以提高资本合作的民主决策工作质量，并且，共同出资的不同主体可以选择"积极"的姿态参与治理，也可以选择"消极"的方式退出合作。由此保持合作治理的制衡关系的作用力度。正是通过对传统国有企业的公司制改造，导入现代公司治理机制，锻炼提高了企业决策管理素质。与此同时，在对传统的国有企业的改造实践中，重视资本关系，也注意重视在混合所有制企业运行中的"利益相关者"关系处理，特别是重视资本贡献作用与重视劳动贡献相结合，加强和发挥党组织在企业治理过程中的核心作用，形成具有中国特色的现代企业治理理论。

7. 国有企业改革深化"分类施策"理论。国有企业改革的本质和内容实际上是国有资本的配置经营活力即保值增值能力问题，企业组织所承担的经营内容是在具体的产业经济领域实现的，受制于一定的产业领域和技术特点在国民经济和产业体系中所发挥的功能作用，对于国有资本与其他社会资本之间如何形成合理的分工关系，有助于更好地提高资本配置的效率，进一步提出了对国有企业改革举措选择行动上的"分类"改革的要求，将国有企业改革与国有资本配置领域特点、技术特点和市场分工功能特点结合起来，对于促进国有企业改革的深化具有针对性的特征。应该说是国有资本管理行为和国有企业改革举措精细化深化的具体表现。

8. 不同所有制企业"平等"竞争理论。在明确不同所有制产权权利都得到尊重和保护的基础上,在市场经济活动的具体场合,不同所有制的资本和不同所有制企业具有平等的公平竞争的权利,由此促成在市场准入、各类生产要素获取、税收缴交等方面的一致的、普惠的市场环境。在这样的市场环境下,势必激发企业注重通过追求技术进步、组织优化提高劳动生产率,通过经营模式创新提高竞争能力和经营效率。由此培育开创出企业行为和经济发展的生动局面,为中国经济高质量发展奠定微观基础。

9. "供给侧结构性改革"所体现的"要素市场深化"的改革攻坚理论。联系前述"平等"竞争理论,结合中国经济生活中由于改革举措的作用力度存在的不均齐、经济体制各个侧面改革不配套的原因,使得市场机制发育水平在国民经济的不同产业领域、产业体系的不同环节、产品市场和生产要素市场的不同层次存在着某些"瓶颈"和缺陷。不难理解,经过 40 年的改革,经济生活中的产品市场已经充分放开,市场定价机制发育相对成熟。但是,生产要素市场包括劳动力、土地、技术、资金等如何开放竞争尚有诸多难点和(面临的)束缚。这种状况表现为:一方面,不同的管制方式对于不同产权关系的经济活动主体在要素获取权利上的不平等性;另一方面,表现在要素价格水平确定的竞争不充分产生的不客观性,形成对企业经营绩效评价的不准确性。我们可以从这一理论分析中加深对企业改革与市场发育改革关系的理解,对改革攻坚任务的理解。

10. 企业家作为特殊资源在企业治理中发挥独特作用的角色和功能理论。在企业制度安排和治理机制功能特点得以理解的基础上,具体呵护这种制度和治理机制需要有企业家人格主体出场。可以说,现代企业制度安排是企业家施展自身经营才能的"组织平台"。企业治理机制中也包含了对于企业经营人才激励约束机制的对称性安排的要求。企业家素质和特殊作用直接影响了改革推进在具体的微观场合的主动进取性和行动执行力。在这里,企业家素质和特殊能力表现在对于改革进程中不可避免存在的某些不配套的主观努力弥补,对于改革任务的自我加压主动进取的担当精神。改革实践中大量的案例充分证明了,企业家角色作用对于企业健康发展、特别是在日趋激烈的市场竞争中企业家审时度势、果断决策,赢得发展商机所发挥的特别作用。正是这样,党中央国务院发布了《关于营造企业家健康成长环境弘扬优秀企业家精神更好发挥企业家作用的意见》(2017年9月),首次以专门文件明确企业家精神的地位和价值。文件具体提出了弘扬企业家情怀的"三大精神",即"爱国敬业遵纪守法艰苦奋斗的精神""创新发展专注品质追求卓越的精神"和"履行责任敢于担当服务社会的精神",充分肯定了企业家作为现代经济生活中的"特殊资源"的特性,表达了全社会高度重视企业家特殊角色和功能作用的诉求。诚然,如何优化企业家才能的发现机制、企业家遴选、任用、考核、激励和约束机制,一直是在我们努力实践的工作进程中。

1.3.2 打造公有制为主体、国有经济为主导的现代化经济体系,改革攻坚呼唤新的思想解放和理论创新

总结40年的经验成果,为改革再出发提供启迪,也为改革攻坚发现新的工作内容任务。根据党的十九大所规划的经济社会发展目标,坚持社会主义市场经济改革方向,"着力构建市场机制有效、微观主体有活力、宏观调控有度的经济体制,不断增强我国经济创新力和竞争力"。建设现代化国家治理体系,要求不断完善经济体制的质量,促进经济发展方式转变、经济结构优化和增长动力转换,实现经济的高质量发展。过往已经取得的改革成就和经验告诉我们,国民经济运行中的企业活力直接决定和影响了资源配置绩效。必须看到,国有企业改革如何继续深化,特别是联系市场经济运行环境,仍然面临不少难点和瓶颈,根据笔者对于跟踪研究国有企业改革的思考,几个问题常常还是困扰着我们,需要进一步加以讨论,一些关乎企业改革的基本原则已经得到明确,但是,有不同的理解和解释;有些已经有明确的原则和具体实

施意见,但是,实践场合受制于具体环境条件。

1. 如何理解社会主义基本经济制度所明确的"公有制为主体,多种所有制经济共同发展"与不同所有制经济成分在国内生产总值中的占比变化。伴随改革开放进程,非公有制经济取得了长足的发展,国有经济的占比相对下降,由此带来一种担心,这种下降是否说明公有制经济不再占主体地位了?还有,"积极发展混合所有制经济"与"坚持公有制为主体"是否存在矛盾?

2. "管资本"为主就是以资本价值作为主要管理对象内容,由此要求改变政府对企业的管理方式,进一步调整政府与企业关系,这种变革涉及哪些具体内容?政府作为国有资本的"出资人",与企业作为"用资人"之间是什么关系?究竟是行政关系还是市场关系?"国有企业"与"国家出资的企业"有什么区别?为什么要加以区别?

3. 国有资本与其他社会资本之间如何平等合作、公平竞争,真正做到不同所有制经济主体在市场竞争合作关系中都能够平等地获取生产要素和市场商机?在动态的国民经济活动中,如何处理好公有制经济与非公有制经济的合理分工关系?

4. 在充分理解国有企业的活力本质上是国有资本的配置运营活力的基础上,重视国有资本市场化配置与产业领域和产业分工功能之间的关系,实践中因为企业运行行为惯性的"路径依赖"和"历史负担"的制约,使得分类举措落实执行难以充分到位。正是这样,本书进一步讨论,结合企业投资行为的产权权力延展关系分析,是否还需要对于产权权利层次加以具体分解,进而就有了通过对投资行为分析得出"最终出资人"主体,由此有助于理解所有权实现机制的具体图谱,发现新的"终极所有者"的"分层次"存在。以"分类""分层"相结合,进一步拓展企业改革深化的新路径,以有助于更好地处理各类出资主体相互之间的利益关系。

5. "所有权"与"产权"是什么关系?如何处理好在传统的国有企业改制为"多元出资"的公司制企业法律组织形式后,发育成熟现代公司治理机制?

现实经济生活中,哪些因素制约了公司治理机制发育?"混合所有制"中不同性质的出资主体相互制衡关系对于公司治理的意义,"多元出资"与"混合所有制"是什么关系?

6. 联系现代经济运行特点,特别是现代市场经济条件下,"货币的所有权"(或者叫"名义的所有权")与"现实的所有权"相分离而出现的公司治理总是以委托—代理方式,选择职业的经理人从事专业的管理工作,这种处在企业经营一线的管理者扮演着十分重要的角色。如何处理好这种委托关系,充分发挥职业经理人的作用,培育"企业家精神",将这种行使"代理人"角色的管理者培养成为新兴企业家,在体制机制上需要进一步创造哪些条件?

我们在后面各章的内容,分别从以上企业理论和实践的相关问题,结合对40年改革经验的总结和如何继续深入推进新的改革展开讨论。

第 2 章

经济体制转轨、市场发育进程中的国有企业改革

中国的国有企业有着自身特有的发生成长路径,初始阶段的企业体制模式很大程度上是模仿学习当时的"苏联模式"起步的,在经济运行中由政府直接指令,作为集中计划经济体制的生产执行单位,也是国民经济的实物化、行政性管理的"行政单位",成为政府机构的附属物。经过近三十年的实践,集中计划体制所实行的"统收统支""统购包销"体制压抑了企业劳动者的积极性,企业缺乏活力,整个国民经济也必然是效率不高。正是对集中计划经济所存在的弊端有深刻的体验,经过了拨乱反正、"解放思想""实事求是"大讨论,在邓小平倡导的"改革开放"方针指引下,启动经济体制改革,一步步走出传统的计划经济体制,转轨建设社会主义市场经济体制。国有企业改革作为整个经济体制改革的"中心环节",扮演着十分重要的、亮眼的角色。

2.1 国有经济的建立与传统企业体制的生成

中国的国有企业制度存在着特殊的成长方式和成长背景。根据毛泽东在《新民主主义论》中提出的观点,1945年中共七大确立了中国革命分两步走的指导方针。即在夺取政权后,第一步建设新民主主义社会,完成从农业国到工业国的转变,第二步实现由新民主主义社会到社会主义社会的转变。对于何时实现向社会主义过渡,毛泽东的副手刘少奇提出民主革命胜利后不应过早采取社会主义政策,为建设新民主主义经济,共产党至少可以和资产阶级"搭伙10年到15年"。毛泽东则补充道:"到底何时开始全线进攻?也许全国胜利后还要15年。"①进入新民主主义社会时期,对资本主义采取"公私兼顾、劳资两利"的政策。但到1953年,毛泽东提出过渡时期总路线,要求用10—15年时间基本完成向社会主义过渡。在苏联"国家所有制"的影响下,为使国有制成为国民经济唯一的基础,在过渡时期总路线确立以后全国范围内开始了社会主义改造的高潮,原定用10多年时间完成的任务只用不到三年时间就完成了。1956年实现"三大改造"(对农业、手工业和资本主义工商业的社会主义改造)以后,资本主义经济不复存在,私营经济几乎完全消失。于是在1956年宣布进入社会主义,国家开始在全国范围内建立了仿照苏联模式的国有国营企业制度。

中华人民共和国成立初期的国有企业主要来自三个方面:一是解放区内部兴建的各种工厂,二是通过没收官僚买办资产阶级的各项财产,三是通过改造赎买的方式将民族资产阶级的企业国有化,形成了一批国家直接管理的国营企业。在当时,对于企业采取国有国营的经济管理体制方式,有其产生的客观历史条件,具有一定的必然性。第一,中华人民共和国成立时,生产力遭到极大破坏,经济形势极为困难,在尽可能短的时间内恢复经济、发展生产成为当务之急。集中力量办大事成为最有效的捷径。第二,在战争时期,解放区内的企业就是完全按照"供给制"方式运行,企业的生产管理采用重视实物的命令式方法。第三,在理论上对于如何建立社会主义没有深刻的认识,囿于传统马克思主义作家对社会主义经济体制的论述,认为计划经济、公有制和按劳分配是社会主义三大主要特征,全民所有制(国家所有制)是比集体所有制更高级的形式。第四,中华人民共和国成立后的社会主义经济实践没有太多模式可供参考,唯一可以借鉴的就是苏联的中央集权计划经济模式。第五,中华人民共和国成立后很长时间内国际环境对中国相当不利,迫切需要建立自身工业体系。通过对企业高度集中计划管理,

---

① 薄一波:《若干重大决策与事件的回顾(上卷)》,中共中央党校出版社,1991年,第46—66页。

第2章　经济体制转轨、市场发育进程中的国有企业改革

可以使政府将资源到配置到最重要的经济部门①。

传统的国营经济是参照列宁的"国家辛迪加"模式建立起来的。列宁将国家的作用提升到极高的地位,把国家所有制看作是社会主义的唯一经济基础②。列宁指出,在社会主义社会里,"全体公民都成了国家(武装工人)雇佣的职员。全体公民都成了一个全民的、国家的'辛迪加'的职员和工人。""整个社会将成为一个管理处,成为一个劳动平等和报酬平等的工厂。"③就企业具体经营来看,通过对于企业投入、产出、销售三大环节的计划管理,辅之以产品价格、劳动用工、收入分配、财税、外贸的计划管制,保障了国家对于从微观经济到宏观经济运行的一体化管理。国营经济的发展初步建立了新中国的工业化体系,为后续工业化的发展打下了基础。

然而,随着国内经济的发展,传统的国营企业体系的缺陷也开始显现。第一,国有国营首先缺乏的是激励机制。根据终身雇佣原则确定的等级系数和定级、升级制度与地位、年资挂钩,干好干坏一个样,员工努力程度很低。而企业作为执行国家生产计划的单位,产品价格由国家统一定价,盈亏国家包干,企业在执行计划时对于真实产出能力有所隐瞒,而且一般向上级多争取投入数量④。第二,国营企业具有多重角色与多重目标。国营经济不仅仅是生产单位,同时承担广泛的社会政治职能,国家把国营企业作为工具实现政治目标,采用管理党政机关的方式管理国营企业。第三,企业的产权关系模糊。国营企业按照其隶属关系由各级政府管理,而各级政府内部又将经营国营企业的权利在部门内部分割,出现被称为"五龙治水"的现象,统一的国家所有权被割裂,每个部门都可以行使部分所有权又不用对其行为承担责任。第四,预算软约束。国营企业经营的首要目标是要完成政府的生产安排,为此需要不断同管理的行政机关谈判以获得更为有利的生产安排。企业

---

① 张晖明:《中国国有企业改革的逻辑》,山西经济出版社,1998,第100—103页。
② 吴敬琏:《当代中国经济改革》,上海远东出版社,2004年,第180页。
③ 列宁:《列宁选集》(第3卷),人民出版社,1995年,第202页。
④ 张晖明:《中国国有企业改革的逻辑》,山西经济出版社,1998年,第105—107页。

与政府间重要的特征在于存在预算软约束。

应当指出,在这一时期,对于究竟如何设计和选择什么样的经济管理体制,是有一些理论讨论争论的。早在1956年,在毛泽东提倡"百花齐放、百家争鸣"的时期,以孙冶方、顾准为代表的经济学家对于计划经济模式提出批评。面对当时情况,主管经济工作的主要负责人陈云提出形成一种"三为主、三为辅"的经济格局,即在工商经营方面,国家经营、集体经营是工商业主体,但是附有一定数量个体经济,这种个体经济是国家经营和集体经营的补充;在生产计划方面,计划生产是主体,按照市场变化而在计划许可范围内的自由生产是计划生产的补充;在社会主义的统一市场里,国家市场是它的主体,但是附有一定范围内国家领导的自由市场,在国家领导之下作为国家市场的补充①。到1956年毛泽东在《论十大关系》中认为当前体制的主要弊病在于权力过分集中于中央,管得多,统得过死②。在毛泽东提出的方针的指导下,1957年,中共八大制定了以向地方政府放权为主要内容的改革方案,在1958年开始"体制下放",但随着"大跃进"的开始,开始国民经济出现生产下降、企业亏损、产品供应不足的情况,经济面临严重困难。1960年,中央提出"调整、巩固、充实、提高"的方针克服"大跃进"以及"人民公社化"所带来的困难。到1976年"文化大革命"结束之前,受苏联影响,市场取向改革很难突破意识形态障碍,向地方政府下放权力成为主要的改革选择,并在1970年开始了以"下放就是革命、下放越多就越革命"的经济管理体制改革,但仍然没有跳出"一放就乱、一管就死"的怪圈。

2.2 市场取向改革与"两权适度分离"

1978年十一届三中全会前后,对于如何实行经济体制改革,在当时大致

---

① 陈云:《社会主义改造基本完成以后的新问题》,《陈云文选》(第3卷),人民出版社,1986年,第1—13页。

② 毛泽东:《论十大关系》,《毛泽东文集》(第7卷),人民出版社,1999年,第23—49页。

存在两种不同看法。一种以扩大国有企业自主权为主要内容。主张改革的方向是企业在国家统一领导下实行独立核算,自主经营,应当赋予企业更多自主权。另一种意见认为改革目标应该是建立社会主义的商品经济。经济学家薛暮桥 1980 年在为国务院体改办起草的《关于经济体制改革的初步意见》中提出:"我国经济改革的原则和方向应当是,在坚持生产资料公有制占优势的条件下,按照发展商品经济的要求,自觉运用价值规律,把单一的计划调节改为在计划指导下充分发挥市场调节的作用。"①在当时体制下,由于第一种方案更容易接受,我国国有企业的改革也从扩大企业自主权开始拉开了序幕。对此,十一届三中全会公报指出,我国的经济管理体制的一个重要缺陷就是权力过于集中,应该大胆下放,让地方和企业拥有更多的经营管理自主权。改革以前,国营企业没有经营决策的自主权,企业的生产经营完全依赖于政府的行政计划,物资、生产、人员、工资、产品等等由政府统一安排,企业内部人员没有经营自主性,企业生产能力不足,工业品及农产品等商品处于严重短缺状态。邓小平指出,"现在,我们的经济管理工作,机构臃肿,层次重叠,手续繁杂,效率极低。"②"我肯定,扩大企业自主权,这一条无论如何要坚持,这有利于发展生产。"③

1978 年 10 月,经国务院批准,四川省 6 家企业(重庆钢铁公司、成都无缝钢管厂、宁江机床厂、四川化工厂、新都氮肥厂、南充钢厂)开始企业自主权试点。试点内容规定,企业完成规定产量和利润目标后,可以提取少量利润作为企业基金,用于发展生产和职工奖金,政策推出当年就取得了不错的效果。随后四川省将试点企业扩大到 100 户。1979 年 4 月,国家经委会同有关部门和部分企业负责人召开企业管理改革试点座谈会,规定了扩大企业自主权的

---

① 吴敬琏:《当代中国经济改革》,上海远东出版社,2004 年,第 57 页。
② 邓小平:《解放思想,实事求是,团结一致向前看》,《邓小平文选》(第 2 卷),人民出版社,1994 年,第 150 页。
③ 邓小平:《关于经济工作的几点意见》,《邓小平文选》(第 2 卷),人民出版社,1994 年,第 200 页。

内容和措施。1979年7月13日,国务院发出《关于扩大国营企业经营管理自主权若干规定》等五份文件,全国范围内扩大企业自主权试点,规定企业享有生产经营决策、产品销售、物资采购、资金留存、资产处置、机构设置、人事管理、产品定价、工资奖金安排、联合经营十项自主权。截至1980年6月底,全国试点企业已达6 000多家,这些企业上半年的产值和利润分别占全年的60%和70%。1981年12月26日,财政部、国家经委发出《关于国营企业实行利润留成和盈亏包干办法若干规定》,提出利润留成办法,受到企业欢迎,但由于约束机制不足,在实践中出现包盈不包亏的现象,在一定程度上打击了企业的积极性。1984年5月,国务院下发《国务院关于进一步扩大国营工业企业自主权的暂行规定》("扩权十条"),成为开启新一轮改革的过渡性文件,也标志着扩权让利试点工作的结束。

放权让利改革的成功之处在于抓住了利益关系这一经济关系的根本,唤起企业作为追求经济利益主体的"理性回归",跳出以往"放乱收死"的怪圈。利益关系是生产关系的核心问题,企业作为经济运行的主体,有着自己独立的利益。通过放权让利,企业拥有了一定的财权,使得企业和员工的生产积极性得以调动,初步打破了两个"大锅饭",在当时物资短缺的卖方市场背景下,企业仅需利用剩余物资生产就可获得利润,企业开始通过各种措施发展生产,取得了国家多收、企业多留、职工多得的效果,一定程度上解决了当时的物资短缺问题。根据北京市国营工业企业系统不完全统计,1979—1981年,全市工业总产值每年递增7.5%,实现利润递增5.9%,上缴利润同比年均递增4.8%,全市工业累计提取利润留成8.9亿元,占实现利润10.9%[①]。同时,随着企业可以对其利润留存拥有一定处置权,对于这部分财产权利的具体行使也引发了国家作为所有者与企业具体经营者的权利界定博弈,也由此产生了"两权分离"问题。但与此同时在改革过程中,由于信息不对称,一些

---

① 陈清泰:《重塑企业制度:30年企业制度变迁》,中国发展出版社,2008年,第7页。

第2章 经济体制转轨、市场发育进程中的国有企业改革

企业在利益驱使下出现了为扩大自销压低计划指标、不完成生产任务等问题,结果导致财政赤字上升、通货膨胀、经济秩序混乱等问题。

"放权让利",本质上是政府与企业之间订立的某种合约。根据西方经济学理论,由于合约的不完备性使得企业管理者与所有者就企业剩余索取权展开争夺,而所有权在其中具有关键意义。在放权让利执行两三年后,企业利润不断增加而国家财政收入却未显著上升,相反,企业留利而职工工资不断上涨,由此导致国家与企业重新谈判,也催生了利改税政策的出台。放权让利改革没有改变企业与国家之间的关系,政府仍然保持了对企业的较大干预力。吴敬琏(2004)指出,由于在放权让利以及利改税推进两权分离的过程中混淆了国家作为出资人的所有权与政府作为行政主体的征收权,将所有权在企业与国家之间分割,进一步导致了产权关系的混乱以及"内部人控制"问题[①]。面对放权让利过程中所暴露的问题,部分领导人认为扩权让利对于企业赋权不够,应当进一步扩大企业权利[②],在各种措施当中由于市场化改革措施存在很大的不确定性同时面临意识形态方面的障碍,而前期在农村实行经营承包制取得的效果使得人们对于实施经济责任制的阻力较小,于是1981年国家开始推行经济责任制,开启了契约约束下的企业改革,通过承包这个办法,以契约的法律形式来界定企业和国家间的权责利关系,制止国家财政收入滑坡,从而稳定国民经济和改革进程。

早在十一届三中全会的报告中邓小平就指出:"在管理制度上,当前要特别注意加强责任制。"[③]1981年10月28日,国家经委、国务院体改办发布《关于实行工业生产经济责任制若干问题的意见》,1981年11月,国务院转批《关于当前完善工业经济责任制的几个问题》,文件指出:"经济责任制是在国家计划指导下,以提高社会经济效益为目的,实行责、权、利紧密结合的生产经

[①] 吴敬琏:《当代中国经济改革》,上海远东出版社,2004年,第153页。
[②] 贺耀敏:《扩权让利:国有企业改革的突破口——访袁宝华同志》,《百年潮》,2003年第8期。
[③] 邓小平:《解放思想,实事求是,团结一致向前看》,《邓小平文选》(第2卷),人民出版社,1994年,第150页。

营管理制度。实行经济责任制,使长期以来管理体制过分集中、统得过死的状况有所改变,企业有了一定的经营管理自主权。贯彻物质利益原则,调整了国家、企业、职工三者的利益关系,在一定程度上克服了吃'大锅饭'、平均主义的弊病,调动了企业的积极性,增强了职工的主人翁责任感。"① 同时在前期利改税试点的基础上,国务院于1983年和1984年转发财政部关于利改税改革报告,规定国有大中型企业实现利润扣除贷款后利润按55%税率缴纳所得税,对国营小型企业,实行八级超额累进税制。

1987年8月,国家经委、国家体改委下发《关于深化企业改革,完善承包经营责任制的意见》,特别强调承包经营责任制的基本特征"包死基数,确保上交,超收多留,欠收自补。"在经历了利润留成、利改税等措施后,1987年,国有大中型工业企业采取了各种经营责任制,包括承包经营形式、租赁经营形式等,股份制也开始实行。在实践中,承包经营责任制有五种主要形式:(1)双保(包)一挂。一保上缴国家利税,二保企业承包期内基本建设和技术改造任务的完成。(2)上缴利润按一定比例逐年递增包干。(3)上缴利润技术包干,超额分档分成。(4)微利企业上缴利润定额包干和亏损企业亏损额度和补贴包干。(5)其他特种行业的特别包干形式②。在工业经济责任制中有两个环节,一是正确处理国家与企业之间关系的经济责任制,二是正确处理企业和职工关系的内部经济责任制。首都钢铁公司是当时落实企业内部经济责任制的先进典型之一。首钢内部落实经济责任制,不是单纯包上缴利润和增利指标,而是首先落实经济责任,把责、权、利结合起来。丁家桃(1982)指出,首都钢铁公司经济责任分为三部分:一是包利润、增利、定员;二是保产量、质量、品种、成本、合同、消耗、流动资金、安全生产、环保以及新产品试制和科研任务;三是保协作任务③。通过包、保、核的方式,把任务层层分解落实到每个环节和个人,被称为"纵向到底,横

---

① 《关于实行工业生产经济责任制若干问题的意见》,1971年11月11日。
② 张晖明:《中国国有企业改革的逻辑》,山西经济出版社,1998年,第73—75页。
③ 丁家桃:《首钢是怎样层层落实经济责任制的》,《经济管理》,1982年第3期。

第 2 章 经济体制转轨、市场发育进程中的国有企业改革

向到边",这种经济责任制后来被国家作为典型,在全国范围内推广。

承包制通过引入政府与企业的合约明确规定了双方的权利义务关系,也保证了国家的财政收入,承包制实施后取得了良好的经济效果。1987 年 1—10 月,全国预算内工业企业产值增长 11.7%,实现利润增长 9%,劳动生产率增长 7.9%,而相应的上一年数据分别只有 4.8%、-10.4%、0.9%。承包制包死了国家财政收入,放开了企业对于收入的管理权,激励了企业经营者和职工改善管理和生产,在完成国家任务后获得更多收入。同时,实行承包制后,国家不再对企业实行无偿的资金供给,一定程度上硬化了企业的财务约束。但承包制仍然存在一些缺陷。第一,承包制把承包期内的剩余控制权与部分剩余收入索取权转让给承包人,使得企业产权界定更加模糊。同时,由于承包关系作为合同内容拥有一定期限,承包人不愿进行长期投资甚至激发了许多短期行为。第二,在具体实践中承包制能否落实、企业能否拥有经营自主权取决于其主管部门所提供的条件,而后续合同能否续签也取决于主管部门决定,上级主管部门仍然可以随意干预企业决策,政府作为所有者与社会经济宏观调控者二者职能混淆,难以保证企业自主权。第三,承包制作为扩权让利政策的沿袭,仍然是在不触动所有权背景下的控制权改革,未能打破企业的行政隶属关系,没有改变国有企业基本制度框架。

随着市场化改革所引发的"两权分离",国家也开始改革企业领导体制,尝试理顺国家与企业产权关系。1980 年邓小平指出:"有准备有步骤地改变党委领导下的厂长负责制、经理负责制,经过试点,逐步推广、分别实行工厂管理委员会、公司董事会、经济联合体的联合委员会领导和监督下的厂长负责制、经理负责制。"[1]1981 年,有关部门制定了《国营工业企业厂长工作暂行条例》等 3 个文件,并在 1987 年全面推行厂长负责制。文件的出台进一步规范了国家与企业的关系,也为我国第一部《企业法》的出台奠定了基础。1988

---

[1] 邓小平:《党和国家领导制度的改革》,《邓小平文选》(第 2 卷),人民出版社,1994 年,第 140 页。

年4月,七届全国人大一次会议通过了《中华人民共和国全民所有制工业企业法》,其中第2条规定:"企业的财产属于全民所有,国家依照所有权和经营权分离的原则授予企业经营管理。企业对国家授予其经营管理的财产享有占有、使用和依法处分的权利。企业依法取得法人资格,以国家授予其经营管理的财产承担民事责任。"遵循"所有权与经营权分离"的思路,第7条规定:"企业实行厂长(经理)负责制。厂长依法行使职权,受法律保护。"①《企业法》第一次在法律角度上确定了全民所有制企业的法人地位及其对于国家授予其经营的财产所享有的权利,明确了所有权与经营权分离的原则,不过企业法所使用的"授予"一词在实际中被理解一种行政授权,实际中仍然没有改变企业的行政地位;其次,虽然企业法确立了企业的法人地位,但企业究竟承担有限责任还是无限责任并未明确规定;第三,企业对于国家授予的资产所享有的权利排除了收益和依法处分之外的处分权,企业法人的财产性权利并不完整②。同时,在董事会这样的公司治理机制尚不存在的情况下,将企业经营自主权赋予企业法定代理人导致事实上赋予他们不完全的所有者权利,最终导致许多企业法定代表人试图将这种权利转化为完全的所有权。在一系列国有企业法定代表人腐败案件中都可以看到这种机制。1992年7月,国务院发布《全民所有制工业企业转换经营机制条例》,把《企业法》规定具体化,也为我国《公司法》出台奠定了基础,完成由契约关系改革向产权关系改革的新一轮改革进程。

2.3 确立社会主义市场经济目标形式与公有制实现形式创新

在经历了前期国有企业控制权改革以及非公有制经济的增量改革后,市

---

① 《中华人民共和国全民所有制工业企业法》,中国法制出版社,1997年,第2页。
② 孔祥俊:《企业法人财产权研究——从经营权、法人财产权到法人所有权的必然走向》,《中国人民大学学报》,1996年第3期。

第2章 经济体制转轨、市场发育进程中的国有企业改革

场化改革在中国已经取得了一定进展,物资短缺问题逐步得到解决,到1992年全年国内生产总值27 194.5亿元,人均国内生产总值达到2 334元。进入20世纪90年代,受之前的政治风波以及1988年严重通胀的影响,加之苏联解体对于社会主义制度造成的冲击,对于市场化改革的道路提出怀疑的思想情绪有所加强,针对市场经济姓"资"还是姓"社"、计划与市场关系等问题展开了争论。面对市场化过程中面临的争论与怀疑,邓小平1992年发表的南方讲话平息了计划与市场的争论,明确了二者之间的关系,为十四大确立我国社会主义市场经济目标形式以及公有制实现形式的创新奠定了基础。邓小平在讲话中指出:"计划多一点还是市场多一点,不是社会主义与资本主义的本质区别。计划经济不等于社会主义,资本主义也有计划;市场经济不等于资本主义,社会主义也有市场,计划和市场都是经济手段。社会主义的本质,是解放生产力,发展生产力,消灭剥削,消除两极分化,最终达到共同富裕。"①提出了判断姓"资"还是姓"社"的三个有利于标准,化解了人们对于市场化改革道路的怀疑。1992年10月,党的十四大确立了社会主义市场经济改革目标,1993年5月,中共中央政治局决定在十四届三中全会将建设社会主义市场经济作为议题。

在向市场经济转轨过程中,除了价格调整资源配置、建立公平、法律的市场平台外,构造独立的市场主体在其中具有关键地位。尽管经历了前期的改革,国有企业终极所有权与经营权仍然没有分开,企业在很大程度上仍然是行政单位,而且在经历了前期的改革后,企业内部的产权关系更加模糊,国有企业与市场经济如何融合成为重要问题。在起草十四届三中全会《决定》过程中,江泽民对起草人员所提出的一个重要问题是:公有制、国有经济与市场经济能不能结合,怎样结合?如果不能解决公有制、国有企业与市场经济的关系,那么为了坚持公有制、国有经济,就只好回到计划经济,或者为了市场

---

① 邓小平:《在武昌、深圳、珠海、上海等地的谈话要点》,《邓小平文选》(第3卷),人民出版社,1994年,第373页。

经济而否定公有制,显然,这不是人们愿意接受的结果①。

早在十四届三中全会提出建立现代企业制度前,部分经济学家就基于前期价格改革的基础上对于国企改革以及公有制实现形式的问题做出了探讨。在1986年关于改革战略的争论中,部分经济学家指出改革社会主义经济运行机制必须以改革所有制为前提。厉以宁(1987)指出,在传统计划经济下,政府直接参与全民所有制企业运营一直被认为是唯一正确的方式。对于传统国家所有制企业来说,在国家所有制下,国有的财产人人有份,而又人人不为其经营的盈亏负责,同时国家作为企业的所有者,企业的财产国家所有,国家作为财产所有者出于各种原因为企业提供照顾,使得企业存在预算软约束的顽疾,企业难以自主经营,自负盈亏②。董辅礽(1987)认为,国家所有制的改革,就是要使企业成为自主经营、自负盈亏的市场主体,认为对于大部分大中型国营企业可以推行股份制来实现国有制改革,将规范化的股份制与非规范化的承包制结合起来,通过"先包后股、先股后包、只包不股或只股不包"的办法,在股份制中引入包括职工在内的非国有主体,使得国家只能作为股份所有者在董事会中起作用。而在其他利益主体牵制下,国家不能像过去那样对企业直接发号施令,从而推进政企分开,使企业成为独立经营主体③。

在充分调研的基础上,1993年11月十四届三中全会做出了《中共中央关于建立社会主义市场经济体制若干问题的决定》,提出了建设社会主义市场经济的目标模式,提出通过建立现代企业制度实现公有制、国有经济与市场经济的结合。《决定》指出:"建立社会主义市场经济体制,就是要使市场在国家宏观调控下对资源配置起基础性作用。为实现这个目标,必须坚持以公有制为主体、多种经济成分共同发展的方针,进一步转换国有企业经营机制,建立适应市场经济要求,产权清晰、权责明确、政企分开、管理科学的现代企

---

① 陈清泰:《重塑企业制度:30年企业制度变迁》,中国发展出版社,2008年,第35页。
② 厉以宁:《社会主义所有制体系的探索》,《河北学刊》,1987年第1期。
③ 董辅礽:《所有制改革与经济运行机制改革》,《中国社会科学院研究生院学报》,1987年第1期。

第 2 章　经济体制转轨、市场发育进程中的国有企业改革

制度。""建立现代企业制度,是发展社会化大生产和市场经济的必然要求,是我国国有企业改革的方向。其基本特征,一是产权关系明晰,企业中的国有资产所有权属于国家,企业拥有包括国家在内的出资者投资形成的全部法人财产权,成为享有民事权利、承担民事责任的法人实体;二是企业以其全部法人财产,依法自主经营,自负盈亏,照章纳税,对出资者承担资产保值增值的责任;三是出资者按投入企业的资本额享有所有者的权益,即资产受益、重大决策和选择管理者等权利,企业破产时,出资者只以投入企业的资本额对企业债务负有限责任;四是企业按照市场需求组织生产经营,以提高劳动生产率和经济效益为目的,政府不直接干预企业的生产经营活动,企业在市场竞争中优胜劣汰,长期亏损、资不抵债的应依法破产;五是建立科学的企业领导体制和组织管理制度,调节所有者、经营者和职工之间的关系,形成激励和约束相结合的经营机制。"①在经历了前期控制权改革的基础上,国家首次通过企业产权关系改革来带动国有企业改革,提出了建立现代企业制度,实现公有制实现形式创新。通过建立现代企业制度,实现出资者所有权与企业法人财产权的分离,实现政企分开,摆脱对于行政机关的依赖,同时国家对于企业承担有限责任,有利于规避风险。

在十四届三中全会《决定》基础上,1993 年,全国人民代表大会通过《中华人民共和国公司法》,确立了企业法人财产权制度,以法律形式界定规范企业与投资者权能边界。《公司法》第 4 条规定"公司享有由股东投资形成的全部法人财产权,依法享有民事权利,承担民事责任。"②公司制下的法人财产权与全民所有制企业下的经营权具有不同的含义。第一,企业法人财产权包含了收益权,而企业经营权不包含收益权。第二,法人财产权是一种独立的权利,是相对于其他民事权利而言的,是一种对事权。而经营权事项对所有权来说

---

① 《中共中央关于建立社会主义市场经济体制若干问题的决定》,《人民日报》,1993年 11 月 17 日。

② 《中华人民共和国公司法》,中国法制出版社,2014 年,第 3 页。

的,由所有权派生,是一种相对权。法人财产权制度确立下的企业成为享有民事权利、承担民事义务的法人,不再是政府的附属物,企业的自主经营在法律制度上得到了保障。

以公司制为主要形式的现代企业制度作为公有制与市场经济结合的载体,通过现代公司制度所形成的法人治理机制,明确了所有权实现过程中的权责分离、相互制衡关系。以现代企业制度为载体,对国有资产实行价值型管理、股权化配置、民营化运作、市场化流动,实现公有制与市场经济的有机结合,奠定了社会主义市场经济的微观基础。在坚持公有制主体地位的同时,根据"三个有利于"标准,鼓励并允许多种所有制经济共同发展,通过对国有资产实行价值化配置,国有资产可能出现在混合经济形式中,通过控股、参股等形式,为扩大公有制影响力、控制力提供了可能①。通过现代企业制度下不同出资者之间的资本博弈关系,促进政府职能转变,实现政资分开、政企分开,使得国有资产与具体的国有企业相分离,政府作为出资人和所有者不仅可以通过用手投票的方式行使股东权力,同时可以通过用脚投票实现国有资产的市场化配置和价值型管理,也使企业成为自主经营、自负盈亏的市场化主体。党的十五大报告也指出,公有制实现形式可以而且应当多样化。一切反映社会化生产规律的经营方式和组织形式都可以大胆利用。要努力寻找能够极大促进生产力发展的公有制实现形式。股份制是现代企业的一种资本组织形式,有利于所有权和经营权的分离,有利于提高企业和资本的运作效率,资本主义可以用,社会主义也可以用。不能笼统地说股份制是公有还是私有,关键看控股权掌握在谁手中。国家和集体控股具有明显的公有性,有利于扩大公有资本的支配范围,增强公有制的主体作用②。

通过现代企业制度实现公有制实现形式创新,利用产权约束,一方面在维

---

① 张晖明:《中国国有企业改革的逻辑》,山西经济出版社,1998 年,第 134—139 页。
② 江泽民:《高举邓小平理论伟大旗帜,把建设有中国特色社会主义事业全面推向二十一世纪》,江泽民在中国共产党第十五次全国代表大会上的报告,1997 年 9 月 12 日。

护公有制影响力、控制力的基础上使得企业逐渐成为独立的市场主体,激发了企业作为市场主体的经济理性;另一方面,也使得国有资产的流动性配置成为可能,为后期国有资产的战略性调整提供了理论支持,同时也促进了国有资产管理体系的建立和完善。随着现代企业制度建设的推进,人们逐渐认识到应该建立健全国有资产的管理、运营、监督制度以进一步推进国有企业改革与建立现代企业制度[①]。到1999年,十五届四中全会明确指出,按照国家所有、分级管理、授权经营、分工监督的原则,逐步建立国有资产管理、监督、运营机制,提出国有出资人概念,明确国有资产管理与具体国有企业经营是两个不同的问题,进一步推进现代企业制度的建设,完善社会主义市场经济体制下市场主体的建设。

2.4 发展非公经济与国有企业改革

改革开放以后,在传统计划经济体制和苏联"国家所有制"理论的影响下,非公有制经济的发展仍然存在意识形态的禁锢。在国有企业改革面临较大困难、"放权让利"等改革措施没有取得显著效果的背景下,邓小平等领导人将关注点转向非公有制经济,对发展非公经济采取了"不争论"的策略,采取双轨制,尝试通过非公有制经济的发展改变国有制一统天下的状况,为改革政策拓展更多空间。

20世纪70年代后期,1 500多万名上山下乡知识青年回城,解决就业成为政府所面临的紧迫问题。这种情况下,中央发文指出"劳动者可以从事个体工商业"。1979年2月,国家工商行政管理总局会议指出,各地根据情况可以批准一批有正式户口的闲散劳动力从事修理、服务和手工业者个体劳动,但不准雇工。当年年底全国个体从业人员发展到31万。随着市场的发展,单

---

① 蒋黔贵:《构造权责明确的国有资产管理、监督和运营体系》,《中国经贸导刊》,1995年第15期。

个企业主难以通过个人实现企业生产时,为了扩大生产就需要雇佣工人,在实际生产中雇用超过 8 人的个体工商户企业逐渐增多,面对争议,邓小平在 1983 年 1 月谈话中指出:"有个别雇工超过了国务院的规定,这冲击不了社会主义,只要方向正确,头脑清醒,这个问题容易解决。"①个体经济就在这种既不公开鼓励也不明令禁止的环境中发展起来。安徽的"傻子瓜子"在当时雇工 100 多人,引起了极大争论。邓小平 1983 年 10 月再次指出:"那个能影响到我们的大局吗?如果你一动,群众就说政策变了,人心就不安了。你解决一个'傻子瓜子',会牵动人心不安,没有益处。"②到 1986 年十二届六中全会指出:"我国还处于社会主义初级阶段,不但必须实行按劳分配,发展社会主义商品经济和竞争,而且在相当长的历史时期内,还要在公有制主体的前提下发展多种经济成分。"③就这样,私营经济就在没有法律承认的基础上发展起来。到 1986 年底,全国个体工商户 1 211 万户,从业人员 1 846 万人。

在农村,最大的改革措施便是解除了对于"包干到户""包产到户"的禁令。1980 年中共中央发文指出:"在那些边远山区和贫困落后的地区,长期'吃粮靠返销,生产靠贷款,生活靠救济'的生产队,群众对集体丧失信心,因而要求包产到户的,应支持群众的要求,可以包产到户,也可以包干到户,并在一个较长的时间内保持稳定。"④随着包产到户的进行,农村经济焕然一新,以集体所有制为主的乡镇企业也发展起来,国家也将改革的重点放到非国有部门,建立市场导向的企业,实行"增量改革"战略(见表 2.1)。在外资经济方面,1978 年十一届三中全会确立改革开放政策后,1979 年我国颁布《中华人民共和国中外合资企业法》采取优惠政策鼓励外商直接投资,从 1979 年到

---

① 邓小平:《一切从社会主义初级阶段的实际出发》,《邓小平文选》(第 3 卷),人民出版社,1994 年,第 252 页。
② 邓小平:《在中央顾问委员会第三次全体会议上的讲话》,《邓小平文选》(第 3 卷),人民出版社,1994 年,第 91 页。
③ 《关于社会主义精神文明建设指导方针的决议》,《人民日报》,1986 年 9 月 29 日。
④ 《中共中央关于进一步加强和完善农业生产责任制几个问题的通知》,1980 年。

1988年,中国先后确立了5个经济特区,开放了14个沿海开放城市。外资经济的引入,一方面引进了外国的技术,另一方面外资经济在企业组织形式、企业管理、市场运营等方面的经验也提升了我国国有企业的管理能力。

表2.1 各种经济成分工业总产值及其比重　　　　单位:亿元

年份	工业总产值	国有工业	集体工业	城乡个体工业	其他经济类型工业*
1978	4 237	3 289 (77.63%**)	948 (22.37%)	0 (0%)	0 (0%)
1980	5 154	3 916 (75.98%)	1 213 (23.54%)	1 (0.02%)	24 (0.48%)
1985	9 716	6 302 (64.86%)	3 117 (32.08%)	180 (1.85%)	117 (1.20%)
1990	23 924	13 064 (54.61%)	8 523 (35.63%)	1 290 (5.39%)	1 047 (4.38%)

资料来源:《中国统计年鉴》1998年
＊其让他经济类型工业为公私合营及私营工业,下同
＊＊括号内为相对值比重

在这一阶段,为解决城镇就业以及物资短缺问题,非公有制经济就在没有获得政府承认的背景下发展起来,由于企业规模较小,而且主要集中于轻工业和个体经济,并未对国有企业造成直接冲击。不过这一阶段非公有制经济使得双轨制下市场进一步发展,通过外部市场环境的形成影响国有企业的经营决策。作为"增量改革"倡导者的邓小平,在非国有部门改革取得成就,能为城市改革提供支撑点的时候,1984年6月,邓小平指出:"改革要从农村转到城市。城市的改革不仅包括工业、商业,还有科技、教育等,各行各业都在内。"①1984年10月,十二届三中全会通过了《中共中央关于经济体制改革的决定》,提出"加快以城市为重点的整个经济体制的改革步伐","发展社会主义商

---

① 邓小平:《建设有中国特色的社会主义》,《邓小平文选》(第3卷),人民出版社,1994年,第65页。

品经济","商品经济的充分发展是社会经济发展不可逾越的阶段,是实现我国经济现代化的必要条件。只有充分发展商品经济,才能把经济真正搞活,促使各个企业提高效率,灵活经营,灵敏地适应复杂多变的社会需求。"①

随着私营经济在国民经济中的作用和地位日益上升,市场增量化改革逐渐取得成效,在国家层面也开始承认私营经济的合法性地位。1987年,党的十三大第一次提出"私营经济是公有制经济的必要和有益补充"。1988年4月,七届人大一次会议通过的宪法修正案第11条规定:"国家允许私营经济在法律规定的范围内存在和发展。私营经济是社会主义公有制经济的补充。国家保护私营经济的合法权利和利益,对私营经济实行引导、监督和管理。"② 1992年邓小平南方谈话后,十四大确立了"公有制为主体,多种所有制经济共同发展"的方针,民间投资积极性高涨,个体工商户、部分国有企业员工开始下海创业,成立私营企业,形成了非公有制经济新的发展高潮,在过程中非公有制企业的企业家素质也得到提升,在南方谈话的影响下,部分干部下海创业,同时许多大学毕业的知识分子也加入其中,他们在技术、客户资源、团队管理经验等方面的优势是改革开放前期企业家所不能比的。1993年1月,国家工商行政管理总局宣布:"除了关系国家安全和人民健康的行业外,原则上都允许个体、私营经济从事生产经营"。到1993年底,全国个体工商户达1 766.99万户,从业人员2 939.7万人,私营企业数量23.8万户,较上年增长71.2%,非公有制经济与公有制经济实现共同发展。

随着社会主义市场经济的逐渐形成,非公有制经济与公有制经济在市场中直接竞争。随着市场的发展,一方面由于非公有制经济经营的灵活性,加之本身并不需要承担职工就业、医保、住房、子女教育等方面的负担;另一方面,随着市场发展以及政策放开,非公有制经济开始进入公有制经济的经营领域,市场逐渐由卖方市场发展为买方市场,前期只靠产品出售就可获得利

---

① 《中共中央关于经济体制改革的决定》,《经济体制改革》,1984年第5期。
② 《中华人民共和国宪法注释本》,法律出版社,2011年,第159页。

润的现象不复存在①。面对非公有制企业的竞争，国有企业由于经营机制难以适应市场化改革，自1993年开始出现大面积亏损(图2.1)。在1992—1997年，个体工商户数量由1 533.9万户到2 850万户，从业人员从2 467.7万人到5 441.9万人，而同期国有经济、集体经济出现负增长(表2.2)。随着市场开放，公有制经济与非公有制经济在市场上的相互竞争，进一步倒逼国有企业改革，同时也催生了国有经济的战略性调整。

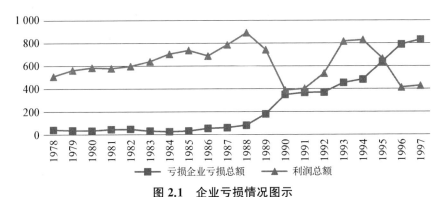

图 2.1　企业亏损情况图示

注：根据《中国统计年鉴》国有独立核算工业企业主要财务指标(1998)数据绘制(单位：亿元)

表 2.2　各种经济类型工业企业总产值　　　　　　　　　单位：亿元

	1993	1994	1995	1996	1997
国有工业	22 725	26 201	31 220	28 361	29 027
集体工业	16 464	26 472	33 623	39 232	43 347
乡办工业	5 374	8 102	11 932	11 730	
村办工业	5 163	9 658	11 847	15 900	17 940
合作经营工业	1 322	2 611	2 134	3 387	4 669
城乡个体工业	3 861	7 082	11 821	15 420	20 376
其他经济类型工业	5 352	10 421	15 231	16 582	20 982
工业总产值	48 402	70 176	91 894	99 595	113 733

注：相关数据来自《中国统计年鉴》各年统计。

---

① 林毅夫等：《充分信息与国有企业改革》，格致出版社，2014年，第68—75页。

到1995年,全国独立核算工业企业8.79万户,其中7.22万户为中小企业,此外还有50多万户乡镇企业。随着改革深入,政府认识到要把几十万户的中小国有企业都搞好是十分困难的,既不可能也无必要。于是对于国有企业改革的政策也从"搞好所有的国有企业"转变为"搞活整个国有经济"实行"分类指导""抓大放小"。1995年,江泽民在十四届五中全会讲话中指出:"要研究制定国有经济的发展战略和布局,按照建立现代企业制度的目标积极推进国有企业改革,集中力量抓好大型国有企业,对一般小型国有企业进一步放开搞活。"①从1993年开始,在山东诸城和广东顺德对国有企业采取了"放小"政策,进行了以所有权结构主体变革为核心的产权改革,不过由于受意识形态影响,在当时除了少数地区以外,对于"放小"并未在全国普遍实行,不过在这一阶段,国家首次提出了国有经济布局的战略性调整,从关注单个国有企业效益转向关注国有资本配置效率,对于下一阶段的改革起到了过渡作用。

1997年,党的十五大明确非公有制经济是我国社会主义市场经济的重要组成部分并在1999年列入了宪法修正案,非公有制经济在我国经济体系中的地位在宪法上得到确立。同期国有企业在1997年前后出现了大面积的亏损,全国16 874家国有大中型企业中6 599家出现亏损。导致国有企业出现经营困境的原因有很多,概括起来有以下原因。第一,"九五"期间,国家实施紧缩的财政政策和货币政策,国内有效需求严重下降,同年发生的亚洲金融危机导致外贸需求减少,产能限制严重。第二,随着市场经济的发展,国有企业的体制优待逐渐消失,在资金划拨上采取了"拨改贷",企业财务负担严重。而在亚洲金融危机的影响下,银行对于企业的放贷愈发谨慎。第三,非公有制经济的发展对于国有企业产生了直接的竞争压力。随着改革开放,大量外资企业带着资金、技术和先进的管理方式进入中国,在众多行业取得竞争优势。而本土非公有制企业也利用劳动力成本优势取得发展。同时,为了准备进入

---

① 江泽民:《正确处理社会主义现代化建设中的若干重大关系》,《江泽民文选》(第1卷),人民出版社,2006年,第468页。

第2章 经济体制转轨、市场发育进程中的国有企业改革

WTO,中国开始大幅降低关税,市场开放程度进一步提高。第四,国有企业多年来习惯于低水平重复建设,地区间产业结构趋同,导致产能过剩,随着市场由短缺经济转向卖方市场,企业难以适应市场要求。第五,国有企业承担过多社会职能使得企业负担过重。第六,国有企业经营机制没有发生根本转换①。

面对艰难的形势,1997年7月,时任国务院副总理朱镕基考察时提出用三年时间使大多数国有大中型企业走出困境。同年9月,十五大指出:"公有制实现形式可以而企业应当多样化。""要着眼于搞好整个国有经济,抓好大的,放活小的;要对国有经济实施战略性重组,有进有退,有所为,有所不为"②,否定了把国有经济的比重大小同社会主义的性质直接联系。以纺织行业为突破口,国有经济开始了三年脱困的战略性改革。通过实施分立、破产、重组、下放等措施进行改革。在改制过程中,如何解决职工就业以及社会保障成为了改制过程中最大的难题,除了政府解决一部分,在前期迅速发展的非公有制经济为国有企业的战略性重组提供了缓冲,通过吸纳下岗职工减少了企业战略重组的阻力。1998年6月,国务院印发《中共中央、国务院关于切实做好国有企业下岗职工基本生活保障和再就业工作的通知》,提出把发展民营中小企业作为解决下岗职工问题主要手段,采取金融、税收等优惠政策,也在意识形态上消除私营经济发展的妨碍,就这样,国有经济与非国有经济就在"改制"过程中相互融合,共同发展③。到2000年,国有及国有控股企业整体实现利润2 392亿元,实现扭亏为盈。到2004年以后,随着外部环境的改善,国有企业盈利水平开始向好,国有企业改革力度也有所降低,社会上也出现了被媒体称为"再国有化"或"新国有化"的现象。

---

① 陈清泰:《重塑企业制度:30年企业制度变迁》,中国发展出版社,2008年,第53—57页。
② 江泽民:《高举邓小平理论伟大旗帜,把建设有中国特色社会主义事业全面推向二十一世纪》,江泽民在中国共产党第十五次全国代表大会上的报告,1997年9月12日。
③ 吴敬琏:《当代中国经济改革》,上海远东出版社,2004年,第190—195页。

2013年党的十八届三中全会以来，党中央提出进一步推进混合所有制改革推进国有资本与民营资本的合作，将混合所有制作为基本经济制度的重要实现方式。厉以宁(2014)指出，混合所有制把国有经济的资本雄厚优势和民营经济的机制灵活优势集中到一起，有利于它走出去，不会被其他国家所限制，也不会因力量小成不了气候，是国有资本和民间资本合作的场所，国有企业改革之后有条件成为双赢的获得者，民营企业在跟国有企业合作的过程中也能达到公平竞争、合作①。将混合所有制经济作为新一轮国有企业改革的突破口有利于促进公有经济与非公有经济的融合与发展，但是混合所有制也不是"一混就灵"，现代企业中公司治理的商业化也并非所有权结构转换那么简单，有赖于可信的法制体系保护各个股东的合法权益，才可能建立可持续的公司治理，使企业发展走上正常道路。

2.5 非公经济企业的"鲇鱼效应"与国有企业活力

黄群慧等(2017)指出，国有企业的活力必须来自公平竞争的结果。国有企业作为企业，在社会主义市场经济下，只有立足市场，才能真正有活力，才能真正更好地显示社会主义基本经济制度的优越性；脱离市场的国有企业，必然丧失活力②。借助非公有制经济崛起带来的竞争效应和示范效应在为国有企业改革提供缓冲的同时也提高了国有企业的经济活力，激发了国有企业作为市场主体的理性回归与市场活力。非公有制经济对于国有企业活力的影响体现在以下五个方面。

---

① 厉以宁：《混合所有制有四大好处》，《西部大开发》，2014年第3期。
② 余菁、黄群慧：《新时期全面深化国有企业改革的进展、问题与建议》，《中共中央党校学报》，2017年第21期。

第 2 章 经济体制转轨、市场发育进程中的国有企业改革

第一,非公有制经济带动的市场化发展要求国有企业转换经营机制。在传统经济体制下成长起来的国有企业具有高度行政化的特征,而通过增量改革所产生的非公有制经济是伴随着市场化发展进程而不断发展的,其自身在产权结构、治理结构、企业经营管理、市场营销、组织架构等方面能够更好地适应市场(陈宪,1999)①。非公有制经济企业发展引起的市场环境变化带动了国有企业经营机制转变。国有企业经营机制的转换,一方面是自身不断适应外部环境变化所做出的调整;另一方面,也由于受到非公有制企业的竞争而做出的主动或被动的调整。例如,市场营销作为企业在市场中竞争的主要手段是企业经营的关键环节,传统国有企业在计划体制和短缺经济的背景下根本不需要市场营销,随着非公有制经济的发展,面对激烈的市场竞争,国有企业开始向包括外资经济在内的非公有制经济学习营销战略,注意企业品牌的积累,出现了上海家化等国有企业成功营销案例。在企业内部组织结构上,传统的国有企业内部组织结构设计高度行政化,难以适应市场的快速变化,通过借鉴其他国家以及国内非公有制经济运行的组织架构,在国有企业内部建立了较为规范的包括股东(大)会、董事会、监事会的治理结构,国有企业与市场融合程度进一步提高,逐渐能够适应市场的不断变化。

第二,非公有制经济带动的市场发育要求清理国有企业的历史负担。林毅夫等(2014)指出,长期以来,国有企业作为解决社会就业的主要途径使得企业内部冗余人员过多,国有企业自身办社会,履行了包括就业、医疗、生活保障等诸多应由政府和社会保障履行的职能,一方面加重了企业的财务负担,另一方面也影响企业市场经营②。随着非公有制经济的发展,国家开始逐步建立社会保障体系,使得国有企业集中精力搞市场经营。此外,面对国有企业改革过程中所产生的职工就业问题,非公有制经济也成为吸纳国有企业

---

① 陈宪:《非公经济发展与国有企业改革》,上海国资,1999 年第 11 期。
② 林毅夫等:《充分信息与国有企业改革》,格致出版社,2014 年,第 121—126 页。

职工的主要场所,使得国有企业减员增效的改革得以实行。

第三,非公有制经济的发展对于国有企业的运行方式产生了深远影响。传统国有企业作为执行生产计划的主体其经营中心主要围绕产品产量以生产为中心,面对非公有制经济企业的成本优势,企业从原先的生产中心变成成本中心,企业经营围绕利润目标开展。企业内部生产采购部门和产品销售部门地位日益突出,为了提高经济效益,企业必须降低生产、管理、销售方面的成本(张晖明,1998)①。进入 21 世纪以来,随着互联网经济的兴起所带动的相关行业的发展使得人力资本的积累以及创新研发在企业中的作用日益重要,面对外资经济以及民营经济在技术研发以及人力资本投资方面优势,国有企业通过自主研发、技术合作、股权合并等多种方式推进企业技术研发,形成了一批拥有自主知识产权并且在国际上拥有竞争力的企业,比如中国中车股份有限公司、中国核工业集团有限公司等国有企业。

第四,非公有制经济的发展也带动了国有企业的产权改革。在传统体制下,国有经济作为全民所有制经济企业产权性质并不明晰而且企业所有权与经营权没有分离,国有资本的配置与具体的企业结合到一起,国有资本产权缺乏流动。随着市场的发展,一方面,随着企业自主权的扩大以及建立现代企业制度的要求,必然反过来要求明晰企业与其出资者之间的产权关系;另一方面,非公有制经济企业发展过程中产权明晰在市场竞争中的优势也带动了国有企业的产权明晰。随着企业与其出资人之间的产权明晰,企业产权本身成为可以交易的对象,企业的所有权与企业经营权开始分离,国家作为出资人对于国有企业的管理也开始由管资产侧重于管资本,也为国有资本的市场化交易以及非公有制资本与国有资本交叉融合提供了基础。

第五,非公有制经济对于国有企业改革的整合效应。国有企业建立现代企业制度过程中,多元出资主体对于现代企业制度的建立起到了积极的作

---

① 张晖明:《中国国有企业改革的逻辑》,山西经济出版社,1998 年,第 170—175 页。

用,进而对扩大国有资本影响力和控制力以及形成公平竞争格局具有重要作用。多元出资主体是现代企业制度的基本特征之一,非公有制经济的发展及其规模的壮大使得非公有制经济与公有制经济之间的产权融合成为可能。国有资本与非国有资本在整合过程中,做大了社会总资本也同时对于国有企业的存在领域进行结构化调整,一方面提高了国有经济的整体经济实力,另一方面使得国有资本与非国有资本在各自优势的领域发挥作用。长期以来,国家对于国有企业与非国有企业有着不同的管理体制和政策待遇,前者往往比后者享有更多的政策优惠,随着非公有制资本与公有制资本交叉融合所形成的混合所有制企业的增多,公平竞争的市场环境进一步发展带动的市场化进程发展对于提高国有企业活力起到了重要作用。

2.6 企业改革深化要求国有资本管理体制有根本变化

随着现代企业制度所引发的两权分离,改革传统的国有资产管理体制成为发展和完善现代企业制度的必然要求。早在1993年十四届三中全会提出建立现代企业制度的同时就提出了改革国有资产管理体制的任务。由于国有资产管理体制改革涉及国家基本经济制度,在改革当中国家采取了较为谨慎的态度。1997年党的十五大提出国有经济"有所为,有所不为",需要"完善国有资产管理、运营、监督体制"。1999年十四届四中全会提出建立"统一所有、分级管理、授权经营、分工监督"的国有资产管理体制。2003年国资委成立后,对于所出资的企业实行"管人、管事、管资产"的管理体制。

在传统国有资产管理体制下,现实当中出现了许多弊端,随着进一步企业改革的深化,要求对传统国有资本管理体制进行变革。传统管理体制下国有资本管理体制弊端主要体现在以下六个方面。

第一,国家所有,分级管理,多头监管下产权责任不清①。企业当中的国有资本作为全民所有制资本由国家作为出资人实现所有权,虽然2003年国资委设立后统一代国家行使出资人权能,但是中央与地方,政府部门与国有资产出资机构同企业间的权利责任边界划分不清,没有形成完善的激励约束机制。不同部门基于行政隶属关系都可以行使部分所有者权能但又可以不为其行为负责,国有资本事实上处于权责不清的情况当中。

第二,政资不分,政企不分,国有企业作为行政化主体与市场经济体制不相容。政府作为国有资产所有权的代行主体同时承担着公共管理职能,伴随着多种所有制经济的发展,政府作为国有出资人与公共事业管理者之间的矛盾开始显现。政府事实上的双重职能使得其在行使公共权力以及资源分配时不平等地对待不同企业,政府既当运动员,又是裁判员,使得国有企业行政化特点明显,与市场经济环境中企业间平等竞争不相容。

第三,在具体的国有资产管理过程当中,国有资产出资人履行出资人职责,实行"管人、管事、管资产"的过程当中,不是作为出资人运营国有资本,而是具体管理国有企业,所有权与经营权互相混淆。在大中型国有企业集团内部,国有资本出资人在行使出资人职能时跨越企业管理层级,不通过股东会、董事会等公司内部机构,直接对于所出资企业投资形成的子公司、孙公司行使所有者权利,使得这部分子公司、孙公司独立的法人地位被否定,弱化了产权的激励约束机制。

第四,在多头监管环境下企业内部所有者缺位,公司治理机制不健全,内部人控制使得国有资本流失严重。在政府多头监管行使出资人权能却又不对其行为负责的背景下,企业的内部治理机制不健全,使得内部人控制具有普遍性。虽然政府作为出资人可以通过外部监管等活动实施监督,但由于信息不对称,企业内部盲目投资、谎报业绩、大举贷款、私分国有资产的现象时

---

① 陈清泰:《国有企业改革的思路和国有资产管理体制改革》,《经济研究参考》,2005年第50期。

有发生,部分企业实际上为内部人所控制,国家所有权被架空。

第五,在传统国有资产管理体制下,国有企业承担本应由政府承担的社会目标,使得国有资本运行效率降低,也使得对国家出资企业的业绩考核难度加大。林毅夫等(2014)指出,国有企业由于其全民所有制性质使得在具体运营当中成为政府履行社会公共职能的工具。企业在运营过程当中承担职工生老病死、子女教育等社会职能,企业自主办社会使得企业财务负担加大,造成企业人员冗余,经营效率低下。同时,由于企业承担政府社会职能,使得在考核企业国有资产运营效率时难以做出准确考核,在企业绩效不好时管理者有理由推卸责任,使得激励约束机制失效①。

第六,在企业法人财产权没有得到完全确立的背景下,国家作为出资者对于出资企业承担无限责任。虽然公司法在法律层面上确立了企业的法人财产权并且明确国家作为出资者对于所出资企业仅以出资资本为限承担有限责任,但受传统体制的影响,人们普遍认为企业财产就是国家财产的一部分,没有区分国家所有权与企业法人财产权,使得政府与企业财产边界不清,国有企业相较于其他企业负债率更高,甚至贷款炒房炒股,经营者对于企业业绩负赢不负亏,导致国家事实上对于企业承担无限责任。

随着国有企业改革的深化以及现代企业制度在中国的建立与完善,要求对于传统的国有资产管理体制进行创新,区分国有企业改革与国有资本管理体制改革,明确国家作为出资人与企业作为独立法人所享有的法人财产之间的关系。十八届三中全会之后,国家开始了新一轮的国有企业改革,对于国有资产管理体制提出了新的要求。政策明确,以管资本为主推进国有资产监管机构职能转变。提出组建国有资本经营公司或者投资公司,以管资本为主推进国有资本合理流动优化配置,有所为有所不为,推进经营性国有资产统一管理。

从"管资产"到"管资本"的国有资产管理体制创新使得国家对于国有资

---

① 林毅夫等:《充分信息与国有企业改革》,格致出版社,2014年,第121—126页。

产的管理转向"价值型管理",在保证国家所有权的前提下,工作重点主要围绕国有资产保值增值展开,逐渐与具体的企业经营管理相分离,解决国家作为国有资本出资人与投资企业同市场经济相融合的问题,界定出资人的权力边界,明确国有资产管理体系改革同具体的国有企业改革是两个不同的问题,为国有企业的进一步深化改革以及推进混合所有制经济奠定了基础。通过组建国有资本经营公司或投资公司,创新国有资本经营管理体制。通过授权经营,改变传统体制下"管人、管事、管资本"所导致的政资不分、政企不分,实现经营性国有资本市场化运作,改变传统体制下全民所有表现为国家所有、国家所有表现为政府所有、政府所有表现为部门所有所导致的权力寻租现象,使得政府从具体企业经营的负担中解脱出来,使得对于国有资本的运营同市场相融合。

综上,随着国有企业改革的推进,从利益关系约束到契约约束再到产权约束,企业制度与资本结构关系也在不断深化。初始建立的国营工厂制度的产生有着深刻的历史原因。在这种制度下,企业作为政府的行政附属物首要目标在于执行政府的生产计划,政府包揽了企业的各项行为,并为此建立了与之配套的外部经济环境。国家既是企业所有者也是经营者,集众多角色为一身,盈亏由国家包办,国家承担无限责任。改革开放以后,随着市场机制的逐步建立,需要将企业构建成能够与市场机制相容的微观经济主体,把企业推向市场,企业的自主权也相应扩大,企业的法人地位也得到重视。《全民所有制企业法》颁布使得企业的运行机制由国有国营转变为国家所有、企业自主经营的轨道。但由于全民所有制企业是国有全资的企业制度,国家对企业的无限责任没有得到改变,企业没有独立的法人财产权,这种企业制度具有不稳定性和过渡性,这种组织制度下,国有资本缺乏流动性,不能进入市场。

随着改革深化,对于国有企业的认识也进一步深化,《公司法》的出台第一次从法律上确立了企业独立的法人地位以及法人财产权,对国有企业的改革也从搞活国有企业转变到搞活国有经济,对于国有经济实行战略调整,建立现代企业制度。随着国有经济的战略调整,国有资产进入市场,开始引入"国有出资人"概念。伴随国有资产的战略性调整,企业内部产权多元化所带来的不同所有者之间的资本博弈关系对于建立现代企业制度极为重要,国有企业也有了全新的概念:国家出资的企业。国有出资人与在现代企业制度下的其他出资者可以在同一企业组织平等合作,与其他出资者组建的企业在市场中具有同样的法律地位。国有企业出资者的所有权与企业的法人财产权相分离,企业成为独立自主经营的法人实体。现代企业制度下多元出资的组织结构是公有制实现形式的创新,国有资产通过市场化配置在不同的产业领域,实现不同所有制资本间的相互融合,从微观基础上解决国有制同市场经济融合的深层次问题。我们可以用对我国国有企业改革推进过程中企业制度演变与资本关系深化加以图示概括(见图2.2)。

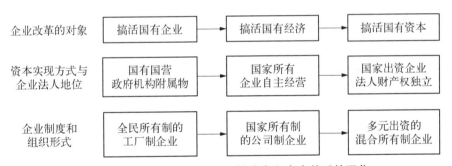

图 2.2 改革促成的企业制度的演变和资本关系的深化

我们可以从图2.2所概括的三个层次看出企业改革不断走向深入的路径轨迹,看到企业改革对整个经济体制转轨产生的影响。另一个方面,从市场发育的视角也可以体会到,市场取向促进市场机制作用方式的不断深化,必然要求对作为市场活动主体所采取的组织和制度形式加以改造,以促使企业组织制度自身能够适应符合市场经济的特征要求,使企业组织成为解决处理公有制与市场经济有机结合的新型载体,企业作为社会再生产经济活动主体,法人财产权独立,成为真正意义上的完全独立的经济法人和市场运营的能动主体。

第3章

企业组织制度形式的蜕变：从"全民所有制""国有制"到"混合所有制"

改革推进明确了企业改革的地位,找准了改革启动着力放活企业的起点,必然会沿着经济运行自身规律要求渐次展开。经过了"放权让利",明确所有权与经营权可以"适度分离",企业法人独立意识的提升,特别是外部市场环境的发育,进一步要求对企业组织形式进行改造,以塑造企业"完全独立的"市场主体身份。从"全民所有制"企业改制成为"公司制企业",将企业完全推向市场,以公司制组织平台形成国家对企业的出资行为,可以在企业组织平台中与其他社会资本共同出资,企业的法人财产所有制以"混合所有制经济"面貌出现。

3.1 国有企业的公司制改造：多元出资与"混合所有制"

改革推进不断深化的过程,也是思想解放不断前行的过程。在早期的改革过程中,受制于观念约束,从既往的"国有国营"管理企业的方式,转向按照所有权与经营权分离的思路,在不改变国家所有权的情况下对于企业开始了以放权让利、承包制为主的经营权改革,以调动企业的经营积极性,提高经营效率增加产量产出,解决当时最为突出的产品短缺问题。不难理解,以两权分离为主要思路的改革本质上是国家与企业间的契约安排,客观上由于合约的不完备性,所有权在其中具有重要意义。张文魁(2015)指出由于传统体制下国家所有权通过行政体系和计划指令方式对企业的管理,具体的产权实现机制不清,在剩余索取权方面,企业剩余的分配更多的流向企业内部而国家作为所有者的收入却停滞不前,出现了内部人控制的现象①。随着市场的发展,企业在经营过程中的自主权相应扩大,提出了明晰企业产权关系的市场要求,只有在明晰出资者所有权与企业财产之间关系的基础上,才能真正做到所有权与经营权分离,实现企业的自主经营。在前期改革的基础上,1988年4月,七届全国人大通过《全民所有制工业企业法》,第2条规定:"企业的财产属于全民所有,国家依照所有权和经营权分离的原则授予企业经营管理。企业对国家授予其经营管理的财产享有占有、使用和依法处分的权利。企业依法取得法人资格,以国家授予其经营管理的财产承担民事责任。"②全民所有制企业法人地位的确立标志着国营工厂制度向国有企业制度转变,企业的法人地位在法律上得到确立和巩固。不过,在这一阶段全民所有制企业普遍实行的是国有全资企业制度,国有资产仍然没有进入市场,国家作为出资者仍然对于企业承担无限连带责任。全民所有制企业作为承接国营工厂制度与现代企业制度的过渡性企业组织制度是一种不稳定的企业形式。

1992年邓小平南方谈话掀起新一轮思想解放浪潮,打破了人们长期以来的思想禁锢,1992年10月,中共十四大确定了建立社会主义市场经济的改革目标。1993年5月,中央政治局在十四届三中全会召开前决定将发展社会主义市场经济体制列入会议议程。发展社会主义市场经济制度面对的首要问题在于处理国有企业同市场经济的关系。根据资料,在起草十四届三中全会决定的过程中,江泽民经常问起草人员的一个问题就是:国有经济同市场经济能不能结合,怎样结合?③ 为此,中央进行了广泛的调研,放弃了传统体制下靠政策轮番搞活企业的思路,提出"以公有制为主体的现代企业制度是社会主义市场经济体制的基础"④,以产权制度改革以及企业组织制度创新来构造社会主义市场经济体制下独立的市场主体,实现国有经济与市场经济的相

---

① 张文魁:《混合所有制的公司治理与公司业绩》,清华大学出版社,2015年,第41—43页。
② 《中华人民共和国全民所有制工业企业法》,中国法制出版社,1997年,第2页。
③ 陈清泰:《重塑企业制度:30年企业制度变迁》,中国发展出版社,2008年,第35页。
④ 《中共中央关于建立社会主义市场经济体制若干问题的决定》,1993年11月14日。

第3章 企业组织制度形式的蜕变：从"全民所有制""国有制"到"混合所有制"

容问题。十四届三中全会《决定》指出，改革的目标是"建立适应市场经济要求，产权清晰、权责明确、政企分开、管理科学的现代企业制度"。为了更好地指导和规范企业改革，推进对国有企业的公司制改造，1993年12月，我国《公司法》正式出台，明确了企业法人财产权的法律地位以及企业出资者与企业法人财产之间的关系，明确"公司享有由股东投资形成的全部法人财产权，依法享有民事权利，承担民事责任"[①]。现代企业制度改革方向的提出使我国的企业制度迈向现代公司制度，通过企业这一微观经济运行主体作为资本配置的组织载体去探寻市场经济条件下公有制的具体实现途径，解决公有制、国有经济与市场经济的相容问题。同时，在现代公司制下对于国有企业也有了全新的理解：国有企业是国家出资的企业。因为依照《公司法》注册的企业，明确了设立企业的"出资人"的具体组织对象，出资人与被投资企业的法人之间的关系，即所谓出资用资关系。由此可以改变既往笼统使用的"国有企业"名称概念。

正如原国务院发展研究中心主任陈清泰（2008）所指出的，通过国有企业公司化改造实现国有经济同市场经济的融合，其改革意义体现在：第一，企业法人财产权的确立使得企业成为独立法人，具有独立的法律地位，企业拥有清晰产权。第二，所有者只以投入资本对企业承担有限责任，降低了投资风险，改变了国家承担无限责任的状况。第三，现代企业制度下，投资者代表进入企业，企业内部开始建立科学的组织结构，在保证所有者终极控制权的条件下建立有效的治理结构，形成合理的激励约束机制。第四，现代企业制度使得国有资产流动成为可能。在现代企业制度下，所有者除了可以通过选派股东代表进入企业参与企业管理，还可以通过用脚投票将股权在市场卖出，实现资产形式转换，从而使得国有资产的流动成为可能。第五，现代企业制度为企业自主经营、自负盈亏提供了条件。国家作为出资者仅以出资承担有限责任，使得经营者在进行投资、融资、经营决策时需要考虑自身的市场条件，使得企业对自身的决策承担责任，自负盈亏。第六，企业产权的流动性使得国有资本与其他所

---

① 《中华人民共和国公司法》，中国法制出版社，2014年，第3页。

有制资本的交叉融合,从而使得发展混合所有制经济成为可能①。

按当时我国公司法规定,公司组织形式包括股份有限公司、有限责任公司和国有独资公司三种组织形式。根据十四届三中全会《决定》要求,具备条件的国有大中型企业,单一投资主体的可依法改组为独资公司,多个投资主体的可依法改组为有限责任公司或股份有限公司。上市的股份有限公司,只能是少数,必须经过严格审定。不同于学者所主张的股份制改造方案以及传统公司制度下产权主体多元化的企业组织形式,国有独资公司作为一种单独的形式被确定下来。在国有企业公司化改造过程中,大部分企业选择了国有独资公司的组织方式。究其原因,一方面是由于转为国有独资公司成本低,只需要换个牌子、制定章程、调整组织结构即可,不涉及其他调整;另一方面,国有企业公司化时,大部分企业处于亏损状态,存量资产质量不理想,没有其他主体愿意进入。改制后的国有独资公司,一般由政府授权,企业内部缺乏股东大会或投资中介作为产权代表,政府容易干涉企业,影响到了政资分离与政企分离的实现,影响了国有资产市场化的进行。即使是对于改制为股份有限公司或有限责任公司的国有企业来说,也存在一定问题。第一,公司内部国有股份停滞不流,不利于国有经济从整体上进行战略调整。即使是国有股份的流动,交易多是场外交易、协商价格,价格是否公允缺乏合理评价标准。第二,现代公司制度下的治理结构同原国有企业管理模式相融合也是一个重要课题。现代企业制度下股东(大)会、董事会、监事会同传统国有企业党委会、职代会、工会之间的衔接与融合在现实中具有重要意义,现实当中"新三会"(指公司制企业治理组织形式的股东代表大会、董事会和监事会)与"老三会"(指原有企业治理机构的党委会、总经理办公会和职工代表大会)在一定程度上存在的职能冲突使得现代公司治理运作机制发挥作用存在障碍。第三,公司制改造后,企业经营者同样面临角色转换的任务。国有企业经营

---

① 陈清泰:《重塑企业制度:30年企业制度变迁》,中国发展出版社,2008年,第38—41页。

第3章　企业组织制度形式的蜕变：从"全民所有制""国有制"到"混合所有制"

者的考核由原来的干部体系考核逐步转变为市场考核,需要经营者转变经营管理思路①。第四,公司制改革提出以后,更多的是通过国有企业财务与资产重组的方式实现公司制改造,具体到有限责任公司或股份有限公司来说,虽然实现了多元出资,但是大部分企业内部出资者仍然保持着单一的国有性质,使得不同所有者之间的激励约束效果大为减弱②。

进入20世纪90年代后期,随着对于国有经济布局进行战略化调整,国家开始实施抓大放小、实行国有企业改制,在一些小型国有企业以及国有企业集团下属子公司内部,开始出现管理层持股以及国有企业存量国有股转让,企业内部开始出现不同所有制资本共同持股现象,国有企业的组织形式也从多元出资发展为混合所有制。到1999年十五届四中全会否定了把国有经济比重大小同社会主义的性质直接联系,提出大力发展股份制,将改制企业的范围扩大到中型国有企业,会议提出:"国有大中型企业尤其是优势企业,宜于实行股份制的,要通过规范上市、中外合资和企业互相参股等形式,改为股份制企业,发展混合所有制经济,重要的企业由国家控股。"③

此后,部分大型国有企业也开始通过资产存量转让、增量股份发行上市等形式开始向部分民营企业和外资企业出售国有股权。2003年十六届三中全会提出大力发展混合所有制经济,使股份制成为公有制的重要实现形式。在新一轮的国有企业改革过程中,2013年党的十八届三中全会决定指出,积极发展混合所有制经济,提出:"国有资本、集体资本、非公有资本等交叉持股、相互融合的混合所有制经济,是基本经济制度的重要实现形式,有利于国有资本放大功能、保值增值、提高竞争力,有利于各种所有制资本取长补短、相互促进、共同发展。"④将混合所有制作为基本经济制度的重要实现形式,是

---

① 张晖明:《中国国有企业改革的逻辑》,山西经济出版社,1998年,第129—133页。
② 张文魁:《混合所有制的公司治理与公司业绩》,清华大学出版社,2015年,第182—183页。
③ 《中共中央关于国有企业改革和发展若干重大问题的决定》,1999年9月22日。
④ 《中共中央关于全面深化改革若干重大问题的决定》,2013年11月12日。

在现代公司制度框架内从终极出资人角度对企业组织形式的又一个创新，是实现公有制与市场经济相互融合的又一举措。混合所有制经济本质上是按照市场规律进行组织和运营的经济，发展混合所有制要遵循市场规律，通过"混"的过程中所引发的资本民主化，广泛动员社会资本，调动社会不同主体的发展积极性，进而带动治理行动制衡、决策科学化、提高国有资本配置效率，针对性解决国有资本管理和运营的"政资不分""政企不分"，消解"国有"与"资本"的内在的矛盾，实现国有资本管理与市场经济的相融性。

截至2018年底，中央企业混合所有制企业户数占比已达到76%，省级地方监管企业及各级子公司中混合所有制企业数量占比也超过了60%以上。但是在发展混合所有制企业的过程当中，部分人认为将单一国有股权转变为多个国有法人持股也是混合所有制企业，这是将多元出资（股份制）同混合所有制概念相混淆，导致现实中部分国有企业内部出现了为混而混的现象。黄群慧(2017)指出，这部分观点将出资多元化与混合所有制混同起来，事实上，前者只强调要求多个法人持股，对于持股方的性质却没有要求；而后者是指财产权分属于不同性质所有者的企业所有制改革，其具体形式可以是国有股份或集体股份与外资股份联合而成的企业，也可以是国有企业或集体企业与国内民营联合组成的企业，或者是国有股份与个人所有制联合组成的混合所有制企业①。常修泽(2017)将混合所有制的内涵界定为"两个层面，一个多元"：两个层面指重要领域（如垄断领域）层面的"混合所有制经济"和微观细胞层面的"混合所有制企业"，而这种"混合所有制企业"并不是国有资本内部的"同质产权多元化"，而是指国有资本、集体资本、非公有资本等交叉持股、相互融合的"异质产权多元化"，这才是严格意义上的混合所有制经济定义②。

在厘清多元出资与混合所有制的差异之后，相较于传统的多元出资，混合所有制自身的"亲市场"特质有利于进一步推进市场配置资源的决定性作

---

① 黄群慧：《破除混合所有制改革的八个误区》，《现代企业》，2017年9月。
② 常修泽：《中国混合所有制经济论纲》，《学术界》，2017年第10期。

用,推进要素资源对象的价值化和公允价值的发现。其改革效应体现在四个方面。第一,便于处理公有制同市场经济的关系。将混合所有制作为公有制实现的重要形式有利于推进企业作为市场经济微观基础的改造与体制构建。通过混合所有制,推进合作主体内部资本关系的平等性,不同所有制资本在同一组织框架内进行合作,彼此间优势互补,推进不同所有制资本在资源配置和评价规则的一致性。第二,推动企业治理和经济运行法治化。通过组建国有资本运营或投资公司来推行混合所有制,有利于规范政企关系,通过对国有资产实行价值化管理、股权化配置使得企业的运营更加市场化,也使得企业内部的公司治理机制走向规范化,由"人治"走向"法治",使得企业家可以更好地集中精力与企业管理,更好地发挥市场在资源配置中的决定性作用。第三,有利于行政人事制度改革。传统管理体制下对于管理者的评价侧重于行政评价,强调企业管理者的行政级别,混合所有制改革带动的市场化效应将使得市场在管理者考评的过程中发挥更大的作用,将带动企业家人力资本市场的发育也有利于保护投资者的积极性以及合法权益。第四,有利于处理资本与劳动的关系,调动各类主体和要素资源积极性。但同时也要认识到,对于混合所有制的推进,不可能出现一混就灵,相关法律政策措施的配套以及对于传统法律、法规及相关政策的立、改、释、废,厘清相关概念,避免误解,对于推进混合所有制的发展具有重要的基础性意义。

3.2 企业法人财产权的确立:明确出资人、从国有企业到国家出资的企业

国有企业公司制改造过程中企业"法人财产权"概念的提出被认为是国有企业改革过程中的一个重大突破。按照当时十四届三中全会提出的要求,"国有企业实行公司制,是建立现代企业制度的有益探索。规范的公司,能够有效地实现出资者所有权与企业法人财产权的分离,有利于政企分开、转换

经营机制,企业摆脱对行政机关的依赖,国家解除对企业承担的无限责任。"①1993 年通过的《公司法》第 4 条正式规定了企业法人财产权的定义,即"公司股东作为出资者按投入公司的资本额享有所有者的资产受益、重大决策和选择管理者等权利。公司享有由股东投资形成的全部法人财产权,依法享有民事权利,承担民事责任。公司中的国有资产所有权属于国家。"②

尽管对于法人财产权的具体理解存在争议③,但是法人财产权概念的提出被认为对于国有企业去行政化,明确国有出资人,使国有企业成为独立的市场主体具有重要意义。时任国家体改委副主任洪虎认为,建立企业法人制度,关键是确立企业法人、企业法人财产与企业法人财产权的法律地位。企业法人财产权是指企业法人对其法人财产享有的独立的支配权利,权利主体是法人企业,客体是企业法人财产,权力的内容是依法独立支配法人财产。

---

① 《中共中央关于建立社会主义市场经济体制若干问题的决定》,1993 年 11 月 14 日。
② 《中华人民共和国公司法》,中国法制出版社,2014 年,第 3 页。
③ 企业法人财产权概念提出以后对于如何理解法人财产权在学术界产生了不同的学说,概括起来有三种。1."双重所有权观点"。(1) 占有权观点。该学说认为国家对全民财产享有所有权,国有企业对于企业的财产享有占有权,是一种相对所有权、他物权。(2) 法律所有权与经济所有权观点。借鉴马克思所提出的"单纯所有权"与"经济所有权"的说法,该观点认为,在国有企业中,国家只是名义上享有所有权,而所有权的实际权能为企业所占有,所以国家享有法律上的单纯所有权,而企业对其财产享有经济上的所有权,可以直接对企业财产行使所有权所包含的各项权能。既保留了国家的单纯所有权,维护了国家利益,又使得企业拥有自主权。(3) 法人所有权观点。该观点借鉴欧美等国家有限公司与股份公司的财产权结构认为,财产所有者出资设立企业时,所有者的所有权转化为企业的股权,企业则取得法人所有权,出资者则保留对于企业财产的终极所有权,只有当终止经营破产清算时才可以取回财产,因此法人所有权是一种相对所有权。2. 经营权观点。这种观点与我国改革开放后国有企业两权分离的改革十分密切。1986 年通过的《民法通则》第 82 条中将全民企业对其拥有的财产的权利性质界定为经营权。1988 年通过的《全民所有制工业企业法》对经营权定义为"企业对国家授予其经营管理的财产享有占有、使用和依法处分的权利",收益权和"依法"之外的权利仍然为国家所保留。经营权的观点继承了前期国有企业改革过程中的说法,并逐渐为官方所接受。3. 股东所有权观点。该观点认为法人财产权是一种虚构,公司财产仍然为股东所控制,公司掌握的是公司财产的具体支配。(史际春,2008)

第3章　企业组织制度形式的蜕变：从"全民所有制""国有制"到"混合所有制"

企业法人财产法律制度,主要是规范企业法人、出资人、债权人与企业法人财产的权属关系以及企业法人与法人财产间权利义务关系。洪虎认为,法人财产权既包含物权关系也包含债权关系,还包括知识产权关系,反映法人财产的控制者对其控制人财产权成为企业法人所有权①。

全民所有制企业法虽然确立了企业的法人地位,一定程度上克服了传统国营企业所有权与经营权混淆不分的缺陷,但是企业虽然取得了法人地位,对企业财产却不享有独立的支配权利,国家作为出资人仍然行使着具体的财产支配权并且对企业事实上承担着无限责任,同时由于企业财产归属全民所有使得不同的行政部门基于行政隶属关系都可以行使部分所有者权利而又不对其行为负责,企业产权的激励约束机制被弱化,企业事实上处于出资人状态不明的状态。公司制改造过程中企业法人财产权制度的确立,明确了企业作为独立法人对于企业财产的支配权利,伴随着出资者所有权与企业法人财产权的分离,企业成为独立的市场法人,仅以其资产对外承担责任,而所有者的出资一旦投入企业,所有者对于其财产的处分只能通过公司内部治理机制例如股东会、选派出资代表或者在市场上转让股权来实现,反过来要求明确企业内部国有资产的出资人主体来行使股东权利。十四届三中全会指出,对于国有资产实行"国家统一所有、政府分级监管、企业自主经营"的管理体制从根本上否定了部分所有、地方所有和企业所有的主张,由国务院代表国家行使国有资产所有权,同时在国务院的统一领导下对于国有资产实行分级管理,由国务院的国有资产管理机构依法对于全国的国有资产实行分级行政管理,既体现了国有资产行政管理的统一性,又体现了分级负责的要求。随着企业法人财产权制度的确立,国家作为企业出资人从具体的企业经营者转变为行使股东权利的股东,随着大部分国营企业按照国有独资企业的方式完成公司化改造,传统的国营企业概念也变化为国有企业概念并在1993年写入宪法。

---

① 洪虎:《关于企业法人财产权的思考》,《中国工业经济》,1997年第1期。

随着市场发展,以有限责任公司以及股份有限公司形式设立的国家出资企业成为国有资本投资设立企业的主要组织形式,同时随着混合所有制经济的发展,企业内部产权关系以及企业同出资者之间的关系发生了新的变化,也使得传统的国有企业定义发生了新的变化。长期以来,国有企业在我国具有特定的含义,指按照《全民所有制企业法》设立的,而非使用《公司法》设立的全民所有制企业。随着公司制的推进,现实中对于国有企业概念的界定也开始模糊起来,部分学者类比德国"公共企业"等概念中"政府"资本超过50%就认定为"公共企业""国营企业"的概念,认为只要企业中国有资本出资超过50%就是国有企业①。而在现实国有企业管理以及日常生活中,对于全民所有制企业、国有独资公司、国有资本控股公司、国有资本参股公司以及与这些公司基于派生所有权设立的子公司、孙公司往往不加区分地统称为国有企业,在管理中出现了跨越企业层级直接行使终极所有权的情况。然而上述的区分以及管理方式是存在一定的缺陷的。首先就企业内部产权(配置意义上的所有权)关系来说,对于有限责任公司(一人有限责任公司除外)和股份有限公司来说,随着混合所有制发展过程中企业内部出资主体的多元化,如果不加区分地或者按照是否控股来定义是否为国有企业所产生的问题在于,根据《宪法》第7条规定:"国有经济,即社会主义全民所有制经济,是国民经济中的主导力量。"第12条规定:"社会主义的公共财产神圣不可侵犯。"同时第13条规定:"公民的合法私有财产不受侵犯。国家按照法律规定保护公民的私有财产权和继承权。"②如果只要国家有出资就称为国有企业,那么对于非国有出资人来说其出资以及所有权地位就没有在事实上获得确认,但是显然并非企业整体终极所有权都是全民所有制性质。而如果仅仅根据国家是否取得控股地位来定义国有企业,那么对于国有资本未取得控股地位的企业来说,国有资本的终极出资人的地位也没有得到保护。另一方面,就出资者终

---

① 史际春:《企业和公司法(第四版)》,中国人民大学出版社,2015年,第226—230页。
② 《中华人民共和国宪法》,法制出版社,2018年,第6—7页。

第3章 企业组织制度形式的蜕变：从"全民所有制""国有制"到"混合所有制"

极所有权与企业及其下属企业的派生所有权关系来看，企业作为独立法人享有法人财产权，对出资者投入企业的财产享有占有、使用、收益、处分的权利，出资者只能通过公司内部治理机制或者股权市场转让实现所有权。而企业作为市场主体基于企业需要设立子公司乃是行使企业法人财产权，而子公司同样享有独立的法人财产权，其出资者权益的实现应当由其母公司行使，如果对于国有企业概念不加区分，统一政策管理并且由国有出资人直接行使股东权利，事实上是对于企业法人财产权独立性的突破，混淆了出资人的终极所有权与企业的派生财产权，不利于明晰产权关系。对此，在2015年中央发布的《中共中央、国务院关于深化国有企业改革的指导意见》就指出："将依法应由企业自主经营决策的事项归位于企业，将延伸到子企业的管理事项原则上归位于一级企业。"[①]

随着公司制改革以及混合所有制的进一步推进，会发现传统的国有企业定义将不再适用，联系前已述及的"国家出资"概念，在具体的企业场合，多个出资主体共同出资，出资人所关心的是出资资本的有效经营和增值能力，由此不难发现，更为重要的是"资本"，对国有出资主体而言，就是"国有资本"的保值增值实现问题。因此，为了明晰企业产权关系有必要引入并区分国有企业与国家出资企业。将来国有企业概念可以分为几个层级。第一层是从最狭隘意义上讲，全民所有制企业、国有独资公司是最纯粹的国有企业，并且一部分有限责任公司是全由多个国有经济主体设立的也属此范畴，因为这类公司从产权角度的终极角度仍为国家全部所有。而对于企业内部存在其他各类非国有经济投资主体的企业，有必要适用国家出资企业的概念，同时按国有资本占比比重的大小可以分为国有资本控股公司、国有资本参股公司，实行差别化的管理方式。通过重新定义，可以看出定义国有企业不是最重要的，更重要的是国有资本的概念，即未来所有企业中国有所有者权益的总和。只有国有资本的规模数量和保值增值活力，才能反映所谓国有经济在国民经

[①] 《中共中央、国务院关于深化国有企业改革的指导意见》，2015年8月24日。

济中的比重和地位。国有资本和与其相应承受的负债则形成国有资产,在市场中进行经营运作。认清这个问题对于未来混合所有制发展中国家出资企业的定性、国有资产的统计口径设定以及国有资产在国民经济中发挥作用的方式等问题具有实践的指导意义①。

3.3 公司制度导入方式的特点引发的思考

以现代公司制度为代表的"混合所有制"在中国经济生活中受到重视并积极主动导入实践,作为推进公有制实现形式创新的工作内容,作为国有企业改革深化的新举措,是经济体制改革步入深水区在理论上的新突破。这种导入方式的特点与资源配置方式和所有制实现形式的变革直接相关。

从人类社会发展史来看,随着生产力发展、技术进步以及生产交换范围的扩大,企业作为组织生产的一种方式自身也在不断发展,当企业的规模发展到超出个别资本家持有资本数量和管理能力时,在企业组织内部出现了所有权与经营权相分离的资本配置和管理方式,从业主制企业的"私人资本主义"发展公司制度下的"经理人资本主义"。随着经济活动的发展,这种由私人资本联合投资的组织方式为了进一步克服个体资本的局限,在民事责任的承担上通过创设"法人"制度实现了投资者从无限连带责任向有限责任的变革,最终使得这种"混合所有制"取得了一种相对稳定的企业组织方式和法律实体,也即现代公司制度。在资本主义制度框架内,尽管私人资本间的联合行为促成了在资本主义体系下私人资本在社会范围内的扬弃,但从本质上没有改变生产资料私人占有的基本性质。但是,现代公司制度在动员社会资本和实现资产股权化配置、在资本名义所有权与现实所有权(资本使用权)的关系上,公司制通过二级市场创造名义所有权进入退出的灵活性,赋予了资本

---

① 张晖明:《中国国有企业改革的逻辑》,山西经济出版社,1998年,第133—134页。

第3章 企业组织制度形式的蜕变：从"全民所有制""国有制"到"混合所有制"

配置能够根据生产力技术变化进行流动的灵活性。与这种资本配置形式相关联，公司制度下企业内部运营治理机制也逐渐形成一套系统的治理规则，共同作为公司制的重要内容。公司制度作为资本配置组织形式在促进生产力进步和经济发展的过程中发挥了十分重要的驱动作用。马克思曾指出："假如必须等待积累去使单个资本增长到能够修铁路的程度，那恐怕直到今天这个世界上还没有铁路，但是通过股份公司，转瞬之间就把这件事办成了。"①

考察资本主义生产方式下的公司制度，与之伴随的市场经济文化价值因素值得深入挖掘。首先，在公司制度下单个资本突破所有权、经营权合一，将自己的资本投放出去，实现名义资本与现实资本分离，体现出资本关系的开放性。其次，公司制不同出资主体在组织内部资本合作关系上的平等性，表现为同股同权。在公司制内部对于资本的配置按照资本数量关系以"少数服从多数"的产业民主方式进行决策管理。在此基础上，允许资本所有者用积极方式参与管理即"用手投票"，也可以通过消极方式"用脚投票"，通过二级市场转让退出资本合作关系，由此形成对联合投资中的大股东的约束机制。这就又可以得出第三方面的因素，就是资本联合合作过程中权力博弈的信息公开性。无论是这种资本联合关系的建立还是投资者股权的进入退出，都需要透明地在法律规则下进行，表现为对资本权利的法律保护。这些都是市场发育水平的重要内容。

公司制在既往社会化大生产下已经出现并广泛发展，从既有的实践说明公司制内在机理也是为了更好地解释公司制改革以及发展混合所有制经济对于改革新阶段的实践深化意义。在改革开放40年来的进程中，企业作为社会主义市场经济的微观主体其改革在各方面改革当中占据重要地位。在经历了放权让利、契约式改革、产权关系改革、公司制改造再到最近的混合所有制，作为生产经营活动主体的企业，在形式上都改造成为多个出资主体联合

---

① 马克思：《资本论》（第1卷），人民出版社，2004年，第688页。

出资组建的多元出资经济组织或混合所有制经济组织。除了对于原有的国有独资公司进行混合所有制改造,现实中基于商机推动也产生了不少混合所有制企业。尽管如此,混合所有制的产生确是来自实践的产物而非政策设计,也使得混合所有制经济在既往理论上只是被动地承认,认为公有制包括混合所有制中的国有成分和集体成分,强调股份制是公有制的重要实现形式。张文魁(2015)指出,中国的混合所有制产生并非政府有意倡导的结果,它产生于20世纪80年代的政府大力支持的"经济技术协作与横向经济联合",鼓励企业打破部门界限、区域界限甚至所有制界限,相互间进行协作和联合,目的是更大范围内配置资源实现优势互补。由于当时非国有部门非常少,所以横向联合更多是在国有企业间进行。而横向联合一旦展开,就很难局限于国有企业之间。随着乡镇企业的发展,形成了集体所有制与国有制之间的混合所有制企业,也出现了零星的私营企业与国有企业、集体企业的联合经营与联合投资,形成了含私人股份、集体股份和国有股份的混合所有制企业。民营企业以其灵活的经营机制与国有企业丰富的生产要素进行结合,实现了优势互补,在实践中焕发出很大活力,这也是混合所有制企业大量出现的重要因素①。也正是在改革实践经验的基础上证明了混合所有制所表现出的生命力,因此,在十八届三中全会《决定》中指出,混合所有制经济是基本经济制度的重要实现形式进一步上升到在所有制理论上确立混合所有制在社会主义市场经济体制建设中的地位和作用,认为应当积极加以发展,而且强调在企业组织内部不同所有制资本交叉持股、相互合作,实现一体化运作。将发展混合所有制作为深化国资国企改革的重要途径,进而处理好公有制与市场经济的有机融合,是所有制理论的新突破、新发展。

回到具体实践层面讨论,在中国积极发展混合所有制经济可以为改革开

---

① 张文魁:《混合所有制的公司治理与公司业绩》,清华大学出版社,2015年,第85页。

拓更大空间。总结国有企业改革进程和国有资产管理体系改革,我们所要解决的问题在于处理好公有制与市场经济的关系,将公有制资本更加灵活有效地加以配置,赋予经营活力。我国的公司制度是在由计划经济向市场经济转轨的大背景下,在围绕国有企业改革过程中经历了搞活国有企业、放开非公有制经济与公有制经济、确立社会主义市场经济并存最终在理论上导入"混合所有制"的概念,这种"混合所有制"(公司制)与既有资本主义的混合所有制在产生、发展、内容等方面存在着巨大的差异。在实践当中混合所有制已经得到发展,改革实践取得的成果当然需要在理论上得到肯定并纳入社会主义市场经济理论体系①。

3.4 坚持公有制与积极发展混合所有制可以并行不悖

由于混合所有制改革过程中涉及将国有股权出售给非国有方,在这个过程中如果存在信息不公开透明、交易定价不合理、程序不公正等问题就很容易导致国有资产流失。因此部分人将混合所有制改革中的国有股权出售等同于国有资产流失甚至等同于私有化,认为混合所有制改革是一种私有化方案②。同时,随着混合所有制发展过程中国有经济布局的战略化调整,国有资本在社会范围内的配置分布情况也会发生改变,部分学者以国有企业数量、利润总额、就业数在社会中占比等指标下降,认为发展混合所有制会对于公有制度主体地位造成影响甚至否定公有制③。这是需要在理论上加以深入分析讨论的问题,否则的话就可能产生理论上的歧义,进而影响改革的实际

---

① 张晖明、陆军芳:《混合所有制经济的属性与导入特点的新探究》,《毛泽东邓小平理论研究》,2015年第2期。
② 黄群慧:《破除混合所有制改革的八个误区》,《现代企业》,2017年第9期。
③ 周新城:《关于公有制为主体问题的思考》,《当代经济研究》,2017年第6期。

举措。

国有企业混合所有制改革并不必然导致国有资产流失。在推进混合所有制,接受多元产权主体组建混合所有制企业时,无论是新组建或者是老企业改制,关键问题是如何形成多个出资主体的资本"对价",对老企业的既有资本存量如何"沽值"定价折股,新进入资本以什么"沽值"价格进入,这里的关键是如何处理国有资产定价机制,如何设计一套交易公平、程序公正、信息公开的评估交易体系。那种将国有股权出售给非国有股东就等同于私有化的观点是站在静态的观念上看待混合所有制改革。在市场经济过程中,产权是一个动态的概念,企业的价值需要动态衡量,国有股权也需要在交易中体现其价值,那种宁愿将国有股份在具体企业内部静态贬损也不愿通过交易实现资源优化配置实现更大收益的观念是制约混合所有制以及国有企业改革进程的错误观念。混合所有制改革过程中国有股权的出让配置并非无偿出让,而是通过市场定价实现的,就整个社会范围内资本配置来看,不过是国有资本由企业股权的方式转化为非企业股权方式的国有资产以及非国有资产从一种形式转化为企业股权形式的资产,在整个社会范围内公有制资产的比重并没有改变,整个过程是实现资源市场化配置的过程,不能将其等同于私有化。公有制的实现形式不仅仅包括公司制一种形式,不同资本形态之间的价值形态变换是所有权自身处置职能的实现,不能将其等同于否定公有制。

而就混合所有制自身的属性来看,在论证中有必要区分作为终极出资人层次上的终极所有制以及由于市场出资用资关系所形成的派生所有制(见图3.1)。"混合所有制"是由不同出资主体(终极所有者)共同联合组成的"法人组织所有制",是由终极出资人出资派生所形成的法人所有制,积极发展混合所有制与坚持社会主义公有制可以并行不悖。马克思主义政治经济学在论述生产资料所有制问题时,认为社会经济生活中存在着有两种最基本形式的基本所有制——私有制、公有制,这是两种性质完全不同的所有制。社会经济生活中的各种具体的所有制形式都是这两种基本的所有制(或者称

第3章 企业组织制度形式的蜕变：从"全民所有制""国有制"到"混合所有制"

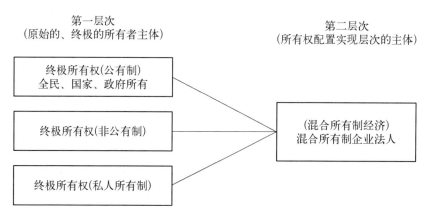

图 3.1 混合所有制企业接受出资主体投资设立形成法人财产权

为"终极所有制"）演变和发展起来的。"混合所有制经济"实际上是指财产权分属不同性质所有者共同出资组合形成的新的经济形式。因此，可以将之视作"第二层次"意义上的（非终极所有权意义的）所有制。从宏观层次来讲，混合所有制经济是指一个国家或地区的所有制结构并非单一，不同性质的终极所有者主体并存，既包含国有、集体等公有制经济，也包含个体、私营、外资等非公有制经济。作为微观层次的混合所有制经济，是指不同所有制经济作为投资主体共同出资组建混合所有制经济组织的企业。在企业这一组织平台内部，不同所有制性质资本相互合作、形成合力去实现某一共同目标。本书讨论"混合所有制"这一概念范畴时，是指对企业组织层面上的混合所有制。在资本一体化的企业组织内部，不同性质的终极所有者交叉持股，不同性质所有制资本交叉融合取长补短、相互促进、共同发展。坚持生产资料公有制与发展混合所有制经济完全可以并行不悖，因为作为终极意义上的生产资料所有制与具体配置实现层次意义上的混合所有制处于两个不同层次上，有着不同的性质定位。在1997年党的十五大报告中就指出，坚持和完善社会主义公有制为主体、多种所有制经济共同发展的基本经济制度；公有制是我国社会主义经济制度的基础，公有制经济不仅包括国有经济和集体经济，还包括混合所有制经济中的国有成分和集体成分。终极所有权意义上的所有制性质取决于终极出资人的所有制性质。而混合所有制经济本身不是一种独立的所有制形式,它是由公有制经济成分与非公有制经济成分相混合组成的,由"名义的""货币的"所有权采取"出资"的形式与"现实的"所有权发生分离,不同性质的所有权主体"联合出资",客观上存在共同的目标,这就使得既有的不同性质资本彼此淡化资本性质对立,更多地关注共同关心的一致性的配置目标,共同赋予联合资本主体法人生命和生存目标。一般的追问定性都会从混合所有关系中占绝对数量(控股)主体的属性获取定性依据。但是,考虑到法人治理机制的有效性,塑造不同主体之间的相互制衡关系,通常大股东不一定超过50%的持股数量,因此,多元主体联合出资的混合所有制企业的定性应该摆脱传统的思维方式而赋予新的规定性。回到法人治理机制运作特点考虑,就要看发挥主导作用的第一大股东的经济属性,从而第一大股东对于其他小股东的动员能力和利益诉求的兼顾处理能力,最终影响这种混合所有制经济的性质实现。否则,从现代公司治理机制特点考察,就会出现资本合作行为的摩擦,增加公司治理成本,甚至最终出现联合关系的解体。说到底,混合所有制经济组织体现什么样的社会属性,取决于公有经济成分与非公有经济成分的实力对比和合作目标的和谐实现,取决于特定的经济和政治环境,取决于特定的政策与法规,归根结底取决于基本经济制度的性质。单体企业的混合所有制是不需要定性的,决定社会主义制度性质的公有制是社会范围评价决定的。进一步推论,在国有资本与私人资本联合出资的混合所有制企业,这种联合出资行为已经产生出一种新的机制,即资本权利实现的开放性、资本在社会范围对私人性的"扬弃",也就是说,私人资本的"出资"已经在"用资"的"法人资本"(企业)场合被"社会性"使用。这种社会性扬弃,客观上也会产生对于私人资本属性的改造[1]。

---

[1] 张晖明、陆军芳:《混合所有制经济的属性与导入特点的新探究》,《毛泽东邓小平理论研究》,2015年第2期。

第3章　企业组织制度形式的蜕变：从"全民所有制""国有制"到"混合所有制"

3.5 发展混合所有制与公有制控制力、影响力

党的十八届三中全会《决定》指出："国有资本、集体资本、非公资本等交叉持股、相互融合的混合所有制经济是基本经济制度的重要实现形式。""是新形势下坚持公有制主体地位，增强国有经济活力、控制力、影响力的一个有效途径和必然选择。"①但是在发展混合所有制经济过程中却出现两种相互对立但都反对混合所有制的观点：一种观点认为，国有经济在国民经济中的比例已经降到了不能再降的地步，搞混合所有制经济是稀释和削弱国有经济，动摇国本，搞所谓的私有化道路；另一种观点认为，搞混合所有制经济是吞并民营经济的运动，是新一轮的"国进民退"，搞"新的公私合营运动"，是"试图恢复国有经济一统天下"等观点②。两种观点在一定程度上都是对混合所有制的曲解，发展混合所有制经济，既不是走私有化道路，也不会是民营经济的国有化，而是在坚持公有制主体地位的基础上，不同性质的资本相互合作、共同发展，既有利于扩大公有制经济的影响力和控制力，也有利于非公有制资本的发展。

发展混合所有制经济必须坚持公有制的主体地位，但对于公有制主体地位的理解应当区分终极产权意义上的所有制与派生产权意义上的所有制，用客观、动态的眼光去看待混合所有制的产权性质，公有制资本必须在社会总资本中占优但是具体到个别企业内部派生产权关系层面占比需要具体分析。在混合所有制企业内部按照公有制资本比不同大体有两种形态。一类是以公有资本为主体的混合所有制经济形态。在这类混合所有制经济中，公有制资本占主体地位，终极出资人通过法定程序行使出资人权利，借助于混合所

---

① 《中共中央关于全面深化改革若干重大问题的决定》，2013年11月12日。
② 常修泽：《中国混合所有制经济论纲》，《学术界》，2017年第10期。

有制这种形态事实上支配、引导了更大范围的资本,广泛动员社会资本,扩大了公有制资本的支配范围,扩大了公有制的影响力和控制力。同时,混合所有制经济所蕴含的资本民主化调动了不同社会主体的积极性,带动治理行动制衡机制的发展和决策的科学化,有利于提高国有资本经营效率,实现保值增值。通过引入非公有制资本,促进国有企业转换经营机制,提高国有资本配置和运行效率,放大国有资本功能,充分发挥市场作用。另一类则是国有和集体资本占一定比重但不是主导力量的混合所有制形态,这类混合所有制不一定属于公有制经济的范畴但也不等同于国有资本私有化,因为如前所述,公有制的终极所有权与企业内部法人财产的派生所有权是两个不同的问题。对于这类混合所有制企业,国有资本仍然可以通过方向引领以及动员能力在一定程度上支配更大范围的资本。不过,这种权利的行使应当经过法定程序通过公司内部治理机制来实现,否则就有"一只手压倒一片手",侵犯非公经济产权的怀疑。因此,在维持公有制占主体地位不变的前提下,通过在派生产权层面发展混合所有制经济引入非公经济参与投资和发展,有助于放大国有资本功能、完善国家出资企业管理经营、实现国有资本保值增值,不能将其直接看作动摇国本,需要用动态、全局的眼光看待问题。

发展混合所有制经济,既要引入非公有制资本参与国有企业改革,也要积极鼓励国有资本以各种方式进入非国有企业。在推行混合所有制经济过程中,只讲非公有制经济如何在国家出资企业中持股、控股,不讲壮大国有经济,甚至认为国有企业根本搞不好,应该消灭,这是根本错误的。通过国有资本投资公司、运行公司等市场主体,利用公开市场平台,在公共服务、高新技术、生态环保等领域,按照市场化要求选择发展潜力大、成长性强的企业进行股权投资,这种投资入股,需要立足于企业自愿这个前提,国有资本是否入股、入多少股都需要双方平等协商确定,避免协调成本过高导致混合失败使得双方利益受损。公有制资本也可以通过投资入股、联合投资、重组等方式对非公有制企业进行股权联合、战略合作,扩大国有资本的延伸范围,增强和放大国有资本功能。何自力(2014)指出,发展混合所有制经济作为国有企业

第 3 章 企业组织制度形式的蜕变：从"全民所有制""国有制"到"混合所有制"

改革过程中的重要措施，首先是要在坚持公有制主体地位的前提下，通过引入非公有制资本实现国有资本放大功能，保值增值，提高竞争力，发挥公有制的主导作用。发展混合所有制经济的根本目的是增强而不是削弱国有经济的影响力、控制力和竞争力，是完善而不是动摇社会主义基本经济制度，这是实行混合所有制经济必须坚持的基本原则①。同时也要认识到，要实现混合所有制经济对于公有制影响力、控制力的放大效应也需要澄清在所有制问题上的偏见，在保护公有产权，避免国有资产流失的同时，加快建立健全法律法规制度，加强产权保护，坚持对于各种所有制经济产权和合法利益提供同等程度的法律保护，使得股东之间相互制衡的作用机制得以发挥，避免彼此间陷入"不控股不合作"的困境，最终使得这种资本合作关系瓦解。

3.6 发展混合所有制对所有制理论创新的意义

发展混合所有制经济创新了人们对于社会主义公有制的实现形式认识。1949 年以后，在苏联政治经济学教科书的影响下，人们普遍认为社会主义公有制与商品经济（市场经济）是水火不相容的东西。《政治经济学教科书》认为，社会主义生产关系，是以国家（全民）和集体两种形式的生产资料公有制为基础的制度，国家所有制是高级的最发达的社会主义所有制形式，它体现着最成熟、最彻底的社会主义生产关系，在整个国民经济中起主导和决定作用。两种公有制的发展前景是向全面的全民所有制（国有制）过渡。国家对国民经济进行全面的计划引导被看作社会主义经济最重要的特征②。中国改革开放以后的改革实践对于这种理论提出了挑战。20 世纪 80 年代改革开放

---

① 何自力：《发展混合所有制经济是新形势下坚持公有制主体地位的重要途径》，《求是》，2014 年第 18 期。
② 吴敬琏：《当代中国经济改革》，上海远东出版社，2004 年，第 180 页。

以后,在对待计划与市场的关系在经历了计划经济为主、市场调节为辅(1980年)、有计划的商品经济(1984年)、计划与市场内在统一体制(1987年)、计划经济和市场调节相结合(1989年)一直到1992年邓小平南方谈话以后,十四大正式提出"建立社会主义市场经济体制",无疑是对社会主义经济理论的一个重大突破。而对于社会主义市场经济的本质和核心内容,十四大表述为"要使市场在社会主义国家宏观调控下对资源配置起基础性作用"。到2013年十八届三中全会《决定》提出:"使市场在资源配置中起决定作用和更好发挥政府作用。"反映了对于社会主义制度与市场经济结合体制的认识深化不断发展。

所有制结构与社会经济形态紧密联系。在传统社会主义计划经济体制下,与之对应的是整个社会主义生产资料公有制,公有制经济一统天下。随着改革开放以后人们认识的深入,开始允许个体、私营和外资经济的存在和发展,并在党的十五大提出"公有制为主体、多种所有制经济共同发展"是社会主义基本经济制度的论断。改革开放以来,随着市场的发展对于公有制和基本经济制度有效的实现形式的认识也不断创新和深化。1993年,党的十四届三中全会决定提出:"随着产权的流动和重组,财产混合所有的经济单位越来越多,将会形成新的财产所有结构。"[1]第一次在正式文件中出现"混合所有"的概念。到1997年,党的十五大报告提出:"公有制实现形式可以而且应当多样化。""要努力寻找能够极大促进生产力发展的公有制实现形式。股份制是现代企业的一种资本组织形式,有利于所有权和经营权的分离,有利于提高企业和资本的运作效率,资本主义可以用,社会主义也可以用。"[2]2003年,党的十六届三中全会提出:"要适应经济市场化不断发展的趋势,进一步增强公有制经济的活力,大力发展国有资本、集体资本和非公有资本等参股

---

[1] 《中共中央关于建立社会主义市场经济体制若干问题的决定》,1993年11月14日。

[2] 江泽民:《高举邓小平理论伟大旗帜,把建设有中国特色社会主义事业全面推向二十一世纪》,1997年9月12日。

第3章 企业组织制度形式的蜕变:从"全民所有制""国有制"到"混合所有制"

的混合所有制经济,实现投资主体多元化,使股份制成为公有制的主要实现形式。"①2013年十八届三中全会以来,以习近平总书记为核心的党中央在所有制问题上提出了一系列新的论断,发展了社会主义所有制理论。党的十八届三中全会指出,公有制经济和非公有制经济都是社会主义市场经济的重要组成部分,都是我国经济社会发展的重要基础;保证各种所有制经济依法平等使用生产要素、公开公平公正参与市场竞争、同等受到法律保护;混合所有制经济是基本经济制度的重要实现形式;完善国有资产管理体制,以管资本为主加强国有资产监管②。

胡家勇(2016)认为,将混合所有制作为基本经济制度实现的重要形式体现了对于所有制实现形式认识的进一步深化,是加强公有制与市场经济相容性的进一步创新。发展混合所有制经济需要深刻认识公有制经济的主体地位,需要从中国特色社会主义的本质规定和现代市场经济的内在运行规律来理解。公有制经济的主体地位需要有量的规定,但更为重要的是体现在质上,将国有资本和国有经济主要分布于关系国家安全、国民经济命脉和民生的重要行业、关键领域,通过市场机制的渗透和放大作用成为辐射整个经济的"普照的光"。而各种所有制资本交叉持股、相互融合的混合所有制经济将成为我国经济运行的重要基础,股份制成为发展混合所有制的主要存在形式。科学认识股份制性质对于发展混合所有制经济,使混合所有制经济成为基本经济制度重要实现形式具有重要意义。马克思在描述股份制时指出:"那种本身建立在社会生产方式的基础上并以生产资料和劳动力的社会集中为前提的资本,在这里直接取得了社会资本(即那些直接联合起来的个人的资本)的形式,而与私人资本相对立,并且它的企业也表现为社会企业,而与私人企业相对立。这是作为私人财产的资本在资本主义生产方式本身范围

---

① 《中共中央关于完善社会主义市场经济体制若干问题的决定》,2003年10月14日。

② 《中共中央关于全面深化改革若干重大问题的决定》,2013年11月12日。

内的扬弃。"恩格斯也指出,"由股份公司经营的资本主义生产,已经不再是私人生产,而是由许多人联合负责的生产"。同在资本主义条件下相比,在公有制为主体的社会主义市场经济中,股份资本可以在更大程度上体现"社会资本"和"联合生产"的性质,从而与公有制的主体地位相融合①。

  我们从企业组织制度形式的蜕变可以深刻地体会到围绕增强企业活力,着力于企业制度的不断创新对整个经济体制改革的积极意义,传统的"全民所有制"到"国家所有制",再到"混合所有制",企业组织形式的变化反映出微观的企业组织与市场深化之间的良性互动、互相促进,带动全社会在生产活动的资源配置和经济运行的管理体制的配套变革,带动参与社会再生产经济活动的各类主体之间的经济关系的变化和要素积极性和活力的改善提高。经济体制质量的变革最终自然会表现在经济运行绩效的不断提高。以彰显出改革开放"解放生产力""发展生产力",赋予社会主义制度自我完善调节、自我完善的与时俱进的生命力和优越性。

---

① 胡家勇:《新时期所有制理论的创新发展》,《人民日报》,2016年8月1日。

第4章

呼唤新国资管理体制：从"管资产"转向"管资本"

渐次扎实推进的企业改革,与市场经济发育互为促进,沿着自身的逻辑不断深化,如何处理好"政资"关系,既有的习惯性的"管企业"做法所固有的局限性日益明显。联系市场经济环境下公司制企业的投资者积极方式的"投入"和消极方式的"退出"行为而言,国有企业活力的根本在于国有资本的活力,最终回归到资本自身的保值增值能力这一基本规定性。正是这样,既有的国有企业的管理行为需要进一步转向"管资本"。

4.1 市场经济条件下的资本价值配置

4.1.1 "资本"与"资产"

国有资产管理体制是国有企业沿着正确方向改革发展的重要制度保障。党的十八届三中全会通过的《关于全面深化改革若干重大问题的决定》(以下简称《决定》)明确提出,在完善国有资产管理体制方面,从以往的"管资产"转向"以管资本为主",同时"改革国有资本授权经营体制,组建若干国有资本运营公司,支持有条件的国有企业改组为国有资本投资运营公司"[①]。"管资产"与"管资本"两者只有一字之差,但是内涵却有天壤之别。

经济学意义上的"资产"和"资本"是两个不同的概念,我们首先有必要对两者的区别和联系进行讨论。

马克思政治经济学对资本的定义是,资本是能够带来剩余价值实现增殖

---

① 中共十八届三中全会《中共中央关于全面深化改革若干重大问题的决定》。

的价值。马克思说:"资本作为自行增殖的价值,不仅包含着阶级关系,包含着建立在劳动作为雇佣劳动而存在的基础上的一定的社会性质。它是一种运动,是一个经过各个不同阶段的循环过程,这个过程本身又包含循环过程的三种不同的形式。因此,它只能理解为运动,而不能理解为静止物。"①马克思还说过:"当他把活的劳动力同这些商品的死的物质合并在一起时,他就把价值,把过去的、物化的、死的劳动变为资本,变为自行增殖的价值。"②马克思从抽象的角度来分析,抽象掉了资本的各种具体表现形式,揭示出资本具有增值性和流动性的基本特征。而新古典综合经济学从具体的角度来分析,作为一种生产要素,资本与劳动、技术、能源等其他形式的生产要素一起形成一定的生产技术结构或关系,共同创造满足人们需要的商品和劳务,在这一过程中,资本在自然属性上体现出增值性、流动性、趋利性、灵活性等特点。

而资产则更多的是会计学中的概念,我国的《企业会计准则》规定,资产是指企业过去的交易或者事项形成的,由企业拥有或控制的,预期会给企业带来经济利益的资源。在经济学意义上,资产一般被认为是企业、自然人、国家或其他组织拥有或者控制的能以货币来计量的经济资源。经济资源囊括自然资源、人力资源、资金资源、信息资源等,这些资源在社会经济发展中发挥着无比重要的作用,资源配置效率的高低往往决定着一个国家或地区生产力水平以及经济发达程度。

针对企业这一市场经济运行的微观主体,资本和资产的差异主要体现在以下几个方面:

第一,资产是企业拥有或控制的经济资源,而资本体现出资人享有的所有者权益。在现代企业制度规则中,出资者将资金投入到企业后形成资本,按照出资额享有所有者权益,即剩余索取权、重大决策权及经营者选择权等。

---

① 《马克思恩格斯全集》(第 24 卷),人民出版社,1973 年,第 122 页。
② 《马克思恩格斯全集》(第 23 卷),人民出版社,1973 年,第 221 页。

第4章 呼唤新国资管理体制：从"管资产"转向"管资本"

而资产的内涵理解更容易与企业组织对象相关联，是企业具体经营场合的资金运用的结果。为了保证资金进入企业后能够发挥保值增值的作用，需要统一、集中进行筹划、支配和使用，从而使得资产的存在形式具有多样化的特征，比如厂房、设备、原材料、无形资产等。作为独立法人的企业，拥有对实物资产的支配权，即法人财产权，企业依法进行自主经营、自负盈亏，承担保值增值的责任。所以说，资本是与出资人相联系的概念，对应的是出资人所有权；资产是与企业组织相联系的概念，对应的是法人财产权。

第二，从数量关系上看，资本是资产的一部分。企业资产负债表清晰地反映了资产与资本（所有者权益）之间的关系。进入企业的资金须满足"资金运用＝资金来源"，所有者和债权人将资金投入到企业，分别形成所有者权益和负债，而资产反映了资金运用，必定有"资产＝负债＋所有者权益"，资产的数量必然大于资本。

第三，相比资产，资本具有较强的灵活性和流动性。资产往往以各种各样的生产资料形式存在于企业之中，是实物形态。而资本以股权的形式存在于企业之中，是价值形态。资本追求投资收益可以在企业间有进有退地流动，且它的流动性会释放出巨大的活力和效率。而企业资产配置活动必然需要使用一定数量的劳动力，因此，对企业资产处置离不开如何安置好劳动力的任务，这也是企业之间发生兼并收购行动时必须妥善处理的问题，从这个角度看，资产的流动性较差。

第四，资产有多种会计计量属性，而资本直接以货币数量表现。在我国的企业会计准则中，企业的资产的会计计量沽值有不同的评估衡量标准，除了企业经营核算所记录的"账面资产"价值，还有根据实际资产的使用价值属性和技术特点评价的"成本重置价值"、根据资产运营收益能力作为评价衡量标准计算得出的"收益贴现价值"，假如企业的资产进入市场加以重组或者是兼并收购对象，一定还有购并买卖双方根据各自的市场站位协商得到的企业资产的"市场成交价值"。可见"资产"的计量结果有不同的评估计价，它们之间在价值数量上存在不确定性或者是不一致性，而"资本"的概念则相对简明,它直接以货币数量表达,以"所有者权益"为依归。

4.1.2 计划经济体制下的国有资产实物型管理

改革开放前(1949—1978 年),我国的经济体制可以说是一种高度集中、以行政管理为特征的计划经济管理体制。计划经济强调实物指标、使用价值,而忽视或排斥价值和价值规律。在那个时候,人们谈"资本"而色变,所以国有企业内的生产资料只能被称作"资产",对资产也只考核其实物形态的完好状态和数量指标。国有资产更多地被看作只是一种使用价值的概念,以行政性手段、实物型配置管理。企业,作为经营性国有资产配置的微观组织载体,总是由国家出面兴办,即采取国有独资的形式,企业的再生产活动由政府直接经营,企业运行方式存在着浓厚的行政化色彩,偏离了其作为经济组织的本质属性[1]。上级主管机关直接掌握企业的人、财、物、供、产、销;下达到执行单位的计划对它们生产什么,生产多少,用什么技术生产,投入品从哪里来,产出品到哪里去,开发几项新产品,追加多少投资,建设哪些项目等,都有明确具体、一般是实物量的规定[2]。国有企业名义上处于"独立"的核算地位,但实际上并非真正独立的经济单位,由于排斥商品货币关系,更谈不上作为独立的商品生产者,充其量是社会大工厂的一个"车间",完全隶属于上级行政主管部门,甚至有国外学者指出"中国不存在企业"。由于没有独立的法人财产权,企业缺乏内在的追求利益最大化的动机。在这种情况下,整个经济社会运行的推动力量主要来自政府,政府通过行政手段、政治动员来要求社会基层单位"响应号召"、履行责任[3]。

采取行政资源配置方式,在做出决策和执行决策的过程中,会遇到信息

---

[1] 张晖明、邓霆:《国有资本存量结构调整研究》,复旦大学出版社,1999 年。
[2] 吴敬琏:《论作为资源配置方式的计划与市场》,《中国社会科学》,1991 年第 6 期。
[3] 张晖明:《中国国有企业改革的逻辑》,山西经济出版社,1998 年。

第4章 呼唤新国资管理体制：从"管资产"转向"管资本"

和激励两方面的障碍。从信息方面看，中央计划机关不可能拥有对一切经济活动的全部信息，包括物质资源和人力资源的状况、技术可行性、需求结构等，因而难以保证计划规定的指标完全正确。从激励机制方面看，经济活动当事人，包括计划的制定者和执行者，都有各自的利益，它们在提供信息、编制计划和执行计划的过程中，难免有意识或者无意识地受到自身局部利益的影响而偏离社会的整体利益。基于以上两方面，行政计划安排的内容往往与实际经济生活不相吻合，没有自主权力的企业在实际执行过程中只能"将错就错"，这导致国民经济结构刚性，存量结构失衡，国有资产配置效率不高。事实证明，高度集中的计划经济体制在巩固新生的社会主义制度和快速进行大规模的工业化建设方面发挥了巨大作用，但它存在政企不分、忽视商品货币关系和市场配置资源的作用等弊端，严重束缚了生产力的发展。传统的计划经济体制运行一直处在"短缺经济"状态，资源配置的低效率甚至会威胁到经济制度自身的持续生存能力。正是这样，在邓小平倡导下，重新恢复实事求是思想路线，经过了"思想解放"和对传统的计划经济体制实践的经验教训的深刻总结反思，1978年底，中国共产党十一届三中全会提出了"改革、开放"方针，从计划经济体制转变为社会主义市场经济体制成为历史的必然。

4.1.3 市场经济条件下的国有资本价值化配置

改革开放以来，通过"增量改革"的方法，发育"计划外"经济活动行为，形成计划与市场"双轨"过渡发育市场，到1992年中共十四大明确以"社会主义市场经济"作为经济体制改革的目标模式。经济体制改革成为中国经济快速发展的强劲的驱动力量，改革调动社会多个主体的积极性，使中国保持了近40年年均10%左右的发展速度，经济总量快速攀升，已经成为世界第二大经济体。总结中国发展的历史经验，认识中国特色社会主义道路，构建中国特色社会主义政治经济学，最根本的一点就是确立社会主义市场经济体制，实现公有制与市场经济的有机结合。

在新自由主义经济学中,社会主义与市场经济被尖锐对立起来。米塞斯在《社会主义:经济与社会学分析》中对社会主义和市场经济的不相容性进行了系统论证,他认为公有制和生产要素市场不可能并存,公有制下不可能形成合理的价格和经济核算,所以不可能把市场及其价格形成机制同生产资料私有制基础上的社会的功能分离开①。在制度选择上,"要么是社会主义,要么是市场经济"②。哈耶克也认为社会主义和市场经济不相容,市场经济只能建立在私有制基础上,这种理论见解实际上属于教条主义的东西。中国经济体制改革的实践证明,社会主义的原则和理论对于制度的要求属于"基本经济制度"层面,而"市场经济"则是属于经济运行机制的资源配置机制工具问题。

随着改革实践的推进,中国特色社会主义政治经济学对社会主义和市场经济的认识不断深化和科学化。围绕"计划"与"市场"关系的认识变化,通过历次党的重要会议文献表述加以体现。十一届三中全会提出重视价值规律的作用,十二大提出"计划经济为主,市场调节为辅",十二届三中全会提出"有计划商品经济"。1992年,邓小平在南方谈话时一针见血地指出:"计划多一点还是市场多一点,不是社会主义与资本主义的本质区别。计划经济不等于社会主义,资本主义也有计划;市场经济不等于资本主义,社会主义也有市场。计划和市场都是经济手段。"③根据邓小平的重要论断,十四大报告明确提出,经济体制改革的目标是建立和完善社会主义市场经济体制,这从国家经济体制层面实现了创新,使人们对社会主义和市场经济的认识有了历史性的飞跃。从资源配置方式看,"我们要建立的社会主义市场

---

① 米塞斯:《社会主义:经济与社会学分析》,中译本,中国社会科学出版社,2008年,第103页。

② 同上书,第107页。

③ 邓小平:《在武昌、深圳、珠海、上海等地的谈话要点》,《邓小平文选》(第3卷),人民出版社,1993年,第371页。

第4章 呼唤新国资管理体制：从"管资产"转向"管资本"

经济体制，就是要使市场在社会主义国家宏观调控下对资源配置起基础性作用"。

在新的历史条件下，中共十八届三中全会《决定》提出了"市场在资源配置中起决定性作用和更好发挥政府作用"的新论断，这一论断将市场配置资源的"决定性"作用覆盖了原来的"基础性"作用的提法，将市场机制作用的抽象理解与具象理解结合起来，以强化对实际经济运行客观规律的理解和遵循。已成为中国特色社会主义政治经济学的基本原则。市场决定资源配置是市场经济的一般规律，社会上大多数的经济资源，包括劳动力、资本、土地、技术、能源、信息等，都应该经由市场机制配置到效益较好的领域中。公有制为主体、多种所有制共同发展的基本经济制度，是中国特色社会主义制度的重要支柱，也是社会主义市场经济体制的根基。《决定》强调要坚持公有制主体地位，近年来非公有制经济迅速发展，目前全国非公有制经济对GDP的贡献率超过60%，税收贡献率超过50%，就业贡献率超过80%，在国民经济中的地位举足轻重[①]。有的理论界人士认为公有制为主体已经被突破，社会主义的根基已受到动摇，这种观点是不全面的。根据党的十五大报告，公有制的主体地位主要体现在：公有资产在社会总资产中占优势；国有经济控制国民经济命脉，对经济发展起主导作用。我国的公有资产包括企业国有资产、金融资产、土地、自然资源等，从规模上看，公有资产在全社会总资产中占有绝对优势，并且国有经济牢牢控制着国民经济命脉，对经济发展起主导作用，因而公有制的主体地位十分稳固，并未受到动摇。

习近平同志在党的十九大报告中进一步明确指出："必须坚持和完善我国社会主义基本经济制度和分配制度，毫不动摇巩固和发展公有制经济，毫不动摇鼓励、支持、引导非公经济发展，使市场在配置资源中起决定性作用，

---

① 人民日报评论员：《以建设者品格共筑中国梦》，《人民日报》，2014年11月26日，第01版。

更好地发挥政府作用"①。坚持社会主义市场经济改革方向,是深化国资管理体制改革、国有企业改革必须遵循的基本原则。在社会主义市场经济条件下,国有资产必须资本化。这主要是因为以下几个方面原因。

一方面,公平竞争是市场经济的基本特征,企业从各自利益出发,为取得更好的产销条件和获得更多的经济资源而展开竞争。通过竞争,实现企业的优胜劣汰,进而实现资源的优化配置。党的十九大报告提出,全面实行负面清单管理制度,大幅度放宽市场准入,境内注册的企业要一视同仁、平等对待②。由此可以推论,国有企业作为市场竞争主体,必须以"平等"的地位身份与其他经济主体开展竞争,通过投入资本生产出商品去争夺市场,实现资本的保值增值。倘若无法实现保值增值,那么国有企业将无端消耗社会资源,拖累经济运行效率。

另一方面,现阶段积极发展国有资本、集体资本、非公有资本等交叉持股、相互融合的混合所有制经济成为深化改革的重要目标,随着混合所有制经济的大力发展,国有企业的出资主体日趋多元化,无论国有资本是否处于控股地位,这种多元的、不同资本属性的出资主体共同出资组建的混合所有制企业已经不再是原来意义上的国有企业,应该称之为"国家出资企业"。对国家出资企业内有多少国有资产的计量将越来越复杂,而资本的计量相对简单,所以经营性国有资产的统计应以国有资本为主体,国有资产的保值增值关键在于国有资本的保值增值。

如前所述,资本是能够实现增殖的价值,资本的生命在于增殖,获利越多,其生命越活跃、越旺盛。与此同时,资本是在不断运动中实现增殖,流动性是资本的另外一大基本特征。资本必须投入到再生产活动中,经过再生产

---

① 习近平:《决胜全面建成小康社会,夺取新时代中国特色社会主义伟大胜利——在中国共产党第十九次全国代表大会上的报告》(2017年10月18日),人民出版社,2017年,第21页。

② 相关论述参加习近平在十九大报告的第五章"加快完善社会主义市场经济体制"部分。同前注,第33—34页。

各个阶段的循环周转,在流动中实现价值增值。从生产力发展的角度看,用最小化的投入获得最大化的产出,即意味着生产力的发展。无论是国有资本、私人资本、外资资本还是社会资本,都具有其作为资本的一般属性——增殖性和流动性。国有资本作为国家掌握的稀缺资源,理所应当追求投资回报和投资效率,保持其具有资本的一般属性和运作方式,与市场经济体制相融合。

依据我国国有资本的配置结构和分布领域不同,各自在社会再生产整体结构中所发挥的功能有所差异,国有资本大体上可以分作两类:一类是商业性的,作为财务投资,追求投资回报,目标单一,以直接盈利为目的;另一类是公益性的,其投资领域具有明显的社会公共服务和公共产品的特性,比如,基础设施、教育、医疗、卫生等社会事业领域,具有较强的公共目标和功能的外部性。商业性的国有资本追求保值增值的目标已毋庸讳言,公益性的国有资本在保证实现国家特殊公共目标的前提下,同样应该保障投资效率,间接地实现保值增值的目标,从而避免资源配置的无效率。换句话说,公益性国有资本投资目标的实现尽管不是以盈利为第一目标,但是,我们不能就简单地认为公益性国有资本经营与自负盈亏和实现盈利增值不能得到统一兼顾。实际上,投入到基础设施领域的国有资本发挥了其在国民经济整体结构中的支撑作用,由基础设施所提供的社会再生产竞争性领域有效运作的环境,保障了竞争性领域的资本运营绩效的实现,与之相伴随的是对国家财政收入的贡献,从而间接地实现了保值增值的目标。

综上所述,国家可以根据国民经济的发展需要,按照现代公司制度规则,选择进入或是退出方式,在行业和企业间灵活地配置国有资本。与此相关,国有资本的管理必须转向价值化管理轨道,通过价值量的吞吐来调整国有资本的配置结构,从社会平均利润率来判断国有资本运营的效率,使市场这一"看不见的手"在国有资本配置中发挥基础性、决定性作用。也就是说,要将国有资本完全融入市场经济环境中,让其接受市场的评价,发现既有的存量配置可能存在的不合理、不科学、效率不高的问题,为存量调整找到依据,发现应调整之处，从而为优化配置找到方向、目标，进而寻求优化可选择的途径，使得国有资本在全社会范围内合理流动，提高宏观经济效益。

4.2 "管资本"对"政企不分""政资不分"路径依赖的改革意义

4.2.1 政企不分问题长期存在

政企不分是集中计划体制经济运行的主要特征。在计划经济体制下，政府以社会经济管理者和国有资产的所有者的双重身份管理企业，企业只是政府行政机关的附属物，不是真正意义上的独立法人，企业经营活动呈现"软预算约束"。当时所普遍采用的企业称谓是"国营"的概念，意指企业由政府直接经营。政府作为企业的出资人，自然应当对国有企业的债务承担无限责任。伴随着我国经济规模的扩张，特别是通过对农产品收购价格"剪刀差"所推动的资本积累，使得财政不断投资所形成的国有（营）企业数量的大幅增加，国有国营、高度集中的国有资产管理体制暴露的政企不分、多头管理、权责利不清晰、条块分割等问题日益突出，使得国有企业缺乏应对市场需求的自主活力，经营效率低下，亏损面和亏损额巨大，造成了严重的资源浪费。经过了四十年的经济体制改革，在基本建成社会主义市场经济的体制背景下，理论上说，形式上的计划经济体制已消亡，但处理政企关系时所形成的制度化特征和习惯势力，会自觉或不自觉地起作用，形成路径依赖，阻碍改革目标的实现。

如前所述，从党的十一届三中全会（1978年12月）明确"改革、开放"方针，十二届三中全会（1984年10月）明确将"增强国有大中型企业的活力作为整个经济体制改革的中心环节"，企业改革呈现出阶段性不断深化。通过"放权让利"，调动企业的经营积极性，触动政府与企业关系的不断调整。企业法

第4章 呼唤新国资管理体制：从"管资产"转向"管资本"

人地位和主权权利的意识不断增强,要求在制度层面上有新的突破和法律界定。要想解决好企业自主经营的活力,必然会触碰到政企关系的调整,包括清理政府的行政管理职能与资产管理职能之间关系,而资产管理职能具有很强的专业性,因此,分离国有资产管理与政府的日常管理事务也就提上了议事日程。正是在这样的背景下,将国有资产管理职能单列出来建构起国有资产管理体系,成为企业改革重要的配套工作内容,1988年国务院正式组建国家国有资产管理局(副部级机构),专司国有资产管理的政府职能,归属于财政部。地方各级政府也相应成立国有资产管理局。然而,由于没有相应的政府机构改革与之配套,国家国有资产管理局的设立并没有真正做到将政府国有资产管理职能与公共管理及其他经济管理职能分开。具体来说,国有资产管理局与其他政府部门在职能上存在重叠与交叉,各政府部门相应的国有资产管理的职能并没有真正转移给国家国有资产管理局,导致该局无法全面实施企业国有资产出资人的监管职能,管人、管事、管资产相互脱离,国有资产管理局处于可有可无的状态,并且形成政出多头、内部人控制的问题。当时的局面可以用"五龙治水"来形象地描述：涉及投资和生产的决策权由计划委员会等行政机关行使；党的组织部门和政府的人事机关负责企业主要管理人员的任免、考核和监督；财政部门管理着国有企业的收入和支出,同时征收税、费和利润；工会则成为执行"民主管理"的权力机构[1]。在这种情况下,统一的所有权还是被分解在多个政府职能部门,既有的各类党政部门按照自己的要求行使它们被赋予的权力,都不直接对企业的经营结果形成承担责任,这必然严重阻碍了国有企业运行效率的提升。说到底,还是改革内容相互之间的不配套、不协调。正因如此,国家国有资产管理局在1998年国务院机构改革中被撤销了。

但是,在这期间,经济体制改革的中心环节——企业改革,在全社会所受到的重视没有改变,已经激发起来的企业积极性必须受到呵护,在1992年召

---

[1] 吴敬琏：《当代中国经济改革教程》,上海远东出版社,2016年。

开的中国共产党第十四次全国代表大会上,提出了以建设社会主义市场经济作为经济体制改革的目标模式,围绕这一目标,十四届三中全会通过的《关于建设社会主义市场经济体制若干问题的决定》中,进一步明确以"建立现代企业制度"作为社会主义市场经济的微观基础,把企业制度在整个经济体制构造中的地位说清楚了。企业改革推进的具体工作展开以"改制、改组、改造"为主要内容,就是将原来的"全民所有制"企业,在企业制度形式上改为"现代公司制",与此同时,改组优化企业组织结构、改造企业的生产技术和日常经营管理的运行方式,导入现代公司治理机制。根据《公司法》规范,传统的按照《全民所有制企业登记条例》注册的国有企业,变更成为公司制企业。这就自然提出"明确出资人"的改革任务,国有资产管理的具体职能内容和监督管理体制需要进一步加以完善。

在这样的背景下,上海和深圳作为改革开放的"领头羊",从1993年开始结合自身的特点对国有资产管理和运营体制改革进行了积极的探索,形成了独具特色的"上海模式"和"深圳模式"①,为我国国有资产管理体制改革积累了十分有益和宝贵的经验。以上海为例,上海于1993年7月成立国有资产管理委员会和国有资产管理办公室,将原来附属于财政体系的国资管理机构单列出来,继续深化对于国有资产管理体制的改革试点工作。与此同时,与社会上已经呼唤出来的"解放企业"的呼声相呼应,对于政府管企业的行政部门,即产业业务的主管局,尝试进行"局改制",也就是变身转制为专司资本经营的"国有资本经营公司",并引入国资委对这类公司的"授权管理"工作方式。原有的以行业管理为主要职能的行政性公司被废除撤销。形成全社会三个层次的国有资产管理经营的组织体系:市政府国资委(日常办事机构的"国资办")—国有资本经营公司—从事生产活动的国有企业。需要特别指出的是,在1998年全国性的机构改革中,上海的国资委和国资办保留下来,这可

---

① 国务院国有资产监督管理委员会研究室:《探索与研究:国有资产监管和国有企业改革研究报告(2006)》,中国经济出版社,2007年。

第4章 呼唤新国资管理体制:从"管资产"转向"管资本"

以看作中央对上海前一阶段国资改革成功探索的肯定。上海对国资改革探索的成功经验在于确定了实现"三个分离"的改革目标和探索了合理的国资管理模式①。具体来说,三个分离指的是:(1) 政府的社会经济管理职能和国有资产所有者职能相分离;(2) 在资产所有者职能中,国有资产的行政管理同国有资产的运行管理相分离;(3) 在资产运营中,国有资产所有权同企业法人财产权相分离。在国有资产管理的三层组织架构中,处于核心位置的授权经营公司不仅形成了保证政企分开的"隔离带",有效促进了国有资产保值增值机制的形成,而且大大增强了国有资本的调控能力。

正是在上海、深圳试点经验的基础上,构建并明确国有资产所有权主体,对国民经济运行中处政府对于经济社会管理的一般职能与国有资产监督管理职能,促进国有资本配置运营更好地与市场经济相融合,实现政资管理和工作行为适当分开,进而达到两权分离和政企分开的目的,成为改革迈向新的深化阶段的客观要求。基于此,建设全社会国有资产管理的组织体系和政府职能体系的条件相对成熟,2003年第十届全国人民代表大会正式通过设立国务院国有资产监督管理委员会,强调"管资产、管人、管事""三管合一",彻底改变原有的对于国有资产管理的"五龙治水"多头管理的格局,也推动改变原来实际上比较普遍存在的企业运行"内部人控制"局面,有助于企业活力的正常发挥和社会生产力的健康发展。根据财政部数据,2004年末,全国国有及国有控股企业所有者权益(国有权益)总额为14.8万亿元,而到2017年末,这一数据跃升至52万亿元。与此同时,愈来愈多的国有大型企业进入世界500强。根据美国《财富》世界企业500强数据,2004年,中国进入世界500强的企业有14家,进入前50名的仅有一家,即排名第46的国家电网;2017年,上榜世界企业500强的115家中国企业中,有48家央企,18家地方国企,其中3家进入榜单前5名,即分列2—4

---

① 陈步林、张晖明、李咏今:《率先探索的进程与思考:上海国资管理体制改革回顾与前瞻》,上海人民出版社,2004年。

位的国家电网、中石化、中石油。

　　伴随着国有资产管理体制改深化,制度红利得到释放。但是,这并不代表改革就已经完全到位,对照"全面深化改革"的要求,现行的国资监管模式仍然存在一些亟待解决的突出矛盾和问题,长期存在的政企不分、政资不分问题仍然没有得到根本解决。行政管理思维和行为习惯仍然充斥于日常经济运行管理场合,国资委既是企业的"老板"(资产管理者)又是企业的"婆婆"(行政管理者),一方面,本来是作为国务院的特设机构所成立的国资委,以"管资产"为使命,不可避免地因为企业资产运行所涉及的诸多事务而难以分辨;另一方面,央企体系自身运行中的权责关系难以清晰界定,必然会有事无巨细的请示汇报。两者相互碰触激发,难以形成规范完整的公司治理结构,央企董事会在很多情况下形同虚设,这影响了国有企业的主动性和积极性,使之无法真正成为市场上平等竞争的市场主体。根据相关报道,甚至是在央企体系,2017年7月前,尚有69家(差占当时央企总数101家近70%)没有按照《公司法》进行改制登记①,仍然保留着原有的全民所有制企业组织形式存在。可见,从1993年现代企业制度的改革内容明确,1993年12月29日《公司法》正式颁布,1994年7月1日开始执行。居然在23年后,央企的顶层连组织形式上的改革都没有行动,这一现象背后的深层次原因,应该是值得深入讨论的改革理论和实践问题。

　　也许正是由于改革必然会伤筋动骨、触动"位置"和权力、触动某些"既得利益",使得改革面临诸多的掣肘,旧体制根深蒂固的政企不分的表现依然没有大的改变。

　　一是出资用资关系的权利责任处理尚未找到基本的规范。国资委作为出资人与央企企业集团之间形式上的出资人身份即股东身份,如何按市场经济规则行使股东权利显然有许多不适应,以至于更多地理解为与所出资企业

---

① 新华社2017年7月26日电,国务院办公厅日前印发《中央企业公司制改制工作实施方案》,明确要求在年底前,国务院国资委监管的中央企业要全部完成公司制改制。整个央企体系的各级子企业公司制改制面已经达到92%,而顶层的企业组织形式却没有改造改制改变。http://www.xinhuanet.com/fortune/2017-07-26/c_1121384547.htm

之间还是行政关系,在行政的轨道上处理问题驾轻就熟。

二是国有企业领导人选择的非市场化。截至2018年7月,国资委直接监管的96家央企中,有49家中央企业为中管(副部级)央企,领导班子由国资委企干一局管理(其中企业正职由中组部任命),另外47家中央企业为司局级企业,领导班子由国资委企干二局管理。在实践中,国有企业领导人更多地把自己看作为政府官员,而不是企业经营者,他们缺乏追求基业长青和技术创新的动力,更有积极性去追求短期利润以作为政治升迁的资本,通常会为了短期利润而损害企业的长期发展。甚至存在着在国有企业领导人选择问题上,更多的基于个人关系和政治上的效忠,而非企业家才能的怪现象。

三是国资监管范围宽泛,对企业干预过多。在成立之初,国务院于2003年5月颁布的《企业国有资产监督管理条例》第13条赋予了国资委"依照法定程序对所出资企业的企业负责人进行任免、考核,并根据考核结果对其进行奖惩""履行出资人的其他职责和承办本级政府交办的其他事项"等职责。这种规定实际上存在一定的问题,所出资企业既包括国有独资企业,也包括国有控股企业和参股企业。对于国有控股和国有参股企业,其负责人的任免、考核和奖惩都应按照《公司法》和公司章程的规定由股东集体决定,作为全体股东一员的国资委是不能单独决定的。实际生活中,国资委除了基于其股东权责对所出资企业的经营决策进行干预外,还在包括公共政策管理、企业内部管理、党群工作等方面实施干预。国资委制定下发有关国企监管的规章和规范性文件涉及股东权责、公共政策管理规章文件内容涵盖了确定公司主业、审核公司战略、批准预决算、推荐高管任免、考核及薪酬、环保、社会责任、科技创新、信息化等方面已经远远超出了国外《公司法》的范围。根据党的十八届三中全会《规定》所提出的"从管资产转向管资本"的改革要求,于2016年公布了对政策性文件清理的清单①。表明相关管理方式正在发生积极的转化。

---

① 见国务院国资委网站 http://www.sasac.gov.cn/n2588030/n2588964/c4405592/content.html

四是国资监管手段带有浓厚的行政色彩。国资监管机构对企业履行出资人职责时,过多设置审批、核准、备案等事项,在一些监管工作的具体落实上,过于依赖文件、会议、检查等传统手段,这在一定程度上增加了企业报批负担,影响了企业决策效率①。

4.2.2 政企不分束缚了企业效率的提升

根据十四届三中全会《决定》对现代企业制度特征的表述,"产权清晰、权责明确、政企分开、管理科学",与之对照,应该说现在在许多地方还有差距,特别是在公司治理结构功能方面还远远没有实现。毫无疑问,在政企不分管理方式下,国有企业难以建立完善的公司治理结构,而且无法实现国有企业和民营企业之间的公平竞争,从而束缚企业效率的提升,微观的企业能力和活力不能充分发挥出来,最终必然会制约影响国民经济持续健康发展。

公司治理有两个基本功能:一是选拔具有企业家素质的人领导企业;二是激励和监督企业领导人更好地创造价值②。对于一家企业来说,它的领导人选择至关重要,是否由具有企业家素质的人领导企业直接决定了企业的经营效率。一般来说,具有企业家才能的人比普通人更富有想象力,对盈利机会更敏感,对未来的判断更准确,决策更果断,也更具有创新精神和承担风险的勇气。由这些人来决定企业提供什么样的产品和劳务,提供多少,如何提供以及为谁提供,能够显著降低交易费用,提高企业绩效。前面提到,在国有企业领导人的选择上,更多的是基于个人关系和政治上的效忠,而不是企业家才能。按照《公司法》的要求,公司的董事长和总经理由董事会任命,但实

---

① 楼继伟:《以"管资本"为重点改革和完善国有资产管理体制》,《时事报告(党委中心组学习)》,2016年第1期。
② 张维迎:《理解公司:产权、激励与治理》,上海人民出版社,2013年。

际上,国有企业的董事长和总经理由党的组织部门任命的,公司副职一般也是由国资委任命的。在薪酬方面,董事会中的薪酬委员会可以讨论薪酬问题,但并没有决策权。董事长和总经理的工资上限一般由政府规定,而一些中层管理人员是从市场上招聘来的,他们的薪酬有可能高于高层管理者的工资,出现"工资倒挂"的情形。这样的公司治理机制是不够完善的。

市场经济的重要特征之一是公平竞争,公平竞争要求在法律和政策面前所有企业一律平等,不存在政府歧视,也不存在政府赋予企业特权的情况。但事实上,即使在一般竞争性领域,私有企业财产也难以得到和国有企业财产同等的法律保护,国有企业通常在税收、信贷、土地、许可等方面比民营企业享有更多的优惠。如果国有企业亏损,有可能获得政府补贴或信贷支持,出现"国有而不倒"的局面;而如果民营企业亏损,则可能面临倒闭的风险,企业领导人有着更强的激励去改善治理,降低成本,提升效率。国有企业和民营企业地位的不平等,实际上制约了国有企业效率的提升。

4.2.3 以"管资本为主"加强国有资产监管有助于促进政企分开

随着改革的推进,政企不分的弊端日益突出,而实现政企分开的前提和关键在于政资分开,即要实现政府的社会经济管理职能和国有资本所有者职能的分开,国有资本监督管理职能和国有资本经营职能的分开。这必然呼唤新的国资管理体制,从"管资产"转向"管资本",成为历史的必然,它的实质是改革经营性国有资产的实现形式,由实物形态的国有企业,转向价值形态、具有良好流动性、可以用财务语言清晰界定、可以进行市场化运作的国有资本,并且建立以财务约束为主线的委托代理体制[①]。

改组组建国有资本投资运营公司是实现以管资本为主加强国有资产监

---

① 陈清泰:《资本化是国企改革的突破口》,《中国金融》,2016年第4期。

管的重要手段,根据新加坡淡马锡、中国中投公司以及国资管理的"上海模式"等国内外实践经验,高效的国有资本管理体系应包含三个重要主体:政府部门、国有资本投资运营公司和实体企业。在政府部门—国有资本投资运营公司—企业三层次的架构体系中,处于中间层次的国有资本投资运营公司是国有资本委托代理链条中的关键环节,它是市场化的资本运营主体,按照《公司法》设立,主要以国有独资公司的形式存在,代表国有资本出资者,享有出资者权益,依法运营国有资本。国有资本投资运营公司通过控股或参股企业的方式获得投资收益,实现国有资本的保值增值,同时通过不断调整国有资本在企业之间持有的股份,实现资本配置和投资效益的优化。作为政府与企业之间的纽带与隔离层,国有资本投资运营公司与所投资企业之间的出资用资关系是完全意义上的市场关系,而不是行政上下级关系,国有资本投资运营公司应该依照公司法的规定以股东身份参与所投资企业的治理,不以行政手段干预所出资企业的日常经营活动,其也不能直接支配企业法人财产,不能以非法手段抽取已注入企业的资本金。

构建三层次架构体系后,政府部门与企业之间不再保留行政关系和出资人关系,这有助于改变国有资产管理机构直接面对企业的管理方式,避免过多地介入企业经营活动,真正实现政资分开和政企分开,从而给企业法人留下更大的自由空间,更好地完善法人治理结构,实现出资人所有权与法人财产权的分离。由此也会赋予履行出资人责任的主体,按照股东身份在股东大会或者是董事会行使相应权利,更多地从增强资本流动性能力下功夫,根据国资自身特点和市场环境条件选择进退机制。在管资本不管企业的体制下,政府可以专司公共管理职能,从经济调节和社会管理角度进行社会公共管理。国家出资企业成为自主经营、自负盈亏、自担风险、自我发展的市场竞争主体,企业获得法人财产权,享有民事权利和承担民事义务,依法对法人财进行自主经营,按市场规律开展日常经营活动,并对企业的全部法人财产承担保值增值责任。

第4章 呼唤新国资管理体制:从"管资产"转向"管资本"

4.3 "管资本"与"管资产"的工作内容、工作重点、工作方法比较

从"管资产"转变为"管资本"的国有资本管理体制创新,客观上要求管理对象由国有企业组织对象的资产存在转变为国有资本即价值对象,管理对象和内容的变化必然要求管理的目标和工作方式的变化。

中共十六大报告提出,国家要制定法律法规,建立中央政府和地方政府分别代表国家履行出资人职责,享有所有者权益,权利、义务和责任相统一,管资产和管人、管事相结合的国有资产管理体制。在中顶层国有企业尚未进行整体改制的情况下,代表国家履行出资人职责的国资委面对的仍是国有企业,管理的对象是企业。国务院发布的《企业国有资产监督管理暂行条例》,基于改革实践的经验积累,内容得到丰富完善。2008年10月,《中华人民共和国企业国有资产法》由十一届全国人民代表大会常务委员会第五次会议通过,自2009年5月1日起施行,对国资委实行管资产和管人、管事相结合的国有资产管理体制以法律形式得到具体的规定,三管结合的具体内容如下:

管人方面,国资委依法对企业负责人进行管理,包括建立适应现代企业制度要求的用人机制和激励约束机制、任免或建议任免所出资企业负责人、建立企业负责人经营业绩考核制度、确定所出资企业中国有独资公司的企业负责人薪酬,根据考核结果对企业负责人实行奖惩等。

管事方面,国资委享有的权利包括:(1)指导国有及国有控股企业建立现代企业制度,审核国有独资企业重组、股份制改造方案和公司章程;(2)决定国有独资企业的分立、合并、破产、解散、增减资本、发行公司债券等重大事项;(3)决定其所出资企业的国有股权转让;(4)组织协调国有独资企业的兼并破产工作,并配合有关部门做好企业下岗职工安置等工作;(5)拟订所出资企业收入分配制度改革的指导意见,调控所出资企业工资分配的总体水平;(6)可以对所出

资企业中具备条件的国有独资企业、国有独资公司进行国有资产授权经营等。

管资产方面,对企业国有资产监督、管理的主要内容有:(1)国有资产产权管理,包括产权界定、产权登记、资产评估监管、清产核资、资产统计、综合评价、产权纠纷协调、产权交易监管等工作;(2)对其所出资企业的企业国有资产收益、重大投融资规划、发展战略和规划履行出资人职责;(3)依法对所出资企业财务进行监督,建立和完善国有资产保值增值指标体系,维护国有资产出资人的权益等。

而"管资本"是以"价值型管理"作为工作重点,围绕国有资本保值增值、提高资本的活力开展工作,以有助于解决好国有资本和市场经济相融合的问题。

2015年11月,国务院印发了《关于改革和完善国有资产管理体制的若干意见》(以下简称《若干意见》),成为指导国资管理体制改革的纲领性文件,《若干意见》较为全面地反映了国有资产管理体制创新和工作内容、工作重点、工作方法的转变。

在工作内容上,国资监管机构,作为政府的特设机构,专司国有资产监管,而不行使政府公共管理职能,以管资本为主,不干涉企业自主经营权。紧密围绕提高国有资本配置和运营效率这一目标,国资监管机构应该根据政府宏观政策和有关管理要求,建立健全国有资本进退机制,制定国有资本投资负面清单。同时,建立健全优胜劣汰市场化退出机制,推进国有资本控股经营的自然垄断行业改革,根据不同行业特点放开竞争性业务。此外,财政部门应该会同国资监管机构等部门建立覆盖全部国有企业、分级管理的国有资本经营预算管理制度,在改组组建国有资本投资、运营公司以及实施国有企业重组过程中,国家根据需要将部分国有股权划转社会保障基金管理机构持有,分红和转让收益用于弥补养老等社会保障资金缺口。

在工作重点上,国资监管机构立足以管资本为主,重点管好国有资本布局,规范资本运作,提高资本回报,维护资本安全,更好服务于国家战略目标,实现保值增值。按照国有资本布局结构调整要求,加快推动国有资本向重要行业、关键领域、重点基础设施集中,向前瞻性战略性产业集中,向产业链关键环节和价值链高端领域集中,向具有核心竞争力的优势企业集中。党的十九大报告提出了"做强做优做大"国有资本的重要论述,实现了从"做大做强做优"国有企业到"做强做优做大"国有资本的理论飞跃。这一论述要求企业加大处置低效无效资产的力度,处置"僵尸企业",降低财务杠杆水平,关注增加值和资本收益率指标,更加注重内涵式发展;同时更加注重资本的回报和配置结构的优化。

在工作方法上,应当改变现行的行政化管理方式,进一步减少行政审批事项,大幅度削减政府通过国有企业行政性配置资源事项;更多运用法治化、市场化监管方式,规范董事会运作,将国有出资人意志有效体现在公司治理结构中。改组组建国有资本投资、运营公司,是实现以管资本为主改革国有资本授权经营体制的重要实现形式。所谓"授权经营",就是授权国有资本投资运营公司代表国家履行出资人职能。在改革推进过程中,可以开展"间接授权模式"和"直接授权模式"的试点工作,积累经验,探索可复制的模式,并最终在全国范围内推广。在间接授权模式下,国有资产监管机构依法对国有资本投资、运营公司履行出资人职责,并授权国有资本投资、运营公司对授权内的国有资本履行出资人职责。在直接授权模式下,国务院直接授予国有资本投资、运营公司履行出资人职责。作为国有资本价值化管理、市场化运作的专业化平台,国有资本投资、运营公司自主开展国有资本运作,对所出资企业行使股东权责,切实承担保值增值责任。

4.4 淡马锡模式借鉴与国有资本管理体制目标模式

4.4.1 淡马锡运作模式的基本情况和主要特点

淡马锡控股(私人)有限公司成立于1974年,是根据新加坡《公司法》成立的控股公司,英文名是 Temasek Holdings(Private)Limited。尽管淡马锡公司全称中有"私人"字样,但它却是新加坡财政部100%控股的国有资本投资运营公司,其宗旨是代表新加坡政府行使国有资本管理和运营的职能,并作为众多下属投资公司的股东,致力于创造和最大化经风险调整后的长期回报。淡马锡是一家享有豁免权的非上市公司,尽管它可免于向公众披露任何财务信息,但它遵循主权财富基金"圣地亚哥原则"①的信息披露要求,自2004年起通过《淡马锡年度报告》公布集团财务和投资组合业绩。根据《淡马锡年度报告2017》②,截至2017年3月31日,淡马锡的投资组合净值达到2750亿新加坡元,自成立以来的股东总回报率为15%,按新加坡元计算的1年期、3年期、10年期、20年期股东总回报率分别为13.37%、7.13%、4%、6%。淡马锡帮助新加坡实现了国有资本的保值增值,并成为亚洲鲜有的同时获得标准普尔AAA级和穆迪AAA级最高评估级别的公司。

淡马锡是一家国际化程度很高的投资公司和主权财富基金,投资遍布亚洲、欧洲、美洲、非洲、澳洲等各大洲,其中在亚洲的投资所占比重最高,在新加坡和中国的资产分别占投资组合的29%和25%。淡马锡在中国的投资对象既包括国有企业,也包括非国有企业,尤其注重对中国国有企业的投资机会,持有中国工商银行、中国银行、中国建设银行、昆仑能源等中国大型国有企业的大量股份,同时也投资于中国平安保险集团、中国太平洋保险集团、阿里巴巴、滴滴打车、汇源果汁、雅士利国际等公司。淡马锡的投资范围主要包括电信、媒体与科技、交通与工业、生命科学与农业、金融服务、房地产、能源等领域,该公司掌控了包括新加坡电信、新加坡航空、新加坡地铁、星展银行、新加坡港口、海皇航运、新加坡电力等几乎所有新加坡最大、最重要的公司,所持有的股票市值占整个新加坡股票市场的47%,几乎主宰了新加坡的经济命脉。

作为一个政府控股公司,新加坡淡马锡运作模式的主要特征体现在以下

---

① "圣地亚哥原则"(The Santiago Principles)是国际主权基金论坛各成员国在圣地亚哥会议上达成的有关主权财富基金的共识。信息披露要求是重要内容。

② 如无特别说明,本文关于淡马锡控股的经营数据等,多数来自《淡马锡年度报告2017》等公开文献。

第4章 呼唤新国资管理体制：从"管资产"转向"管资本"

几个方面。

一是有效隔离了政府和企业之间的产权关系，实现了政企分开。从政府是否直接行使国有资本出资人所有权角度来看，世界上基本存在着两种模式①：第一种模式是国家设立专门的主管部门行使出资人所有权，以德国和法国为代表，德国财政部代表国家对国有企业行使出资人所有权，在批准国有企业成立和资金供给等方面享有重大决策权，而且通过监事会掌控企业发展状况；第二种模式以意大利、新加坡为代表，建立国家控股公司代行出资人所有权。新加坡建立了政府部门—法定机构和政府控股公司—淡联企业三层次的架构体系，处在中间位置的淡马锡行使出资人所有权，是独立法人，在政府和淡联企业之间承担了桥梁和纽带的作用，有效隔离了政府与企业之间直接的产权关系，从而避免政府直接干预企业，实现了政企分开。政府在其中的监管作用体现在国有企业资本金变动以及董事会重要成员任免等重大事项上，还有不定时调研下属淡联企业，而对企业的经营管理以及业绩考评等日常活动可以做到不干预。淡马锡通过参股或者控股淡联企业，参与市场竞争，着眼于资本运作和股权管理，运营模式上不带有政府色彩，从而实现了对国有资本的价值化管理。

二是坚持市场化运作的原则。市场化首先体现为淡马锡独立于行政力量行使出资人所有权。在三层次架构体系中，新加坡财政部作为法定机构代行政府对国有资本的管理权，但是当财政部将出资人权利授予淡马锡之后，两者之间便具有了明确的职责划分。财政部专司政策制定和市场监管职能，而淡马锡集中进行股权运作和商业投资，以追求长期回报为目标，成为了独立于政府部门的商业化投资机构。下面的淡联企业的日常经营活动不会受政府和淡马锡的过多干涉，成为了真正意义上的市场主体。其次，淡马锡的市场化特征还反映在淡马锡是依据新加坡《公司法》成立的企业，在参与市场经济活动的过程中享有与其他企业相同的权利，履行与其他企业相同的职

---

① 耿明斋、李燕燕：《国有资本生存边界与管理模式》，中国经济出版社，2003年。

责。从资金来源方面看,除成立之初新加坡政府转交给淡马锡 3.54 亿新元的国有资本外,之后的资金主要来自公司的内涵增长。企业以董事会治理为核心,按照市场化原则自主经营,在日常运营中主要以营利为目的,以实际经济绩效为指标。一般情况下,政府不干涉企业正常经营活动,而且依照惯例,淡马锡董事会有权驳回不合理的政府指令。

三是形成了以淡马锡宪章和董事会治理为核心、对董事会充分授权的公司治理结构。淡马锡董事会有权决定批准公司的整体战略规划、年度预决算、重大投融资项目、高管任免和董事会变动等,公司业务由董事会全权依照市场标准来运行。淡马锡董事会由 8—12 名董事会成员组成,除股东董事和执行董事外,大部分成员都是独立董事。在运作上,淡马锡董事会下设执行委员会、审计委员会和领袖培育与薪酬委员会。执行委员会负责审批投融资项目、转让资产项目、制定分红政策、重大购销合同和年度投资预算等;审计委员会是重要的监督部门,全部由独立董事组成,主要职责包括审查内控体系、财务报告流程、审计流程以及法律条例合规性的监控流程等;领袖培育与薪酬委员会负责向董事会推荐董事及制定管理层的领袖发展计划,包括董事及首席执行长的继任计划,以及提供有关业绩衡量与薪酬计划的指导方针与政策。为了实现权力制衡,淡马锡还对董事长和首席执行官的职权进行了明确划分,在征得新加坡总统的同意之后,淡马锡董事会有权对首席执行官进行任免。公司经营管理层在董事会的指导下自主决策,不受政府的影响,各个淡联企业根据自身特点独立开展业务。

四是建立了多元化的制衡机制和监督机制。淡马锡董事会多元化的制衡机制和监督机制是淡马锡委托代理制度有效运行和资本高效配置的制度保障。从内部制衡机制角度看,公司董事会由政府官员、企业管理人员和民间人士(包括私营企业家、学者或其他专业人士)三方人员共同构成。不同部门、不同阶层的董事的存在可以形成利益博弈上的有效制衡机制,降低官员董事或其他部门董事专制的可能性,使公司利益进一步独立于政府部门、企业集团或其他特定群体利益,从而使公司的决策过程更加公平、公正。从外部制衡机制角度看,为了保证公正性和中立性,官员董事不从淡马锡领取物质报酬,而是根据公司经营状况代以职务升降作为激励。此外,新加坡宪法第五号规章修订案规定,新加坡民选总统对淡马锡董事会成员或首席执行官的任免拥有独立否决权,这意味着宪政体制下公选总统可以在一定程度上制约官员董事的行为,克制政府官员的"私利"冲动。从监督机制角度看,政府、控股公司、普通公众和新闻媒体等共同参与对国有企业监督工作。新加坡政府通过定期审查淡马锡这类控股公司的财务报表或依法进行临时检查的方式实现对国有企业的监督;控股公司依照市场规则对下属淡联企业进行监督;普通公众可以通过公共信息手段对国有资本和相关企业进行公共监督,任何机构或个人可以低成本地在注册局调阅任何一家企业的资料。此外,新闻媒体的监督无处不在,成为另一种有力的公共监督手段。这种多元化的制衡机制和监督机制保障了淡马锡可以在市场上以独立的"私人"身份同其他资本展开激烈的竞争,最大限度地实现国有资本的保值增值。

4.4.2 淡马锡模式对中国国有资本管理体制改革的启示

自成立 44 年来,新加坡淡马锡为其股东创造了巨额财富,成为国际上国有资本管理和运营成功的案例。尽管我国的国情不同于新加坡,两国在国土面积、资本市场发达程度、国有资本规模、居民价格承受能力、市场化体系的成熟程度、公共与行政目标的有界性等方面存在着一定的差异,但新加坡淡马锡模式依然可为中国的国有资本管理体制改革和国有企业改革提供经验和启示。

淡马锡模式的成功可归因于许多因素,其中最为关键的是,在平衡公共目标和经济目标的前提下,将配置在商业性领域的国有资本遵循独立于行政目标和行政力量的市场化模式进行运作[①]。新加坡的国有企业承担着两大职

---

① 张晖明、张亮亮:《对国资职能和定位的再认识——从新加坡淡马锡公司的全称说起》,《东岳论丛》,2010 年第 4 期。

能：经济性职能和社会性职能，一方面向社会和公民提供公共产品和服务，另一方面追求国有资本保值增值。我们可以从淡马锡控股下属各个淡联企业的分类中看出这一点。根据所经营业务的性质和功能，淡马锡控股将淡联企业分为两类：一类为以营利为目的的参与市场竞争的国有企业；另一类为关系国家战略和公共政策目标的企业，这类企业不直接以营利为目的，受"公法"体系管辖，主要包括能源、水资源、机场、港口和教育、医疗、住宅等行业企业。针对两类不同的国有企业，新加坡淡马锡非常巧妙地通过股权运作来保证资本的保值增值能力，对于第一类处在竞争性领域的企业，淡马锡控股会采取收购、脱售、增持和减持股份等多种方式灵活地配置国有资本，从而推动企业的有效经营；对于第二类承担政策性目标的国有企业，淡马锡会持有全部股份或多数股份。

  淡马锡巧妙的资本运作模式对中国国有资本股权化配置具有重要的参考价值。企业运行的基本逻辑是"使命决定战略定位、战略定位决定战略内容、战略内容决定组织结构、组织结构决定企业运行效率、企业运行效率决定企业使命的实现"①。在一般的市场经济国家，国有企业的使命单一，那就是弥补市场失灵的社会公共目标，而中国的国有企业的使命既包括弥补市场失灵，也包括巩固社会主义基本经济制度、保障国家经济安全、实现国有资本保值增值等方面。中国的国有企业在追求经济利益的同时普遍承担着政策性负担，包括战略性政策性负担和社会性政策负担，在信息不对称和激励不相容的情况下，由于政策性负担带来的企业的预算软约束，会严重影响国有企业的经营效率和激励机制②。鉴于国有企业面临"盈利性使命"和"公共性政策使命"诉求的冲突，理论界不断有人提出对国有企业实行分类管理和分类治理。2015年8月，中共中央、国务院发布了《关于深化国有企业改革的指导

---

  ① 黄群慧、余菁：《新时期的新思路：国有企业分类改革与治理》，《中国工业经济》，2013年第11期。
  ② 林毅夫、李志赟：《政策性负担、道德风险与预算软约束》，《经济研究》，2004年第2期。

意见》,明确提出对国有企业实行分类改革,将国有企业分为商业类和公益类,在商业类中根据国有资本所处的产业功能特点和市场可竞争性特点又进一步细分为商业竞争类和商业功能类,揭开了深化改革新的篇章。在分类改革的基础上,可以成立两类国有资本投资运营公司:政策性国有资本投资运营公司和商业性国有资本投资运营公司,借鉴淡马锡模式进行资本运作或股权配置。政策性国有资本投资运营公司的职能是在实现政策目标的前提下最大限度地追求国有资本的保值增值,主要投资公共服务、重要前瞻性战略性产业、生态环境保护、科技进步和国家安全等领域,可持有公益类国有企业的全部股权或多数股权;商业性国有资本投资运营公司目标较为单一,追求收益最大化,从事股权投资和资本运作,按照市场化原则调整投资组合,动态地从低回报领域退出,寻找高回报的投资机会。

淡马锡模式的另外一个重要启示是,正确处理好国有资本与民营资本之间合作与竞争的关系。在国内竞争性领域中,国有资本和民营资本的矛盾日趋激化。这种对立不仅仅是因为市场竞争的关系,很大程度上是由于处于"共和国长子"地位的国有企业与民营企业参与竞争权力的不对等,引起竞争势力强弱和获取收益方面的差异,进而导致竞争效率和社会总福利的损失。从淡马锡成功的经验中可以看到,在处理国有资本和民营资本的关系时,要找到国有资本在市场竞争中的正确位置。假如存在完全可以由民营资本经营的行业,国有资本应该逐渐淡出。淡马锡控股在整个发展过程中经常根据市场发展情况,将一些淡联企业通过上市后逐渐实现市场化。

对于适合推行混合所有制的行业,国有资本要给予民营资本足够的话语权,否则较难吸引民营资本的进入,即使民营资本能够进入也难以实现股权制衡,最终沦为用脚投票的消极股东。

从理论上说,成立若干国有资本投资运营公司,构建类似于淡马锡模式的三层次架构体系,形成以董事会治理为核心、对董事会充分授权的治理结构,建立多元化的制衡机制和监督机制,坚持市场化运作的原则,是中国国有资本管理体制改革的一种理想的目标模式。在实践过程中,由于中新两国国情存在较大差异,简单复制是难以成功的,应该按照具体问题具体分析的原则,循序渐进地推进国有资本管理体制改革。

新加坡独特的法治环境是淡马锡良好公司治理的制度保障。美国学者布莱尔认为公司治理是有关公司控制权和剩余索取权分配的一整套法律、文化和制度性安排。新加坡是典型的英美法系国家,从建国至今,已制定500多种法律,在国家体制、社会治理、经济活动、文化教育、种族宗教、城市管理等方方面面都有相当完备的法律法规①。新加坡以严刑峻法著称,坚持用重罚和酷刑来遏止不文明行为和犯罪行为,至今保留着鞭刑、绞刑和死刑。在严密的法律制度和严格的法律执行下,新加坡较少出现国有资产流失的案件,从而使得淡马锡形成的以董事会为核心、对董事会充分授权的治理结构能够长期维持下去。中国在深化国资管理体制改革的过程中,一方面要对企业董事会充分授权,以董事会为核心来运作,做实、做专董事会;另一方面,应该重视法治化建设,以法律手段约束国有企业利益相关者行为,防止内部人控制和国有资产流失。

此外,李光耀家族对淡马锡的强势控制一定程度上缓解了国有资本所有者虚置问题,是淡马锡取得成功的另外一个因素。所谓所有者虚置,是指人人都是所有者,但人人都无法实现真正意义上对国有资本的所有。淡马锡是在李光耀和吴庆瑞的一手推动下成立的,在创立之初,它的职责是监管被转移至旗下的国有企业。一直以来,李光耀家族牢牢控制着淡马锡,李光耀的长子李显龙是政府总理,李显龙的夫人何晶女士是淡马锡的首席执行官。这种家族控制模式使得新加坡国有资本所有者虚置的问题并不严重。而中国的国有资本归全民所有,政府是所有者代表,由于政府职能部门化,部门职能岗位化,岗位职能当事人化,当事人未必能够真正履行国有资本出资人职责,使得国有资本所有者虚置。与新加坡这个城市国家不同,中国幅员辽阔,国有资本总量庞大,根

---

① 钟轩:《政府推动,全民参与,法治护航——新加坡共同价值观建设的启示》,《人民日报》,2015年06月19日,第14版。

据财政部发布的《2018年1—6月全国国有及国有控股企业经济运行情况》，截至2018年6月末，国有权益总额达到了59.98万亿，而且企业集团内部投资链条较长，投资关系复杂。根据实际情况，可能成立数十家国有资本投资运营公司，这些国有资本投资运营公司是不可能采用家族控制模式的。

值得注意的是，新加坡淡马锡所投资和管理的企业大多是在市场环境中成长起来的，新加坡建国初期，政府创办了一批国有企业来完成交通运输、造船等行业的投资，并成立经济发展局进行管理。1968年对经济发展局进行重组时，这些投资被财政部接手，后来这些国有企业连同电力局、港务局等其他法定机构管理的国有企业归入淡马锡旗下。淡马锡于1985年出台了国有企业布局调整计划，凡是不需要政府主导的非战略性行业，政府投资公司均要退出。淡马锡的投资理念是，当行业成熟到民营企业可以进入时，国有企业应该退出。因而，淡马锡所投资和管理的企业所处的环境必定是趋于市场化的。而许多中国的国有企业仍肩负着政策性使命，且存在企业办社会职能的问题。国企办社会职能的负担以"三供一业"（供水、供电、供气和物业）为主，此外部分资源型老国企离退休人员管理负担较重①。组建类似于淡马锡的国有资本投资运营公司管理国有企业，需进一步剥离企业办社会职能和其他历史负担。

4.5 国有资产管理与政府财政体制改革关系（大财政目标模式）

基于前面的讨论，围绕管资本为主的新国资管理体系建设要求，提高资本流动性能力，需要进一步梳理国有资本账户体系，适应市场经济运行特点，

---

① 马骏、张文魁等：《国有资本管理体制改革研究》，中国发展出版社，2015年，第93页。

处理好国有资本"存量"和"流量"关系,提高政府理财能力。不难理解,国有资本存量实际上也可以看做是政府既往的财政能力的积累,国有资本经营收益的盈利也是政府财政收入(以税收和国资收益分红形式表现),正是在这个意义上可以看到国有资本管理与政府财政账户管理之间的相通性。

4.5.1 国有资产分类、账户与管理

1. 国有资产分类

国有资产,从字面含义理解,是指国家所有的一切财产和财产权利的总和。在现实经济生活中,国有资产有广义和狭义之分。广义的国有资产是指政府以各种方式投资及其收益、接受捐赠、拨款、依据国家法律或行政权力而取得的应属于国家所有的财产或财产权利,包括经营性资产、非经营性资产和资源性资产;狭义的国有资产指的就是经营性国有资产,是政府出资依法拥有的资本及权益,包括企业国有资产、行政事业单位占有使用为获取利润而专做经营用途的国有资产和已投入生产经营过程中的国有资源性资产①。根据《中共中央关于建立国务院向全国人大常委会报告国有资产管理情况制度的意见》,国有资产包括企业国有资产(不含金融企业)、金融企业国有资产、行政事业性国有资产和国有自然资源等,大体上就是经营性、行政事业性和资源性三大类国有资产,本书的国有资产概念使用这种分类方法。

经营性国有资产与国有资本的含义是一致的,是指国家出资企业(包括工商企业和金融企业)中归属于国家或政府所有的所有者权益。行政事业性国有资产是指由国家行政机关和事业单位占有使用、在法律上确认国家所有、能以货币计量的各项资产的总和,其来源包括国家预算拨款、按政策规定接受馈赠和运用国有资产组织收入等。行政单位国有资产一般都是非经营性资产,而事业单位按其是否从事生产经营活动其国有资产可分为两种:经

---

① 李松森:《国有资产管理》(第1版),中国财政经济出版社,2004年。

第4章 呼唤新国资管理体制:从"管资产"转向"管资本"

营性资产和非经营性资产。部分事业单位虽然不像企业一样做经济核算,但其拥有很强的市场经营能力,对于这部分国有资产,要做好追踪监管,防止国有资产流失。资源性国有资产,是指在人们现有的知识和科技水平条件下,通过开发能够带来一定经济价值的国有资源,囊括国有土地、矿藏、森林、海洋、湖泊等。

2. 国有资产账户

国家资产负债表是借鉴企业资产负债表的编制技术,将一个国家所有经济部门(政府、非金融企业、金融机构、居民等)的资产和负债进行分类,然后分别加总形成的报表。它综合反映了一国在某一时点的资产、负债总量及其结构,属于存量核算,是摸清国情家底的重要工具,也是国民经济核算的重要内容[①]。1936年,美国学者Dickingson and Eakin率先提出将企业资产负债表编制技术应用于国民经济的构想。从20世纪60年代开始,美国编制了自20世纪初到1980年若干年份综合与分部门的资产负债表,英国编制了1957—1961年的国民资产负债表。目前,美国、英国、加拿大、澳大利亚、日本等国已能定期编制和公布其国家资产负债表,大部分OECD成员国家都至少公布了不含有实物资产的金融资产负债表[②]。

我国国有资产负债表的研究和编制工作起步相对较晚,尽管国家统计局曾于1997年和2007年先后两次出版《中国国有资产负债表编制方法》,但是迄今中国官方资产负债表仍处于试编阶段。到了2012年,由前德意志银行大中华区首席经济学家马骏、中国银行首席经济学家曹远征和中国社科院副院长李扬牵头的三支团队分别尝试编制了中国的国家资产负债表尤其是政府资产负债表。李扬团队编制的主权资产负债表是政府或主权相关部门资产负债的加总合并,包括政府、国有及国有控股金融机构、非金融国有企业这几

[①] 李金华:《中国国家资产负债表谱系及编制的方法论》,《管理世界》,2015年第9期。

[②] 李扬、张晓晶等:《中国主权资产负债表及其风险评估(上)》,《经济研究》,2012年第6期。

个部门,实际上是广义的政府资产负债表。该报表对政府层面的资产、负债描述得较为完整,清晰地反映了经营性、行政事业性、资源性国有资产以及主权债务的存量特征。

表 4.1:中国主权资产负债简表(李扬团队编制)①

资　产		负债和政府净值	
政府在中央银行的存款		中央财政国内债务	
储备资产		主权外债	
国土资源性资产		非融资平台公司的地方政府债务	
行政事业单位的国有资产		地方融资平台债务	
非金融企业国有总资产		非金融国有企业债务(扣除地方政府融资平台债务)	
金融行业的国有总资产		政策性银行金融债	
		银行不良资产	
		处置银行不良资产形成的或有负债	
全国社会保障基金国有资产		养老金隐性债务	
资产合计		负债合计	
		政府净值	

3. 国有资产管理

中共十九大报告提出:"要完善各类国有资产管理体制,改革国有资本授权经营体制,加快国有经济布局优化、结构调整、战略性重组,促进国有资产保值增值,推动国有资本做强做优做大,有效防止国有资产流失。"针对经营性国有资产、行政事业性国有资产和资源性国有资产这三种不同类型的国有

---

① 李扬等:《中国主权资产负债表及其风险评估(上)》,《经济研究》,2012 年第 6、7 期。

资产,在管理方式和管理重点上有所不同。

对于经营性国有资产(国有资本)实行价值化管理、股权化配置、民营化运作、市场化流动。如前文所述,在社会主义市场经济条件下,国有资本应实行价值化管理,以现代公司制企业为载体,通过股权化的配置实现国有经济在不同产业领域、区域空间的进退。国有资本以股权形式配置到企业中,该企业就成为了国家出资企业,应坚持"国家出资,企业自主经营"的运行模式,以民营化方式运作,不应再有任何形式的行政干扰。处在竞争性领域的国有资本应依据资产回报率的高低动态调整配置结构,让市场在股权流动中发挥决定性作用。

对于行政事业性国有资产,应强化预算管理约束。将资产管理与财政预算结合起来,运用统计报告和资产运算对存量资产进行分析,评价资产的使用效率,使得资产的配备与单位履行的职责相匹配,并根据各单位资产处置收益和资金需求计划形成一个完整的行政事业单位国有资产预算。

对于资源性国有资产,应建立科学的资源定价体系。家底不清,是我国目前资源性国有资产管理存在的一个主要问题,究其原因,是缺少科学的资源价值评估体系。当前,应组织各领域专家参与研究,借鉴国外经验和技术手段,完善资源价格计算方法,形成一个由市场供求决定的资源产品开发、使用及出售的系统性定价体系,保证资源配置的效率性及社会效益最大化。

4.5.2 政府财政账户

我国实行的财政管理体制是分税制,即在合理划分各级政府事权范围的基础上,主要按税收来划分各级政府的预算收入,各级预算相对独立,负有明确的平衡责任,各级次间和地区间的差别通过转移支付制度进行调节。分税制的核心是实行一级政府一级预算,分为中央、省(自治区、直辖市)、市(自治州)、县(自治县、市辖区、不设区的市)、乡(民族乡、镇)五级预算。

政府财政账户是以政府为主体对本期价值分配进行核算的体系。我国政府财政账户体系由财政部负责,各级地方政府部门负责编制本级地方政府财政报表,统计范围包括行政单位、部分事业单位、部分国有企业。我国的财政账户体系以预算和决算为基础,以财政资金的流动为核心,以会计核算和统计核算相结合的方式进行,统计的主要是现金交易事项。在会计基础方面,不同于企业会计的权责发生制,一般采用收付实现制。我国的政府财政账户体系由四张表组成:一般公共预算收支预决算表、政府性基金收支预决算表、国有资本经营收支预决算表和社会保险基金收支预决算表。

目前,国际标准的政府财政统计核算体系(GFS)包含资产负债表、政府运营表、现金来源和使用表、其他经济流量表这四张表,既能反映流量还能反映存量。而我国的政府财政账户体系只反映现金来源和使用状态(流量)的财政收支预决算表,由于没有建立反映存量的资产负债表,使得无法在存量和流量之间建立关联关系,对于财政状态仅能以赤字或盈余来总结,而不能深入了解分析资产和负债的结构情况。

4.5.3 建立存量与流量一体化运作的大财政目标模式

近年来,对于建立"国家(政府)资产负债表"和全社会完整的"国有资产账户体系"已经得到我国经济理论界的高度重视。组织专门的课题组,也有相关成果发表。这些讨论对于提高政府的理财意识和理财能力有直接的指导价值。研究表明,国有资产负债表与政府财政预决算表之间的关系,"就像一家公司,账目中既有现金流量表,计算收入多少钱,支出多少钱;也有资产负债表,显示资产和负债的比例。一个国家的情况也很类似,财政赤字类似现金流量表的体现,反映出收入和支出间的差值。对于国家而言,不能只算现金流,算小账,而是要算大账。大账是资产负债表。"

如果把全社会的资源分为政府、企业、自然人所有,第一部分为公共部门,后两部门为私人部门。国家(政府)拥有的公共资源包括存量资源和流量资源两部分,国有存量资源规模庞大,并且许多资源在定价上存在一定困难,

第4章 呼唤新国资管理体制：从"管资产"转向"管资本"

而流量资源的取得与社会整体的经济运行状况密切相关，如税收收入和利息收入。财政预算收支是流量，国家资产及债务是存量，表现为将过去的资源、经营活动成果纳入当期的核算范围内，以此为依据政府能够对未来经济的发展做出预期和判断。

2014年12月31日国务院批转财政部的《权责发生制政府综合财务报告制度改革方案》①，文件指出要"建立全面反映政府资产负债、收入费用、运行成本、现金流量等财务信息的权责发生制政府综合财务报告制度"。未来我国应将国有资产负债表(存量表)纳入政府财政账户体系，实现存量与流量的一体化运作。

建立存量流量一体化运作的大财政目标模式，可以将国有资产管理整合到"政府理财"的更高平台，使政府对宏观经济管理能力得到提升。分税制改革之后，我国对财政资源的划分集中于税收，国有资本、行政事业性国有资产和资源性国有资产收益等提供政府可支配财力的重要部分很少被纳入考虑范围。如果将这部分收益纳入政府财政收入范围内，在宏观经济形势好的时候，会导致政府财政收入快速积累，形成的财政盈余可以更好地支撑我国国防、科技、医疗等领域的现代化建设；当经济形势恶化之际，拿出一部分财政存量资金补贴效益好但财务困难的企业，代替银行信贷支持的方式，有助于避免企业财务杠杆的攀升和宏观经济的剧烈波动。

此外，如果不同形态国有资产发生转性，引起资金流动，此时在流量表中会反映为收入，但在国有资产负债表中只是不同形态资产之间的调整，在净资产上可能不会发生变化。例如，土地批租转到账面上，并不是资源性国有资产的增值，而是土地资产本身的一种价值利用方式，在这种情况下是不能算作政府的工作绩效的，因其无法真正体现政府的理财能力。这也是连接流量表与存量表的意义所在。

---

① 2014年12月31日，国务院批转了财政部权责发生制政府综合财务报告制度改革方案，以国发〔2014〕63号文向全社会公开发布。

第5章

"分类改革"与产业领域、市场结构关系

国有企业改革进程,经过了"放权让利"激活企业(解决政府对企业经营的管理方式问题),抓大放小组织优化(解决国有企业布局和规模问题),公司制改造塑造企业独立的市场主体身份(解决企业法律形式与市场经济相适应问题),等等,特别是在对企业活力的根本在于资本活力认识深化,强调在处理政府与企业关系中转向"管资本"为主,以促进国有资本配置灵活性的提高。在此基础上,进一步导入国有资本配置与产业领域(产业技术特点)和市场结构特点之间的关系。因此,得出对于国有企业实行"分类"施策的改革指导原则。

5.1 "类"的发现:市场发育水平对国有企业改革的制约影响

5.1.1 "分类改革"开辟深化改革新天地

伴随着改革的深化,中国经济持续健康快速发展,经济结构优化和质量提升发生深刻的变化。在近四十年的改革进程中,作为社会再生产主体的企业同样经历了多层蜕变、脱胎换骨,企业改革总是处在整个经济体制改革的"中心环节",这一"定位"在1984年10月中国共产党十二届三中全会通过的《关于经济体制改革的决定》中就已经明确。从1978年到2012年,围绕企业自主经营权、企业规模大小、企业行政隶属关系、企业经营责任、企业治理机制等多个方面进行变革,经过了"放权让利"、扩大企业自主权,利税分流、明确企业独立法人地位,推行"承包制"、强化企业经营责任,抓大放小、推进政企分离、激活企业经营机制,公司制改造、建立现代企业制度、优化企业治理结构等阶段。企业改革不断深化,朝着处理好公有制与市场经济相融合的轨道前行,国有企业的整体运行质量和效益明显提升,形成总体上与市场经济相融合的动态局面。

上述阶段改革取得了明显的成效。一是国有企业发展质量和运行效率显著提升,竞争力明显增强,对经济社会发展的贡献进一步显现。从竞争力方面看,上榜《财富》世界500强的国有企业由2003年的6家增至2012年的54家,2017年的120家。二是国有企业经营机制发生了重大变化,绝大部分企业已经实施了公司制、股份制改革,初步建立起现代企业制度,公司治理结构逐步完善。全国90%以上的国有企业完成了公司制股份制改革,中央企业的公司制股份制改制面由2003年的30.4%提高到2011年的72%,到2017年底所有企业均已经完成依照《公司法》相关规范进行工商登记。三是国有企业逐步从中小企业层面退出,国有企业的战线大大收缩,布局结构得到优化。在39个工业行业中,有18个行业国有企业总产值占比低于10%,国有资本更多地向关系国民经济命脉和国家安全的行业和领域集中。四是政府和企业之间的关系发生了变化。财政预算不再安排用于补充国有企业资本金性质的支出,也不再安排资金来弥补企业的经营性亏损,国有企业以全部法人财产对外承担责任,成为独立的法人实体①。

与此同时,我们也要看到,国有企业改革还没有到位,仍然存在着一系列难题亟待解决。

第一,国有企业的总体产出规模能力较强,但相对绩效指标不能尽如人意。由于企业的外部经营环境改革,特别是要素市场化改革的相对滞后,在信贷资金占用、土地和其他技术因素获取使用,国有企业具有某种

---

① 王勇:《国务院关于国有企业改革与发展工作情况的报告——2012年10月24日在第十一届全国人民代表大会常务委员会第二十九次会议上》,中国人大网,2012年10月26日。

政策覆盖和相关管理行为上的特惠环境,深层次的还与观念认识的惯性特点相关。与民营企业比较起来,相对指标比较分析仍有某种不能尽如人意的地方。

第二,正如我们在上一章所提到的,国有企业个体普遍承担着"公共性政策使命"和"盈利性使命",两者如何有机结合,难免会顾此失彼。一方面,国有企业要通过追求盈利性来保证自身不断发展壮大,实现国有资本的保值增值,为了达成这一目的,国有企业有动机利用其国有身份寻求一切机会盈利,比如利用行政资源获取垄断地位、限制其他企业进入,从而获得垄断利润。另一方面,国有企业要弥补市场失灵,服务国家战略,提供公共产品和服务等,这会在一定程度上牺牲经济利益。由此国有企业陷入尴尬的两难境地,不追求盈利无法完成国有资本保值增值的目标,追求盈利又被某些公共职责损害了市场公平和效率。两大使命冲突使得国有企业面临众多深层次问题,制约了国有经济活力的进一步提升。

第三,政府对不同所有制的企业区别对待,国有企业处于强势地位。早期渐进式改革不得已采取了按企业所有制成分区别对待的做法,后来,这一做法随着政府主导的经济增长方式的强化而强化,从而造成政府对不同所有制企业有亲有疏。按所有制的差异企业被分成了"三六九等",国有企业属于"体制内",具有行政级别,享有最高的社会地位和话语权,在获取土地、矿藏等自然资源、政府项目、银行贷款、特许经营权、资本市场融资以及市场准入等方面具有明显优势。比如,国企产出大约占全部企业产出的三分之一,但获得的银行贷款约占70%。国有企业在一些上游产业、基础服务业形成寡头垄断,获得超额利润。即使在竞争性领域,也存在行政审批和市场准入两道门槛,行政审批和企业与政府的关系有关,而一些重要产业的准入条件往往是为国有企业"量身定制"的,许多民营企业因此被挡在门外,这便是所谓的"玻璃门"。外资企业一般具备拥有领先的技术、先进的管理经验,实力较强,受到国家和地方政府的青睐。而民营企业则处于最不利的地位。有的地方政府为了做大国企,不惜强制盈利的民营企业被亏损国企兼并。在煤炭、民航等领域屡屡出现民企进入又被挤出的案例①。

第四,国有经济布局有待进一步优化。从宏观分布层面看,国有经济布局过于宽泛,尤其是在一般竞争性领域,国有企业数量众多,但真正有竞争力的大企业比例偏低,"大而全、小而全"问题突出。在前瞻性战略产业领域,国有部门发挥的引导作用还不够,没能形成有效的示范带动作用。同时,国有经济本应在公益性领域发挥更大作用,实际上却存在着不同程度的缺位现象。从微观构成层面来看,在已经实现了股权多元化的企业中,国有股"一股独大"的问题突出,非国有资本普遍话语权不足,中小股东利益难以得到有效保障,不利于国有资本和非国有资本之间的相互制衡、良性互动。

以上仅列举了几点比较突出的问题,实际上,国有企业改革深层次的基本问题是公有制、国有经济和市场经济能否相融以及如何相融的问题。

2013年11月十八届三中全会通过了《关于全面深化改革若干重大问题的决定》,进一步将企业改革与社会主义基本经济制度的发展完善相联系,提出"国有资本、集体资本、非公有资本等交叉持股、相互融合的混合所有制经济,是基本经济制度的重要实现形式",强调"积极发展混合所有制经济",作为公有制实现的重要形式,以更好地解决好公有制与市场经济相融合的问题。由此国有企业改革迈入以混合所有制改革为重要抓手的新阶段。为了更好地贯彻落实十八届三中全会《决定》精神,中共中央、国务院于2015年9月13日发布了《关于深化国有企业改革的指导意见》。明确了对国有企业实行"分类改革",国有企业被分为公益类,以及主业处于充分竞争行业的领域的商业类、主业处于重要行业和关键领域的商业类,打开深化改革的新的空间。在此基础上所提出的"分类",真正从企业所处产业领域、企业一直承担着的经营活动内容和历史包袱、企业在社会分工中所必须实现的经济和社会目标使命出发来给予定"位"和定"性",从而施以深化改革对策,打开了一条

---

① 陈清泰:《国企改革转入国资改革》,财经,http://naes.org.cn/article/31909,2012年05月21日。

新的通路。

一方面,"分类"有助于处理好公有制与市场经济相融性。公有制资本具有特殊的经济属性和社会功能,是社会主义制度的物质基础,在我国社会主义初级阶段经济社会发展中发挥着十分重要的作用。公有制经济在市场经济的经济运行环境中,需要转换机制,变革政资政企关系,使公有制资本能够主动适应和积极运用市场经济规律和运行法则。因此,通过"分类",界定资本配置目标功能,划分类别,对于细化改革内容、梳理发展目标和发展路径、科学实施监管、明确和落实经营责任、形成动态优化的考核方式,提高改革的针对性、监管的有效性、考核评价的科学性,具有积极深化前行的推进意义。

另一方面,在"分类"的基础上,国有企业改革进入一个新的境界。过去,对国有企业的管理没有明确的分类,采用"一刀切"的管理方式,出现了许多矛盾。比如,"一刀切"考核经济指标,可能激励企业集中精力发展赚钱的业务,而忽视公共服务;而业绩不好的企业又将承担公共服务作为理由逃避责任。有了分类就有了对于不同的行业的国有企业改革举措的区别,而不是"大呼隆""一刀切",这显然是有助于改革举措更具精确性针对性,从而提高改革措施解决问题的效应。文件所明确的国有企业分为"商业类"和"公益类",联系资本配置领域特点和企业运营目标特点加以分类定性。"商业类"(国有企业)更多更好地关注市场化要求,用市场的规则加以尺度考虑资本的灵活配置、选择合适的治理结构、突出经营绩效目标和考核要求,实现保值增值,提高国有资本的市场竞争能力,形成国有经济融入市场经济的主流。"公益类"(国有企业)更多地考虑社会性公益性运营目标,在此前提下,重点加强企业运营的成本管理、产品或者是服务的质量、营运的效率和社会功能保障能力。由此形成国有资本配置监管和国有企业运行的新的格局。在此基础上的"因时""因地""因企"设计改革的具体方案和工作内容,可以更加科学地处理好改革的针对性,提高国有企业改革的效果。这势必会对整个经济体制改革创造一个全新的微观基础局面。

5.1.2　类的边界取决于市场发育水平

诚然,"分类"改革给我们打开了新的天地,接下来的事情就是,如何使分类客观科学?进而才能够开展"分类"之后的一系列的工作,包括对企业改革、企业发展举措的选择,处理好出资主体与用资企业之间的关系,明确用资者的经营责任,处理设计好监管内容、监管方式和监管力度,进而落实好考核激励机制。

从理论上说,对于既有的国有企业而言,从各自承担的主业属性出发选择"分类"归位还是容易做到的。但是,具体到各个企业而言,由于以往经济社会体制演进和某些历史因素的影响,国有企业经营活动内容中相当程度上存在商业性与公益性经营活动内容同时存在的状况,而且从产业、行业和具体的经营活动功能延展的关联关系上相互牵扯,因而影响分类考核内容和绩效的评价。比如说上海将市属企业分成了三类:竞争类、功能类和公共服务类。上海汽车集团明确在竞争性领域,相对强化促进了汽车集团走整体上市的路,带动了整个组织体系、业务体系考核变革。但出现一个很有意思的问题,上汽作为上海最有实力的国有企业,在以往不同时期承接了在当时情况下政府交办的某些特别的任务,有些出资投资并不一定追求回报,甚至只是为了解决当时市属的其他某个企业的财务困难,这对上汽这样的资本和营收营利能力比较强的集团公司而言,恰恰体现出国有企业在宏观经济运行中能够发挥的特殊功能。上汽被明确归类于竞争性行列,接受考核的第一指标就是营利,在这样的考核约束下,其资产总量中的这部分数量,是否进入资本经营责任范围,就成为一个需要区别认定的具体问题。究竟如何清理认定历史因素或者是政府交办的出资额度,将这部分资产从考核指标内容里单列或者是剔除,对此上海市国资委很有创意地给出了一个说法,补充提出"进大院,看小门"的具体解决方案,就是在明确划定分类的情况下,对部分业务加以单列加以考核。

这个案例给我们一个启发,就是传统体制下的国有企业总是承担着主业、副业,或者是某个经济周期环境下,政府为当时的个别企业解困或者是某项的社会事务完成,接受政府下达的任务,为完成这样的任务,必然会占用一定数量的资产(资金)。因此,在企业分类的时候,有时很难解决这样的复杂的业务结构"历史负担",也就不可避免地给企业留下向政府主管机关"讨价还价"的理由和谈判空间,最终也就很难使用客观的严格的指标考核手段对企业进行评价。正是由于这种原因,有可能会影响"分类"改革的预期效应和实际深化进展。

由此我们可以得出,"分类"是相对的、有条件的。如何配套改革,将具体的归类"商业性"经营的国有企业目前可能承担的"公益性"业务,通过社会性购买服务从国有商业企业业务活动中分离出来,是一项相对繁重的工作任务。归根结底,从全社会而言,"分类"的边界,取决于市场经济的发育,市场发育程度决定了类别边界的发现。而且,从动态角度来考察市场发育,"类"的边界也是移动变化的,因为市场化改革的不断深化,会造成"类"的边界移动。正是从这个意义上说,继续深化改革,推进市场发育与国有企业分类改革相伴而行。

5.2 分类条件下国有资本与其他社会资本的竞争合作关系

5.2.1 因"类"制宜发展混合所有制

经过40年的改革开放,伴随着经济的高速增长,国有资本、集体资本、非公有资本都呈现几十倍甚至上百倍的增长。根据财政部统计数据,截至2017年年底,全国国有企业资产总额151.71万亿元,所有者权益合计52万亿元。改革实践表明,在对国有企业进行改革的同时,允许体制外非公有制经济发展,是一项非常成功的增量改革。所谓增量改革,是指在维持国有部门暂时不变的同时大力发展民营企业。在增量改革的推动下,不仅国有资本成倍大幅度增长,各类社会资本和民间固定资产投资也大量增加。截至2017年9月,我国私营企业的数量为2 607.29万户,注册资本165.38万亿元,分别占企业总量的89.7%和60.3%[1]。根据国家统计局数据,2017年民间固定资产投资38.15万亿元,占全国固定资产投资的比重为60.4%。大量的社会资本要求拓宽投资渠道,追求与国有资本同等的法律保护和社会信任,从而为发展混合所有制经济创造了前提条件。

实际上,贯穿改革开放过程中的一大主题就是,我们一直在努力探索公有制和基本经济制度有效的实现形式。1993年中共十四届三中全会通过了《中共中央关于建立社会主义市场经济体制若干重大问题的决定》,该决定提出,"随着产权的流动和重组,财产混合所有的经济单位越来越多,将会形成新的财产所有结构",这是官方文件中首次提及"混合所有"[2]这一概念,但是,在这个时候还没有将"混合所有"上升到制度层面。1997年中共十五大报告提出:"公有制经济不仅包括国有经济和集体经济,还包括混合所有制经济中的国有成分和集体成分。""要努力寻找能够极大促进生产力发展的公有制实现形式。股份制是现代企业的一种资本组织形式,有利于所有权和经营权的分离,有利于提高企业和资本的运作效率,资本主义可以用,社会主义也可以用。"[3]可见,中央在这个时候已经接受了混合所有"制"。1999年,党的十五届四中全会决定指出:"国有大中型企业尤其是优势企业,宜于实行股份制

---

[1] 国家工商总局:《党的十八大以来全国企业发展分析》,中国工商报,http://home.saic.gov.cn/sj/tjsj/201710/t20171026_269949.html,2017年10月26日。

[2] 中国共产党中央委员会:《中共中央关于建立社会主义市场经济体制若干问题的决定》,人民网,http://cpc.people.com.cn/GB/64162/64168/64567/65395/4441750.html,1993年11月17日。

[3] 江泽民:《高举邓小平理论伟大旗帜,把建设有中国特色社会主义事业全面推向二十一世纪》,人民网,http://cpc.people.com.cn/GB/64162/64168/64568/65445/4526285.html,1997年9月12日。

的,要通过规范上市、中外合资和企业相互参股等形式,改为股份制企业,发展混合所有制经济。"2002年,党的十六大明确指出,"除极少数必须由国家独资经营的企业外,积极推行股份制,发展混合所有制经济。"①2003年,党的十六届三中全会进一步提出:"要适应经济市场化不断发展的趋势,进一步增强公有制经济的活力,大力发展国有资本、集体资本和非公有资本等参股的混合所有制经济,实现投资主体多元化,使股份制成为公有制的主要实现形式。"②十八届三中全会《决定》中以"积极发展混合所有制经济"的重要论断,正面强调了对混合所有制经济的"拥抱"姿态,是对以往在混合所有制理论和实践探索上的继承和发展,是我国改革实践和历史成果的进一步深化。

中国特色的混合所有制在实践中形成的原因是多方面的,张文魁对此进行了较好的归纳和总结。一是早期政府大力鼓励"经济技术协作和横向经济联合",国有企业以丰富的生产要素与民营企业灵活的经营机制实现互补从而萌发了混合所有制。二是激进的控制权改革和渐进的所有权改革容易导致国家所有权的部分转让而不是完全转让,从而催生了大量的混合所有制企业。三是增量方式的经济改革为混合所有制奠定了基础。四是政府对纯粹的民营企业的管理缺乏经验导致政府愿意保留一部分国有股从而选择混合所有制。五是国有企业更容易获得客户、民众、银行等各方的社会信任导致民营企业主动选择混合所有制。六是"国有而不倒"导致民营企业主动拥抱混合所有制。七是国有企业更容易获得发展资源和政府支持导致民营企业主动选择混合所有制,等等③。

目前,混合所有制企业数量众多,遍布国民经济各个领域。根据国务院

---

① 江泽民:《全面建设小康社会,开创中国特色社会主义事业新局面》,人民网,http://cpc.people.com.cn/GB/64162/64168/64569/65444/4429125.html,2002年11月8日。
② 《中共中央关于完善社会主义市场经济体制若干问题的决定》,人民网,http://cpc.people.com.cn/GB/64162/64168/64569/65411/4429167.html,2003年10月14日。
③ 张文魁:《混合所有制的公司治理与公司业绩》,清华大学出版社,2015年。

发展研究中心的统计数据,截至2014年年底,全国混合所有制企业数量为17.14万户,占国有投资企业总数的46.11%,占全部企业比例为0.94%。尽管从全社会范围来看,混合所有制企业数量较少,但规模较大。从注册资本来看,混合所有制企业占全部企业的18.69%。无论从数量还是注册资本看,混合所有制企业占据了国有投资企业的半壁江山。从混合所有制行业分布来看,在国有投资密度较低的行业,如农林牧渔业、批发和零售业、房地产业、住宿和餐饮业、居民服务、修理和其他服务业、制造业、科学研究和技术服务业、文化、体育和娱乐业,混合所有制企业注册资本占国有投资企业的比例高于50%。与此同时,在国有投资密度较高的行业,比如电力、热力、燃气及水生产和供应业、交通运输、仓储和邮政业、金融业、水利、环境和公共设施管理业、租赁和商务服务业、信息传输、软件和信息技术服务业,混合所有制企业注册资本占国有投资企业的比例均低于50%①。

"分类"对于深化国有企业改革具有深远的意义。改组组建国有资本投资运营公司、发展混合所有制经济、完善现代企业制度等重大改革举措的落地,都需要以清晰界定国有企业功能和类别为前提,在分类的基础上明确不同类型企业的产权改革可以改到什么程度、国有资本是否控股等,使得不同企业接下来怎样改革变得清晰和科学。配置在具体的产业领域的国有资本与其他社会资本的混合合作,使得"以公有制为主体、多种经济成分共同发展"的社会主义基本经济制度,找到了与市场经济相容的重要实现形式。因"类"制宜发展混合所有制经济,成为新时期深化国有企业改革的重点方向。

竞争性领域应成为推进混合所有制改革的主战场。对主业处于充分竞争行业和领域的商业类国有企业,混合所有制改革要按照市场化、国际化要求,以增强国有经济活力、放大国有资本功能、实现国有资本保值增值为主要

---

① 肖庆文:《混合所有制企业数量、类型和行业分布》,中国经济新闻网,http://www.cet.com.cn/wzsy/gysd/1719904.shtml,2016年2月16日。

第 5 章 "分类改革"与产业领域、市场结构关系

目标,积极引入其他社会资本实现股权多元化,国有资本可以绝对控股、相对控股或参股,加大改制上市力度,着力推进整体上市。同时,坚持以资本为纽带完善混合所有制企业治理结构和管理方式,国有资本出资人和各类非国有资本出资人均以股东身份履行权利和职责,彼此之间是平等合作竞争关系,对企业的治理行为要通过股东大会和董事会的议事决策程序进行。对应于政府职能的转变,政府更多地通过市场环境间接地影响企业,不再直接地向已经"混改"了的企业下达指令。通过引入社会资本,民营资本与国有资本之间的股权制衡方式能够在一定在程度上缓解国有企业"一股独大"所带来的效率损失,"鄂武商控制权之争"案例清晰地表明混合所有制企业中民营股东将对企业发展发挥越来越大的作用,对国有控股股东的制衡作用与第二大股东的股权性质、现金流权、持股比例高度相关。第二大股东通过引入关系股东、争取董事会席位、运用法律制度等手段制衡控股股东,通过控制权市场化行为,能够对大股东的战略行为进行纠偏,形成良性的股权制衡①。

值得注意的是,处在竞争性领域的国有企业在进行混合所有制改革时,其最优股权结构应该由市场来决定。如果国有资本在竞争性领域谋求对产业的"控制",那将对市场造成巨大冲击。从这个意义上说,许多理论界人士提出"国有资本应当从竞争性领域全部退出",这种观点不无道理,但是国有资本规模庞大,全部退出是不现实的。况且,如果国有资本全部退出竞争性领域,发挥国有经济的活力、控制力、影响力和抗风险能力就失去了基础,也就不可能形成各种所有制经济平等竞争、相互促进的新格局。那么,企业内部国有资本的最优持股比例是多少呢?国内外很多学者对转轨过程中混合股权公司的效率进行了对比分析,刘小玄和李寿喜研究发现,混合股权企业的绩效显著高于单纯股权企业,无论是国有混合股权、个人混合股权,还是外资混合股权,其效率都不同程度的高于单一股权的同类企业。其中,对于国

---

① 郝云宏、汪茜:《混合所有制企业股权制衡机制研究——基于"鄂武商控制权之争"的案例解析》,《中国工业经济》,2015 年第 3 期。

有混合股权企业来说,国有股权大致为10%—50%,或者是围绕30%左右,企业效率相对最优①。马连福和王丽丽等研究发现,简单的股权混合并不能改善公司绩效,只有当外部制度环境较为完善时,混合主体多样性的绩效才会显现,当非国有性质的股东持股比例达到30%—40%时,公司绩效最优②。张文魁认为,国有企业在进行混合所有制改革时,让非国有股东至少占股33.4%才具有实质意义,只要达到这样一个比例,就可以在股东大会中就公司章程变更和资本重组等事项行使否决权,这样非国有股东就有足够条件成为一个积极股东③。以上研究在考察国有资本与非国有资本间的最优比例关系进而作用于公司绩效方面具有积极意义,但笔者认为,在实际推进混合所有制改革过程中,鉴于各个行业市场结构不同,企业规模和竞争力差异较大,最优股权结构应该由市场来决定。关键不是让国有资本持有多少比例,而是在竞争性领域与时俱进地变革国有资本功能,由过去看重对行业和企业的"控制",转变为专注国有资本投资的收益,即实行资本的价值化管理。

对主业处于关系国家安全、国民经济命脉的重要行业和关键领域、主要承担重大专项任务的商业类国有企业,可以保持国有资本控股地位,支持非国有资本参股。对自然垄断行业,根据不同行业特点实行网运分开、放开竞争性业务,坚持"政企分开、政资分开"的原则,实行以特许经营、政府监管为主要内容的改革,推动公共资源配置市场化,同时加强分类依法监管,规范营利模式。

在水电气热、公共交通、公共设施等提供公共产品和服务的行业和领域,要根据不同业务特点,加强分类指导,推进具备条件的企业实现投资主体多元化。通过购买服务、特许经营、委托代理等方式,鼓励非国有企业参与经

---

① 刘小玄、李寿喜:《转轨过程中混合股权公司的相对效率——中国电子电器制造业2000—2004经验数据分析》,《世界经济文汇》,2007年第1期。

② 马连福等:《混合所有制的优序选择:市场的逻辑》,《中国工业经济》,2015年第7期。

③ 张文魁:《混合所有制的公司治理与公司业绩》,清华大学出版社,2015年,第173页。

营。政府要加强对价格水平、成本控制、营运效率、服务质量、安全标准、信息披露、保障能力等方面的监管,根据企业不同特点有区别地考核其经营业绩指标和国有资本保值增值情况,考核中可引入社会评价机制①。对公益性国有企业的考核,不能以资本增值作为主要考核指标,而应着重在成本控制、服务质量等方面提出要求。

5.2.2 正确认识公有制经济的主体地位

有人担心,新一轮混合所有制改革主要对非国有资本有利,会造成混合所有制为主体的局面,动摇公有制的主体地位。这种担心是完全没有必要的。中共十五大在确立基本经济制度时,对公有制主体地位的含义进行了清晰的说明,十五大报告指出:"公有制的主体地位主要体现在:公有资产在社会总资产中占优势;国有经济控制国民经济命脉,对经济发展起主导作用。"②

从公有资产数量角度看,公有制为主体的地位依然稳固。据中国社会科学院经济研究所的有关研究报告,对我国公有资产占全部资产的比例进行估算得到的结论是:截至2012年,我国三次产业经营性总资产约为487.53万亿元,其中公有制经济的资产规模是258.39万亿元,占53%③。如果加上城市土地资产、农村集体所有土地资产以及自然资源等非经营性国有资产,则公有资产的占比还会有很大幅度的提升。从这个意义上说,公有制的主体地位依然十分稳固,并未受到动摇。进一步说,公有制的主体地位需要有量的规定性,更重要的还体现在质上。这是从中国特色社会主义的本质规定性和现

---

① 《国务院关于国有企业发展混合所有制经济的意见》,中国政府网,http://www.gov.cn/zhengce/content/2015-09/24/content_10177.htm,2015年09月24日。

② 江泽民:《高举邓小平理论伟大旗帜,把建设有中国特色社会主义事业全面推向二十一世纪》,人民网,http://cpc.people.com.cn/GB/64162/64168/64568/65445/4526285.html,1997年9月12日。

③ 裴长洪:《中国公有制主体地位的量化估算及其发展趋势》,《中国社会科学》,2014年第4期。

代市场经济的内在运行规律来科学把握公有制的主体地位。国有经济和国有资本应该向关系国家安全、国民经济命脉和基本民生的重要行业、关键领域和重要环节集中,形成经济社会发展的骨架,再通过市场机制的渗透和放大作用,成为辐射整个经济社会生活的"普照的光"①。现阶段大力发展混合所有制经济,可能会导致国有资本在某些领域的占比降低,但从全社会范围来看,无论从"量"还是"质"的角度分析,公有制的主体地位仍将稳若泰山。

另外,发挥国有经济的主导作用,并不代表国有经济越多越好,也不意味着国有经济在国民经济中的比重越高越好,主要途径和方式是增强国有经济的四力,即活力、控制力、影响力和抗风险能力。2014年,习近平总书记在中央工作经济会议上,强调:"要坚定不移把国企做强做优做大,不断增强国有经济活力、控制力、影响力、抗风险能力。"②据国家发展改革委员会宏观经济研究院的有关研究报告,现阶段,在涉及国家安全和国民经济命脉的行业和重要矿产资源领域、提供重要公共产品和服务的行业,国有经济牢牢占据主导地位。截至2012年,在21个基础性和支柱性产业中,国有资本比重超过50%。在国防、金融、邮电、航空航天、铁路、能源等重要行业和关键领域占据绝对支配地位,在军工、电信、民航、石油及天然气开采和电力热力供应领域,国有经济都占90%以上,在航空航天、铁路等重要行业的比重甚至超过95%。在石油天然气开采业、电力热力生产供应业和水的生产供应业中,国有及国有控股企业主营业务收入占所在行业的比重分别高达89.4%、93.5%和69.2%;在石油加工和煤炭采选业中,国有及国有控股企业主营业务收入占本行业的比重分别为69.7%和59.2%;在交通运输设备、冶金、有色金属行业中,国有及国有控股工业所占比重在33.7%—44%之间③。另据国务院提交全国人大十三届六次会议审议的《2017年度国有资产管理情况的综合报告》,

---

① 胡家勇:《新时期所有制理论的创新发展》,《人民日报》,2016年8月1日。
② 参见习近平在中央经济工作会议上的讲话(2014年12月9日)。
③ 根据《中国建材集团有限公司2017年社会责任报告》摘得有关数据。

截至2017年底,全国国有企业资产总额183.5万亿元(人民币,下同),负债总额118.5万亿元,国有资本及权益总额50.3万亿元。全国国有企业境外总资产16.7万亿元①。这是根据《中共中央关于建立国务院向全国人大常委会报告国有资产管理情况制度的意见》颁布后,国务院第一次向全国人大常委会报告国有资产管理情况,也是国有金融资产第一次向全国人民报清"明白账"。也是体现贯彻执行党的十九大政治报告提出的"要完善各类国有资产管理体制"②的工作要求,对全社会国有资产的统计,特别是对于土地和资源性资产的计价,在坚持土地公有和矿藏资源国有的基本原则的基础上,公有制在中国经济生活中的地位不可动摇。

在分类的基础上推进混合所有制改革有助于更好地展现国有资本的四力。通过合理引入社会资本,能够优化企业的财务结构,降低企业负债比率,减少企业财务成本,大大提高盈利能力,从而激活存量的国有资本,带动国有资本的价值得到提升。比如,中国建材集团公司是我国进行混合所有制改革的成功案例。公司处于充分竞争行业,在2002年时公司资不抵债,营业收入20多亿元,但有30多亿元的银行逾期负债。该集团按照"央企市营"模式,与上千家民营企业进行"混合",经过十多年的努力,成为全球最大的建材制造商和世界领先的综合服务商,连续八年荣登《财富》世界五百强企业榜单,2018年排名第243位。资产总额近6 000亿元,员工总数25万人,年营业收入超过3 021亿元,利润总额151亿元,上缴税金196.8亿元。在经营活力、控制力、影响力方面发生了翻天覆地的变化,公司用210亿元国有资本控制了1 560亿元的净资产,用1 564亿元的净资产又控制了一个超过5 915亿元总资产的企业。这样一来,国有资本的配置范围被极大的扩大,国有经济的主导地位进一步显现。

---

① 引自2018年10月24日观察者网,https://www.guancha.cn/economy/2018_10_24_476683.shtml

② 参见习近平总书记在中国共产党第十九次全国代表大会上的报告《决胜全面小康社会,夺取新时代中国特色社会主义伟大胜利》第五章内容。

5.3 国有企业改革与产业领域开放关系

《中共中央和国务院关于国有企业改革的指导意见》发布之后,与之相配套的文件陆续出台,经过三年多的探索,逐步形成了"1＋N"的政策体系,"1"即处于中心地位的《指导意见》,"N"为其他相关配套文件(如表5.1所示),新时期全面深化国有企业改革的主体制度框架初步确立。

表 5.1 深化国有企业改革的"1＋N"的政策体系

文件类型	文 件 名 称	发布时间
"1"	《中共中央国务院关于深化国有企业改革的指导意见》	2015年9月
"N"	《关于合理确定并严格规范中央企业负责人履职待遇、业务支出的意见》	2014年9月
	《关于深化中央企业负责人薪酬制度改革的意见》	2014年11月
	《关于加强和改进企业国有资产监督防止国有资产流失的意见》	2015年6月
	《关于国有企业职工家属区"三供一业"分离移交工作指导意见的通知》	2015年6月
	《关于在深化国有企业改革中坚持党的领导加强党的建设的若干意见》	2015年6月
	《关于国有企业发展混合所有制经济的意见》	2015年9月
	《关于改革和完善国有资产管理体制的若干意见》	2015年10月
	《关于鼓励和规范国有企业投资项目引入非国有资本的指导意见》	2015年10月
	《关于加强和改进企业国有资产监督防止国有资产流失的意见》	2015年10月
	《关于印发电力体制改革配套文件的通知》	2015年11月
	《关于全面推进法治央企建设的意见》	2015年12月

(续表)

文件类型	文件名称	发布时间
"N"	《关于国有企业功能界定与分类的指导意见》	2015年12月
	《关于进一步规范和加强行政事业单位国有资产管理的指导意见》	2015年12月
	《国有科技型企业股权和分红激励暂行办法》	2016年2月
	《企业国有资产交易监督管理办法》	2016年6月
	《关于推动中央企业结构调整与重组的指导意见》	2016年7月
	《关于建立国有企业违规经营投资责任追究制度的意见》	2016年8月
	《关于国有控股混合所有制企业开展员工持股试点的意见》	2016年8月
	《关于完善中央企业功能分类考核的实施方案》	2016年8月
	《关于印发加快剥离国有企业办社会职能和解决历史遗留问题工作方案的通知》	2016年9月
	《关于做好中央科技型企业股权和分红激励工作的通知》	2016年10月
	《关于进一步完善国有企业法人治理结构的指导意见》	2017年5月
	《国务院国资委以管资本为主推进职能转变方案》	2017年5月

资料来源：根据国务院公开资料整理

目前，混合所有制改革正在有序推进。截至2016年底，国资委监管的中央企业集团及下属企业混合所有制企业（含参股）占比达到了68.9%，上市公司的资产、营业收入和利润总额在中央企业"总盘子"中的占比分别达到61.3%、62.8%和76.2%。省级国资委所出资企业及各级子企业混合所有制企业占比达到了47%[①]。

在推进混合所有制改革的过程中，要通过股权多元化，完善公司治理结

---

① 国务院国资委：《国企改革取得重要阶段性成果》，新浪财经，http://finance.sina.com.cn/wm/2017-06-02/doc-ifyfuzym7756726.shtml，2017年06月02日。

构,打破行业垄断,实现国有企业的根本改革,避免出现"为混而混"的现象。从已经完成的几个试点情况看,实际上多多少少存在着形式主义的为混而混。以中石化销售公司为例。2014年2月,中石化发布了油品销售业务引入社会资本和民营资本实现混合经营的公告,同年9月,与25家投资者境内外投资者签署了《关于中国石化销售有限公司之增资协议》,由全体投资者以现金1 070.94亿元认购销售公司29.99%的股权①(如表5.2所示)。从投资者名单中,我们可以看到,在25家投资者中,产业投资者以及与产业投资者组团投资的只有9家,投资金额326.9亿元、占投资总额的比例为30.5%。其余投资者为基金、险资等财务投资者,如华夏基金、嘉实基金、工银瑞信、中国人寿等。这些机构基本上都是该企业的可能的"利益相关者"。此外,25家投资者总共持有中石化销售公司30%左右的股份,单个股东最高持股比例不足3%,最低者只有0.1%。民营资本有11家,持有股份"小而散",这样很难对大股东形成有效的制衡力量,基本上还是国有股说了算,在公司治理机制上与原来的国有企业没有太大变化,只不过是"新瓶装旧酒"罢了。

表5.2 中石化销售公司25家投资者一览表(单位:亿元)

序号	投资者名称	注册地	实际控制人/投资人	认购价款	持有股权比例
1	嘉实资本管理有限公司	北京	嘉实基金管理有限公司	100.00	2.80%
2	中国人寿保险股份有限公司	北京	中国人寿保险(集团)公司	100.00	2.80%
3	深圳市人保腾讯麦盛能源投资基金企业	深圳	中国人保资产管理股份有限公司、腾讯科技(深圳)有限公司、深圳市麦盛资产管理有限公司	100.00	2.80%

① 《中石化销售公司混改交割完成,1 050亿资金到账》,观察者网,https://www.guancha.cn/economy/2015_03_07_311392.shtml,2015年03月07日。

(续表)

序号	投资者名称	注册地	实际控制人/投资人	认购价款	持有股权比例
4	Qianhai Golden Bridge Fund I LP	开曼群岛	中金前海发展(深圳)基金管理有限公司	100.00	2.80%
5	HuaXia SSF1 Investors Limited	英属维尔京群岛	华夏基金管理有限公司	77.50	2.17%
6	长江养老保险股份有限公司	上海	中国太平洋保险(集团)股份有限公司	61.50	1.72%
7	渤海华美(上海)股权投资基金合伙企业	上海	中国银行股份有限公司	60.00	1.68%
8	生命人寿保险股份有限公司	深圳	生命人寿保险股份有限公司	55.00	1.54%
9	CICC Evergreen Fund, L.P	开曼群岛	中金公司	50.00	1.40%
10	嘉实基金管理有限公司	北京	嘉实基金管理有限公司	50.00	1.40%
11	新奥能源中国投资有限公司	香港	新奥能源控股有限公司	40.00	1.12%
12	Kingsbridge Asset Holding Ltd	英属维尔京群岛	RRJ Capital	36.00	1.01%
13	New Promise Enterprises Limited	英属维尔京群岛	海峡基金、海尔集团公司	34.02	0.95%
14	中国德源资本(香港)有限公司	香港	汇源国际控股有限公司	30.00	0.84%
15	信达汉石国际能源有限公司	英属维尔京群岛	中国信达资产管理股份有限公司	25.75	0.72%

(续表)

序号	投资者名称	注册地	实际控制人/投资人	认购价款	持有股权比例
16	天津佳兴商业投资中心	天津	中金佳成投资管理有限公司	24.25	0.68%
17	Pingtao (Hong Kong) Limited	香港	复星国际有限公司	21.53	0.60%
18	工银瑞信投资管理有限公司	上海	中国工商银行股份有限公司	20.00	0.56%
19	北京隆徽投资管理有限公司	北京	三洲隆徽实业有限公司	15.00	0.42%
20	青岛金石智信投资中心(有限合伙)	青岛	青岛金石润汇投资管理有限公司	15.00	0.42%
21	中邮人寿保险股份有限公司	北京	中国邮政集团公司	15.00	0.42%
22	Concerto Company Ltd	开曼群岛	厚朴投资、大润发	14.21	0.40%
23	Foreland Agents Limited	英属维尔京群岛	海尔电器集团有限公司	12.18	0.34%
24	中国双维投资公司	北京	中国烟草总公司	10.00	0.28%
25	Huaxia Solar Development Limited	英属维尔京群岛	华夏基金管理有限公司	4.00	0.11%
合计				1 070.94	29.99%

资料来源：中石化公告

在这里，需要特别强调说明的是，中国经济运行中的石油价格没真正放开，由此涉及如何确定石油销售价格，生产加工与销售公司之间怎么结算的问题。由于我国长期以来对石油行业的特殊管制，被称为"三桶油"的中石油、中石化、中海油几乎垄断了国内的原油炼化市场和成品油批发市场，外资和民营资本面临较高的市场准入门槛。目前国内市场成品油定价机制远没有实现市场化,现行的成品油定价调整机制是国家发展改革委根据新加坡、纽约和鹿特丹等三地以22个工作日为周期对国际油价进行评估,进而对国内成品油的价格进行调整。

基于这一背景,中石化销售公司的混改不免会让人担忧,是否有"利益输送"、国有资产流失的问题产生。客观上说,作为推进解答行业混改的试点,在募集社会资本环节,特别注意做到面向社会公开信息的基本要求,体现公开公平公允的规范,具有突破性的意义。因此,可以认为,对于混改的推进,加快推进配套条件的创造,形成公平公开的市场环境,显得特别迫切。所以说针对当前的混改而言,要防止"伪混"和"为混而混"。真正的"混"是不同性质所有制之间的合作,深层次的改革意义涉及"产业领域的开放性"。这是一个需要创造出更加充分严苛的外部条件的长期努力才能实现的改革任务。

今天中国的"混"跟《公司的力量》①一书作描述的西方的公司制度的出现、公司成长导入的阶段、导入的方式、导入的入口和导入对整个生产力发展的保护和拓展能力的意义,有明显的不同,我们今天是在坚持公有制的前提下推进公有制资本与其他社会资本的合作融合。"混"的背后是产业的开放、产权的开放、市场准入的开放。而产业的开放需要谨慎为之,因为有一个产业经济安全性问题需要严肃对待处理;这就需要"摸着石头过河"。从这个意义上来说,混改急不得。对此要有充分的认识、平和的心理对待。那种为改而改实际上是形式主义。

概括以上分析,可以看到,从十八届三中《决定》到《指导意见》,再到后来陆续下发的配套文件,再到具体执行,文件已经达成的理论境界和工作内容安排,实践中存在着诸多不尽如人意的地方。混合所有制改革的推进既不能懈怠拖沓,又不能急于冒进,要综合考虑企业所处的产业领域、市场结构、制

---

① 中央电视台《公司的力量》节目组,山西教育出版社,2010年。

度环境等多方面因素。对竞争性领域的国有企业,应该加速推进改革,而对于关系国家安全、国民经济命脉的重要行业和关键领域以及提供公共产品和服务的行业和领域,应谨慎推进混改。对于自然垄断领域,陈林的研究表明,该领域不应进行混合所有制改革,而需改良现行的政府规制体系,这主要是因为在城市公用行业的自然垄断环节,混合所有制改革不能显著提升企业生产效率[1]。

5.4 国有企业组织结构表现的国有资本配置对市场结构的决定影响

围绕增强企业活力,改革经历了"搞活企业""搞活国有经济""搞活国有资本"三个阶段,体现了理论认识不断深化的过程。"搞活企业"这一提法着眼于微观层面的具体企业组织形式,在市场竞争环境下,不同企业由于在组织规模、技术水平、经营能力等方面存在差异,有的活力强、效率高,有的活力不足,效率不足,甚至濒临破产。进入20世纪90年代中期,党和政府认识到,改革不应只针对国有企业本身存在的问题进行改革,企业背后的问题是所有制关系的问题,是产权关系问题,开始关注经济成分形式与市场之间的相融性问题,提出"搞活国有经济"。但是,国有经济作为一个基本范畴,是所有制关系、经济成分关系问题,就国有经济搞国有经济,实际上很难搞活。在改革实践中,非公有制经济大幅扩张,出现了与国有经济相互竞争的局面,为了进一步处理好这种竞争关系,实现公有制与市场经济相融合,"搞活国有资本"这一提法应运而生。

究竟怎样能够"搞活国有资本"呢?解决这一问题,必然要从国有资本配

---

[1] 陈林:《自然垄断与混合所有制改革——基于自然实验与成本函数的分析》,《经济研究》,2018年第1期。

置结构出发,正确处理好国有资本和非国有资本的竞争合作关系。国有资本配置结构决定了不同所有制资本主体的资本能力的合作关系和合作程度,决定了具体产业领域中的产业组织、产业开放度、市场竞争格局和市场机会。而且伴随经济发展阶段、发展水平和技术特点的变化,国有资本布局有着动态调整的要求。

2003年国资委成立后,国有资本布局优化进入一个新的阶段。国资委按照"有进有退、有所为有所不为"的方针,确立了国有资本战略性调整的方向和重点。一方面,通过引入民营资本、政策性破产等方式,让国有资本从中小企业和一批困难企业退出;另一方面,鼓励中央企业跨区域联合重组,推动国有资本向重要行业和关键领域集中、向优势企业集中、向优势企业家集中[1]。2006年发布的《关于推进国有资本调整和国有企业重组的指导意见》指出"推进国有资本向关系国家安全和国民经济命脉的重要行业和关键领域集中",并且明确"重要行业和关键领域主要包括:涉及国家安全的行业,重大基础设施和重要矿产资源,提供重要公共产品和服务的行业,以及支柱产业和高新技术产业中的重要骨干企业。"经过一系列调整,在石油和天然气开采以及煤炭开采和洗选等能源行业,烟草等国家专卖行业,电力、热力和水的生产和供应等公用事业行业,国有企业净资产占全行业企业净资产的比重达到了70%以上[2]。

十八届三中全会《决定》明确提出了国有资本布局优化的重点方向,"国有资本投资运营要服务于国家战略目标,更多投向关系国家安全、国民经济命脉的重要行业和关键领域,重点提供公共服务、发展重要前瞻性战略性产

---

[1] 中国社会科学院工业经济研究所、中国投资协会国有投资公司专业委员会联合课题组:《国有经济布局优化与国有投资公司产业整合》,经济管理出版社,2017年。笔者在1998年发表的《中国国有企业改革的逻辑》一书对此亦有专门的讨论。该书由山西经济出版社出版

[2] 中国社会科学院工业经济研究所、中国投资协会国有投资公司专业委员会联合课题组:《国有经济布局优化与国有投资公司产业整合》,经济管理出版社,2017年。

业、保护生态环境、支持科技进步、保障国家安全。"目前,国有资本产业布局呈现以下特征。

第一,国有资本在一般竞争性领域的占比过高。根据财政部统计数据,2014年,配置在竞争性行业的国有资本在全部国有资本中的占比最高,为56.29%;其次为垄断性行业,占比为30.08%;而配置在公益性行业的国有资本占比仅为13.63%①。国有资本大量分布于一般竞争性领域,在一定程度上影响了一些行业的市场结构,封闭了这些行业的市场准入,挤占了社会资本的投资机会。通常,国有资本在竞争性领域是不具有竞争优势的,如此一来,便制约了该领域整体经济发展水平的提高。

第二,国有资本在公益性行业中的分布严重不足。2003—2007年,公益性领域的国有资本增长较快,但2008年之后,基本与总量增长同步,所占比重稳定在13%左右②,在三大类行业中占比最低。这表明国有资本在提供公共服务方面的功能并未有效发挥。需要继续加大国有资本对公益性行业的投入,在提供公共服务方面做出更大贡献。

第三,国有资本在传统垄断行业中保持着极高的控制力。在煤炭开采、石油天然气开采、烟草制品、石油加工、供电供水等工业领域及电信、民航、铁路、港口等服务业,国有资本保持着极高的控制力,如石油天然气开采领域,2014年国企占行业收入比重高达87.3%,这主要是由行政垄断导致的。国有资本在部分传统垄断行业中占比过高以及野蛮生长,导致这些行业出现了较为严重的产能过剩。截至2014年底,在国家发改委认定为产能严重过剩行业的上市公司中,国有资本比重高达90%③。

第四,国有资本未能明显发挥引领战略性新兴产业发展的功能。在战略性新兴产业的上市公司中,民营企业占比超过60%,国有企业占比仅为

---

① 转引自:国务院发展研究中心"深化国有企业改革中的突出矛盾与对策研究"课题组:《推进我国国有资本布局调整的建议》,《发展研究》,2016年第10期。
② 同上。
③ 袁东明:《国资布局调整新探》,《中国经济报告》,2016年第9期。

26.8%。战略新兴产业是一个要培育的产业,培育一个产业要有一个培育期,要有一个财政投资的铺垫期。这个铺垫期投资的成本通常情况下需要政府引领,需要由国有资本来承受。正是为了集中资本力量,发挥引领作用,既有的国有资本配置在竞争性领域可以调整退出,转而投向新兴产业领域。

实际上,在分类改革的基础上对国有资本布局结构实行战略性调整,会相应地引起市场结构的变化。比如,逐步放开一些传统垄断行业中的竞争性业务领域,进而将该领域中的国有资本投向战略性新兴产业,一方面会导致传统垄断行业的社会资本占比增加,打破原有的国有企业垄断地位,使行业更加公平,在更加激烈的竞争格局中实现行业整体经济效益的提升。另一方面,会导致战略性新兴中国有资本的占比增加,使国有资本更好地发挥支撑和引领功能,发挥"普照的光"的作用,使国家更好地培养战略性新兴产业,提高整体科技创新水平,抢占未来竞争制高点。

5.5 "分类"改革背景下推进"混合所有制"的配套条件要求

毋庸置疑,分类推进混合所有制改革的政策措施为国有企业改革描绘了美好的蓝图,但是我们也应该清醒地认识到,改革过程中难免会遇到各方面的阻力。鼓励更多的社会资本进入国有企业,可能会引起国有企业利益集团的阻挠,越是垄断程度高的行业,既有利益集团越不愿意民资进入。诺贝尔经济学奖获得者希克斯曾经说过,"所有获取垄断利润的垄断者最愿意过平静的生活"。一旦社会资本进入垄断行业,那么对于原先获取垄断利润的国有企业来说,他们的"平静的生活"就会被打破,就必须依靠竞争实力而非垄断地位来获取超额收益。此外,既有的垄断者也会认为社会资本进入会参与"分蛋糕",尽管实际上蛋糕会做大,但那需要额外的付出,远远不如"平静的垄断"来的轻松①。所以,既有的利益集团迫于政策压力,可能在一些无足轻重的领域放开准入,进行混合所有制改革,但这种混合只是为混而混。发展混合所有制经济不能仅仅满足于社会资本进入国有企业,因为存在这么一种情况,即新进入的社会资本和既得利益集团合谋,产生新的行业垄断。所以,合理地放开市场准入,允许社会资本进入传统垄断行业,使民营企业直接与国有企业展开竞争,由此才能真正意义上打破利益集团的垄断。

2005年,国务院印发《关于鼓励支持和引导个体私营等非公有制经济发展的若干意见》,即"非公经济36条"。由于种种原因,"非公经济36条"中一些政策措施并未真正落实到位。有统计数据显示,民间投资在电力、热力生产和供应业中占13.6%,在教育中占12.3%,在卫生、社会保障和社会福利业中占11.8%,在信息传输、计算机服务和软件中占7.8%,在交通运输、仓储和邮政业中占7.5%,在水利、环境和公共设施管理业中占6.6%,在公共管理和社会组织中占5.9%②。

2010年,《关于鼓励和引导民间投资健康发展的若干意见》,即"新36条"出台。"新36条"明确提出:"规范设置投资准入门槛,创造公平竞争、平等准入的市场环境。""在一般竞争性领域,要为民间资本营造更广阔的市场空间。""新36条"还明确,鼓励和引导民间资本进入基础产业和基础设施、市政公用事业和政策性住房建设、社会事业、金融服务、商贸流通、国防科技工业领域,鼓励和引导民间资本重组联合和参与国有企业改革、积极参与国际竞争,推动民营企业加强自主创新和转型升级。可是在实践中,一些民营企业说还是有很多"玻璃门",外面看是很清楚、很亮堂的,但是进不去。今天如何开放准入,实际上需要法制化的跟进和政府管制思维的变化,乃至整个社会民众思维取向的变化。一种较为普遍的思维取向是,一说到民企就是不守信用的,一说到民企就是

---

① 高明华、杜雯翠等:《关于发展混合所有制经济的若干问题》,《政治经济学评论》,2014年第4期。
② 《新旧非公经济"36条"》,人民网,http://theory.people.com.cn/GB/12128956.html,2010年07月13日。

第5章 "分类改革"与产业领域、市场结构关系

有坏账的,一说到民企就是假冒伪劣的,这种"陈见"需要摒弃。不能总是先入为主地对民营企业持有偏见,应该在企业的层面重新认识社会责任。

在若干领域放开市场准入之后,面临的另一大问题,也是十分关键问题,是社会资本进入的动力问题。如果社会资本无法有效地参与公司治理,成为积极股东,那么会在一定程度上缺乏进入的动力。为了解决这一问题,需要从混合所有制企业的股东权利保护、董事会治理、企业家人才选择等多个方面着手,让公司治理机制更加完善。

第一,要加大股东权利保护力度。一是要加强立法,通过法律来明确混合所有制企业中国有资本股东和其他社会资本享有同样的权利,履行同样的义务,在法律面前,不同所有制资本是完全平等的,同时也应明确社会资本的退出机制。二是让市场在企业股权结构安排方面发挥决定性作用。在竞争性领域企业股权结构中,以市场为主导,形成合理有效的股权结构,避免"一股独大"的情况发生。在竞争性领域,国有资本不一定非要保持控股地位,即使要控股,也可以采用相对控股的方式,而且国有控股股东与其他社会资本股东的股权比例差距不能过大,否则仍会形成国有股一股独大的现象,国有股东过度干预的情况仍会发生。在公平竞争条件下,无论是国有资本控股,民营资本参股;还是民营资本控股,国有资本参股,都应保证各参与主体参与公司决策的权利、参与分红的权利,实现国有资本和民营资本相互竞争、相互制衡、相互融合、共同发展。三是政府应该放弃对国有资本的特殊政策支持和保护。发展混合所有制经济的目的是实现资本的保值增值,实现国民福利的最大化。政府应对不同所有制资本一视同仁,不能有亲疏之分,否则的话,可能会导致股权结构安排的不合理,导致不同股东无法平等地参与公司治理。

第二,要健全董事会治理机制。混合所有制企业是拥有两个股东以上的公司制企业,按照公司法的规定,要么必须设立董事会,要么必须设执行董事会。正如 M. Jensen(1993)所指出的那样,董事会有权选择和监督管理层并确定相应的激励方法,董事对股东负有受托责任,因而董事会应在公司治理

中处于核心地位①。完善的董事会治理机制是推进混合所有制的保障,建立董事会之后,代表不同股东利益的董事各占多少席位,以及董事长由谁担任,首席执行官、财务总监等主要管理人员由谁担任,都是十分重要的问题。应该根据股权比例合理分布董事会席位,但即使在这种情况下,仍然可能出现不同出资主体争夺董事长席位和重要管理岗位的现象,而这种争夺战不是以股东持股比例高低来定胜负的。此外,应保证混合所有制企业董事会的独立性,避免政府和国资监管机构干预董事会,要明晰党委会和董事会的职责分配。董事会应明确其对全体股东的受托责任,履行战略制定和监督管理层的职能。

第三,要建立企业家市场选聘机制和能力评价体系。在股权结构高度集中的情况下,国有企业高管大多是政府官员,有行政级别,而不是真正意义上的企业家,他们经营企业的目的很大程度上是谋求政治升迁。事实上,国有企业的高管几乎不受产品市场和资本市场的约束,中小股东很难运用"用手投票"和"用脚投票"的方式来对经理层的行为进行约束,从而沦为消极股东。由行政委任制所选拔出的企业家往往在知识结构、经营管理经验方面存在着一定缺陷,企业家能力有所缺失。因而,建立混合所有制企业的企业家市场选聘机制和能力考核评价体系是十分必要的。从职业化的经理人市场选聘企业家,并根据贡献大小来对企业家进行考核评价,是最理想的做法。通常情况下,企业家能够影响企业文化、经营思路和内部环境。长期从体制内选拔企业家,会受到固有思路和模式的束缚,从而抑制企业增加新鲜血液,影响企业创新水平的提升。选聘不同背景的企业家,尤其是成功的民营企业家,建立多元化的经营模式,会引起不同思想碰撞产生冲突,而这种冲突对于企业来说未必是坏事,正是国有资本和民营资本的充分竞争,避免了混合所有制企业的"故步自封"。相应的,对于混合所有制企业的高管,应取消行政级

---

① Jensen M., The Modern Industrial Revolution, Exit, and the Failure of Internal Control System. *Journal of Finance*, 1993, 48(3).

别,同时高管薪酬应完全按照市场规则来确定,不设立上限,以促进其在市场经济条件下追求股东财富最大化。

第四,要完善财务监督和信息披露制度。混合所有制企业应致力于实现财权配置的科学化、规范化以及财务监督的制度化、常态化。应该加强财务管控力度,防范重大财务风险。在信息披露方面,应详细披露股息分配方案等重大决策事项;应实现信息的高度透明化,杜绝信息隐瞒和欺诈行为;上市公司应定期披露财务报告,并保证财务数据的真实性和可靠性。在监督方面,应该发挥监事会的重要作用,防止大股东"掏空"企业的现象。

为了更好地推进混合所有制改革,政府部门应打破传统的政绩思维,不能急于求成,重"量"而轻"质"。否则,就会表现为政府职能部门化,行为方式短期化,这不利于整个经济工作,不利于整个社会发展。在改革发展中,政府相关部门应该走在最前面,要打破政府施政行为中的政绩意识和岗位维护思维,杜绝"政府职能部门化、部门职能岗位化、岗位职能个人化、个人行为利益化"倾向,进一步推进国有企业的产权市场化流动。对全社会来说,要激发各种所有制资本活力和创造力,一是要同等保护各种所有制资本产权,国有资本财产权不可侵犯,非国有资本财产权同样不可侵犯;二是要赋予各种所有制资本同等使用各种生产要素的权利;三是要营造公开、公平、公正竞争的市场环境。

5.6 企业改革与市场发育改革如何互动

我们在前面提到"类"的边界取决于市场发育水平,实际上,国有企业改革和市场发育是相伴而行的。正是不断深化的国企改革唤醒了企业的独立意识、法人财产权意识,使国有企业从行政部门附属物转变为市场主体,不断朝着"产权清晰、权责明确、政企分开、管理科学"的方向迈进。由此促进了市场交换的广泛深入,价格机制、竞争机制、风险机制不断发育和完善,推动了市场化深入发展。反过来,市场发育的纵深推进,使得产品市场、要素市场、金融市场的定价体系日趋完善,这又促进了国有企业改革的深化。本节要对这样一对关系的演变过程进行剖析,从这个角度来论证,市场发育和国有企业之间是相辅相成、互为推进的共生关系。

5.6.1 企业改革推进市场发育深化

改革起始所采取的"放权让利"措施,实际上就是开放直接计划指令之外的企业自由行动,实际上就是"市场"行为活动,由此表现出来的"计划外"生产、采购、销售和定价,逐渐消减直接的计划转轨过渡,最终步入市场自由配置选择的企业行为。伴随开放引进国外技术所带动的工业化进程,其中劳动力资源这一重要生产要素资源,主要吸收农村富余劳动力。无形中破解了长期束缚农村居民流动进城务工的手脚,迅速培养训练形成现代产业大军,迄今进城务工人员和带动进入城市生活的人口达到2.5亿。推动了中国社会人口分布、劳动就业结构、居民就业收入水平和生活方式、社会服务、教育医疗及社会保障事业的变革。

经过扩大企业自主权、利改税、承包制、现代公司制等多个阶段递进的改革,产品市场得到充分发育,产品价格逐步放开,价值规律发挥着主要作用。要素市场进一步开放,虽然一些重要的物资价格还没有完全充分放开,值得注意的是,在这一阶段,金融市场和资本市场也开始有了一定程度的发育和发展。经过了"拨改贷"政策,企业经营活动中逐渐强化了资金核算意识,与此同时,资金市场化速度加快,导致金融机构间资金融通业务的扩张,促进了金融市场的形成。金融体系在企业发展的要求下发育发展,1990年,上海证券交易所和深圳证券证券交易所相继成立。到1991年底,已经形成以银行、证券交易所、信托公司、财务公司、融资租赁公司、保险公司为主体的较为完备的金融体系。

企业所有权改革带动资本市场发育发展。1992年,邓小平南方谈话肯定

第5章 "分类改革"与产业领域、市场结构关系

了股份制,国有企业股份制改造取得了突破,随后证券交易所得到快速发展。从资本市场看,在上海证券交易所成立后的一段时期,人们围绕着姓"资"姓"社"、国有控股地位、国有资产交易等问题展开了激烈的讨论。当时,担忧国有企业实行股份制改革后面临控制权丧失风险的想法占据了上风。为规避上述矛盾,在"可以试一试"的宏观环境下,人们创造出地设计出了"股权分置"制度①。在"股权分置"格局下,上市公司中普遍存在流通股和非流通股两类股份。流通股是指上市公司向社会公开发行的、在沪深证券交易所上市交易的股票;而非流通股是指由上市公司发行但暂不上市交易的股票。当时流通股主要成分是社会公众股;非流通股大多为国有股和法人股,占上市公司股票较大的份额。流通股比非流通股持股成本高很多,造成两类股东之间利益不协调。同股不同价、不同权、不同利等制度性缺陷曲了证券市场定价机制,导致公司治理缺乏共同利益基础,严重影响到了资本市场的发展和国资管理体制变革。为了解决这一问题,2005年4月,经国务院批准,证监会发布了《关于上市公司股权分置改革试点有关问题的通知》,正式启动股权分置改革试点工作。同年8月,证监会、中国人民银行、国资委、财政部、商务部等五部委联合发布《关于上市公司股权分置改革的指导意见》,完善了试点阶段的制度安排。随后证监会、上交所、深交所等部门出台了相关配套规则,股权分置改革稳步推进。到2006年底,沪深两市完成或者进入股权分置改革程序的上市公司共1 301家,占应参加股权分置改革公司的97%,总市值占98%,仅余下40家上市公司未进入改革程序,股权分置改革基本完成,困扰我国资本市场十几年的难题得到解决②。

在劳动力市场,国企改革加快用工制度市场化。在计划经济时代,乃至20世纪80年代,国企仍然遵循着传统的人事管理制度,"铁饭碗、铁工资、铁

---

① 《股改两周年:激情牛市的起源与方向》,《中国经济周刊》,2007年6月18日,第23期。

② 北京师范大学经济与资源管理研究院:《2008中国市场经济发展报告》,北京师范大学出版社,2008年,第80页。

交椅"形象地表达了这一制度的特点。国企招收职工需要向政府劳动管理部门申请指标,所招职工属于永久性就业。职工工资也是非市场化的,尽管工资低,但福利非常完备,包括住房分配、医疗报销等。一些效益好的国企保障甚至还包括供暖费、幼儿园入学服务等。企业管理人员按照干部身份管理,在提拔时需经过党政部门的考察和批准,但一般是"能上不能下"①。20世纪90年代中后期,受到宏观经济衰退和东南亚金融危机的不利影响,国有企业经营处于大范围亏损的状态,被迫实施"抓大放小",实行减员增效,导致了数千万城镇职工下岗,失业率上升。1996—2000年,中国城镇调查失业率分别为3.9%、4.5%、6.3%、5.9%、7.6%②。绝大部分的城镇下岗职工进入劳动力市场,实现了再就业。另外,在国企改制过程中,一般通过支付经济补偿金的方式进行职工身份置换。身份置换完成后,永久就业变成非永久就业,企业和职工签订有时限的合同;企业不再承担原有的福利体系,养老和医疗纳入社保体系;失业人员向社保部门登记和领取失业金。职工身份转换加快了国有企业用人制度的市场化。

表5.3 国企改制中的职工身份置换情况

类别	第一大股东为非国有股东的改制企业	第一大股东为国有股东的改制企业
支付经济补偿金置换身份	70.20%	13.60%
没有支付经济补偿金置换身份,但保证继续就业	13.20%	41.00%
其他	16.60%	45.40%

资料来源:张文魁:《混合所有制的公司治理与公司业绩》,清华大学出版社,2015年。

在增量改革背景下,个体、私营等非公有制经济得到迅速发展,使得市场

---

① 张卓元、房汉廷等:《市场决定的历史突破:中国市场发育与现代市场体系建设40年》,广东经济出版社,2017年,第120页。
② 《蔡昉经济文选》,中国时代经济出版社,2010年,第116页。

竞争格局发生了变化。1992—2001年,中国私营经济一直保持着15%以上的增长速度,其中1993、1994、1995连续3年经营户数增速超过50%。随着抓大放小的推进和国资布局的优化,很多国有资本逐步从消费品市场等竞争性领域退出。民营经济逐步成长,成为极为重要的市场主体。根据国家工商总局统计数据,2002年我国私营企业市场主体实有户数263.83万户,个体工商户2 377.49万户;到2013年分别达到1 253.86万户、4 436.29万户。2002年我国私营企业注册资本为2.48万亿元,占全部企业注册资本的12.61%;到2013年,我国私营企业注册资本为39.31万亿元,占全部企业注册资本的40.58%。个体、私营经济的崛起,打破了国有企业一统天下的局面,竞争机制发挥越来越大的作用,经济资源通过市场手段配置到效率高的部门和企业,社会整体经济效率得到提升。

5.6.2 市场发育推动企业改革深化

没有独立的利益就没有理性的行为。经过扩大企业自主权,国企获得了小部分产品处置权,这是企业独立利益形成的开端。在计划之外,企业可以通过两头在外的方式获取市场配置的原辅材料,生产的一部分商品可以自主销售,其利润由企业自行支配。如此一来,诱发了企业的经济理性。企业学会了市场交易和成本核算,体会到产品销路、销售渠道、销售网络建设的重要性。利改税实施后,不同的"调节税"税率,反映出企业之间税负的不公平,诱发了企业的消极行为。承包制唤醒了企业的主体意识,企业自觉融入市场机制,经过市场运作完成上缴给国家的利税指标。在此过程中,企业学会了与政府讨价还价,尽量抵制政府的约束和干预,同时从政府手中争取更多的留利。并且,企业懂得了通过双轨制造成的价格差来赚取利润。

产品市场和要素市场按照自身规律向纵深发展,越来越多的企业卷入其中,国家计划的范围不断缩减,迫使政府不断地放弃行政干预而转向市场筹措生产要素资源,在既往只是通过银行信贷获取资金工具手段的基础上,开放直接融资的股票发行资本市场,为企业打开新的资金筹措渠道,也助力于国有企业的股份制改造,最终,全社会意识到了培育产权交易市场、货币市场、资本市场的重要意义,走上了改组改造的道路,有力地推动了企业改制和上市的浪潮,向现代企业制度迈出了坚定的步伐①。

到20世纪90年代中后期,中国工农业实物商品和服务价格的市场化,已经基本完成。1997年,从社会商品零售总额、工业生产资料销售总额和农副产品收购总额来看,市场调节价的比重均超过80%,市场价格体制已初步建立。在十八届三中全会以后,资源产品价格改革逐步推进。2015年10月,中共中央、国务院发布了《关于推进价格机制改革的若干意见》,提出今后改革的六大领域:完善农产品定价机制,加快推进能源价格市场化,完善环境服务价格政策,理顺医疗服务价格,健全交通运输价格机制,创新公用事业和公益性服务价格管理。

目前,竞争性领域已基本放开市场准入,但公益性领域和功能类领域尚未完全放开。伴随着市场进一步发展,将来所有领域都可能会放开,但这取决于市场发育水平,比如某些服务是否可竞争、是否可通过市场发现价格等等。在成熟的市场经济国家,甚至军火生产、监狱都可以是私人企业做的,政府在市场上买服务,而中国现阶段还不具备这样的条件,所以采取国有资本分类管理的方法。可见,价格改革的突破与否将直接影响着国企分类改革的进展。市场深化所表现出来的要素价格"可竞争"、市场商机与产业领域平等开放、生产要素获取的平等权利等公平公允的"营商环境"要求越来越强烈,也呼唤市场化改革持续攻坚。由此才能最终实现市场竞争效率的充分释放,由此对企业改革持续攻坚深化提出新的更高要求,促使企业经营活力诉求转向追求技术进步、组织优化、治理机制和治理能力优化的内生性发展成长方式,为高质量发展奠定微观基础。

---

① 张晖明:《中国国有企业改革的逻辑》,山西经济出版社,1998年。

第6章

改革再出发：从"分类"到"分层"

2013年11月十八届三中全会通过的《中共中央关于全面深化改革若干重大问题的决定》(以下简称《深改决定》),将企业改革与社会主义基本经济制度的发展完善相联系,提出"积极发展混合所有制经济",作为基本经济制度实现的重要形式,科学处理和有效实现公有制与市场经济有机融合。对企业改革、特别是国有企业改革提出了深层次的"攻坚"任务。为了更好地贯彻落实十八届三中全会通过的《深改决定》精神,中共中央、国务院于2015年8月发布了《关于深化国有企业改革的指导意见》(以下简称《指导意见》)。基于政资关系处理中从"管资产"转向以"管资本"为主的原则,进一步明确了对国有资本配置分布在国民经济不同产业部门的国家出资企业,结合产业领域的技术特点和市场活动特点实行"分类改革",打开了深化企业改革的新的空间。

6.1 《指导意见》对企业制度创新的拓展深化指导意义

《指导意见》的最大亮点就是明确对现存的国有企业要进行"分类",在分类的基础上选择不同的改革举措,围绕以推进"混合所有制"作为新的改革"突破口"作为主要改革举措,将现实经济生活中的国有企业分出了"商业类"与"公益类",商业类中根据国有资本所处领域的产业功能和市场可竞争性特点又进一步细分为商业A类、B类,分别选择相对控股(亦或不谋求作为最大股东的"参股"形式)、绝对控股或全资,以塑造多样性股权结构安排和在这样的股权结构基础上的治理结构。

6.1.1 如何理解"分类改革"举措的设计要义?

对于"分类"的理解认识,实际上,包含了对于国有资本的配置与资本所处的产业领域的技术和市场特点结合起来,确定相应的改革举措,兼顾了"国有资本"与"产业领域"两个方面的经济含义,这当然是一种更加贴近现实经济运行特点的认识深化,也是在总结前期改革动作的经验基础上的新的改革动作。有了分类就有了对于不同的行业的国有企业改革举措的区别对待,而不是"大呼隆""萝卜青菜一锅煮",显然是有助于改革举措更具精确性针对性,从而提高改革措施解决问题的效应。因此,必须充分肯定"分类"对于推进改革深化的积极意义。跨出这一步,有助于在深改动作推进混合所有制改革时,确定引入非公有制资本的规模数量和占股比例,使混改方案有相对合理的股权结构安排,奠定公司治理结构和生成良好的治理机制。

《指导意见》对国有资产监管机构如何依法履行出资人职责,实现从管企业为主向以管资本为主的转变有很好的定位,管资本的诉求重点在于对于资本运动的"价值型管理",有利于进一步理顺政府与国有企业之间的关系,依法明确国有资产出资人监管的边界,逐步消除政企不分、政资不分的问题。在以管资本为主的国有资产管理体制改革背景下,自然有助于对不同经济发展阶段和产业发展战略功能定位和目标、处于不同行业、承载不同功能的国有企业划分类别实施相应改革,联系国有企业布局和国有资本配置与产业技术特点、市场结构状态、产业开放程度等市场经济运行的现实特征结合起来加以考察,选择相应的改革举措和混合所有制股权结构。由于国有资本配置的战略定位和发展目标不同,国有资本配置的领域能够展开竞争的程度也不尽相同,有些行业需要引入非国有资本展开充分的竞争,以提高资源的配置效率;而有些关键产业部门,尤其是涉及国民经济安全的关键领域,在保持国有资本控股的基础上可以适当引入非国有资本。因此,明确不同类别的具体举措,有助于提高国企改革举措的针对性和提高国企改革的效率。

将企业划分为商业类和公益类,区分出企业运营的资本投放追求"盈利"和"非盈利"的第一直接目标指向,找准了"分类"的根本特征因素,"分类"施策,有助于提高监管的有效性、考核评价的科学性,也有助于提升国企的活力。分类改革也为将来探索企业差异化治理方式开启了新的方向。在分类基础上,商业类国企将进一步向民营资本等多种所有制资本敞开大门,国企的并购重组、各类资本的融合会进入一个新的阶段。

6.1.2 "分类改革"着力推进企业制度不断创新,旨在更好地落实《深改决定》精神

毫无疑问,《指导意见》对于更好地落实《深改决定》,致力于在企业制度建设上下功夫,我们可以从以下五个方面来展开讨论。

第一,积极发展混合所有制,以此作为深化企业改革的"突破口",进一步完善现代企业制度。说到"混合所有制"改革,我们可以从《深改决定》的第六条"积极发展混合所有制经济"的标题,感受到主动选择"混合所有制"的认识姿态。这是一个很重要的理论深化突破。众所周知,1993 年党的十四届三中全会通过的《关于建立社会主义市场经济体制若干问题的决定》,明确了以"建立现代企业制度"作为企业改革的目标模式,所谓现代企业制度即现代公司制度,也就是多元出资的企业制度。实际经济工作场合形成的"多元出资"并不一定就是"混合所有制",有可能只是不同法人出资形成的"多元",因为这里的不同出资法人都是几家国有控股公司或者国有投资公司,这种"多元"形式能够导入不同法人利益主体之间的"制衡"机制,对原有的企业治理决策方式带来变革。但是,国有控股公司或投资公司的"最终控制人"都是政府的资产管理部门,以至于还是没有从根本上使"制衡"机制真正到位,也就是说,这里的"多元出资"还只是形式上的变革。由此也就不难理解,只有在产权关系性质特点上存在不同最终所有权的多元出资,才构成真正意义上的"混合所有制",即公有制出资主体与非公或其他社会出资主体之间形成的"联合出

资",构成"混合所有制经济",形成不同所有制产权关系主体之间的合作制衡机制。在这里,制衡的主要表现除了以积极的投票方式参与治理,也可以选择"消极的"方式即"退出合作"的方式参与治理。换句话说,出资者(投资者)保持有"进入"和"退出"对称完整的权利。不难理解,1993年还不能正面直接提发展"混合所有制经济",对经济生活中已经存在的"混合所有制"形式只是承认其存在,对于这种形式与坚持公有制主体地位的基本经济制度原则的关系没有直接加以回答①。到了2013年,伴随改革的不断深化,实际经济生活中由于市场化进程所出现的新的投资机会,已经出现一定数量的公有资本与私人资本共同联合出资,特别是以发行股票上市对一大批国有企业的产权结构的改造,使我们实际体会到混合所有的机制活力。因此,对混合所有制有了更加深刻地理解,以至于在思想认识和实践场合具备明确地提出"积极发展混合所有制"的理论创新条件。在明确以"混合所有制"作为新一轮国有企业改革的"突破口"的原则基础上,进一步提出以"分类改革"方针处理好发展混合所有制经济的具体工作任务和内容,提高发展混合所有制经济的自觉性。

第二,从"管资产"转向"管资本"的国有资本管理体制变化创新,以管理对象和内容的变化促成管理工作方式和管理目标的变化。比较对照两种不同的"管"的对象和工作方式,"管资本"就是要以"价值型管理"作为管理工作重点,围绕保值增值、保持资本的活力开展工作,以有助于解决好国有资本和市场经济相融合。"管资产"就是以现有的企业组织对象和企业经营使用的资产作为管理对象,因而受到资产的专用性和企业资产账户内容结构的束缚制约,使管理行动难有灵活性。说到底,伴随经济发展、产业技术进步和组织结构变动,资本配置重点必然会发生变动,这种变动需要资本价值在不同产业领域和部门有所流动,资本的流动(即进入或者退出)是资本保持活力的具

---

① 1997年9月12日,江泽民总书记在中国共产党第15次全国代表大会上的政治报告《高举邓小平理论伟大旗帜,把建设有中国特色社会主义事业全面推向二十一世纪》中,提到"混合所有制经济"的概念,是在阐述"全面认识公有制经济"的"含义"时说到的。参见该报告第五章。

体形式和客观表现。

第三,组建国有资本经营公司或者是投资公司,创新国有资本经营制度。借助于授权经营方式,将国有资本经营权推向市场,促成"政资分离",由国有资本经营公司或投资公司具体承担行使"出资"主体权利,操盘国有资本配置流动,实现经营性国有资本的市场化运作。具体说,经典理论所得出的公有制的本质是"全民所有",这种属性在现实生活中表现为"国家所有",再追问国家所有如何表现,国家所有的权能是通过国家治理职能形式的政府部门去加以实现,"国家所有"就直接表现为政府"所有"。然而,政府的职能是又通过政府的相关部门去行使的,在这里,全民所有的资本权利与政府的日常行政管理的职能关系重叠起来了,所有权权能最终表现为"政府部门"职能权利,以至于有"部门所有制"的说法。很显然,这一说法不是空穴来风,而是国有资产管理行为在具体场合给人的印象。更加让人值得追问的是,政府管理经济活动的具体职能,又进一步表现在政府部门内部的各项具体的审批、核准、许可、发放牌照或者是备案放行等工作内容上,而这些具体的工作内容是由政府部门内部的岗位职责去办理的,这就出现了"政府部门职能岗位化""岗位职能当事人化"的转换表现,这就是当下为什么有些政府部门"门难进""事难办"的内生的机理和原因,也是那些掌握具体审批权力的岗位当事人可能有"弄权""设租"的体制机制原因。这同时也告诉我们一个很简单的道理,没有相应的公开透明的办事原则,没有基于公开透明的原则相伴随的监督制衡,腐败就会滋生。这种所有权实现过程的权能转化机制,有人形象地概括为"政府职能部门化,部门职能岗位化,岗位职能(当事人)个人化"。所以,才有北戴河一个水务处处长、国家能源局煤炭司的一个副司长有如此贪腐的记录①。原因是政府的公权力落在了个人的手里,掌握这一"权力"的行为不透明、没有制衡。通过组建国有资产经营公司或者是投资公司,对经营性国有

---

① 见相关报道见 http://finance.sina.com.cn/china/dfjj/20150616/082722442590.shtml;http://news.xinhuanet.com/legal/2015-12/29/c_128577286.htm。

资产实行授权经营,某种意义上就是把经营权交给市场,通过市场的开放性信息环境加以监督。由此可以使政府从现行的繁重的国有资本经营的具体事务中解脱出来,接受授权的资本经营公司则可以接受市场的约束和检验,融入市场环境,促成国有资本与市场机制的相融性。

第四,在此基础上,又可以带动对于国有企业领导人分类分层次的管理问题的解决,促成对经营人才的市场化评价。因此,以企业经营者队伍的分层分类管理评价方式创新,对于企业经营者(企业家)的市场化评价制度的发育,有助于企业家队伍的成长发育。这也是《指导意见》治理与推进的制度创新的重要内容。

第五,促成经营者和员工激励制度创新。联系发展混合所有制经济,开放产权关系的不同所有制资本关系的联合合作,使国有资本的产权权利接受市场定价,形成外在的市场化公开化的定价机制。正是这样,借助产权定价的客观公允环境,也有助于引入企业经营者和员工参与持股,形成公有制主导下的劳动者直接持股的新型的资本与劳动关系。创新经营者激励和员工激励制度。所有制关系上的这种突破,也是对既有的公有制生产关系的发展,是所有制理论的创新。正是这样,以混合所有制改革为契机,推行经营者和员工持股,是国有企业改革深化进程必须重视的重要改革内容。

6.2 从《深改决定》到《指导意见》出台对国有企业改革"再出发"的探索和启迪

为了更加完整深刻地理解从《深改决定》(2013 年 11 月)到《指导意见》(2015 年 8 月)差不多 22 个月时间里,围绕理解执行《深改决定》所提出的全面深化改革任务,可谓 2.0 版本的改革,主要围绕在国有企业改革方面的改革任务如何落实,由于在改革内容设计存在的不同理论解读,必然会对于改革举措的选择产生影响。从而可以看出不同的理论解读,以及深层次的理论创新对于改革深化的重要意义,以此加深理解理论探索对于指导改革前行的意义价值。

6.2.1 落实《深改决定》的多项动作所产生的改革效应

《深改决定》对全面深化改革的目标和"经济、政治、文化、社会和生态文明""五位一体"的改革任务,对体制建构"四梁八柱"做了全面完整的设计,致力于"国家治理体系和治理能力的现代化"建设,理论上有系统的创新。《深改决定》发表后,围绕各项改革任务的落实,形成了一种"改革再出发"的"活跃"场景。我们可以从两个方面来加以考察。

一个就是经济理论界对于《决定》所提出的改革任务内容的论证和阐发,基于研究阐发者自身的知识结构和研究风格,"百家争鸣"显然有助于把问题研究得更加透彻,对同一个命题有不同观点解释本来是一个常态的事情,但是,实际的改革举措如何拿捏、选择什么样的理论主张为参考具体转化为改革举措方案,最终需要有一个抉择,将设计付诸行动。

另一个方面就是,针对《深改决定》所明确的改革任务要求,具体指导和负责相关管理工作的政府部门都从自身赋权范围积极思考,制定推进工作的试点方案,人力资源和社会保障部管理职能相关的对央企负责人薪酬制度改革方案[1],对薪酬标准上限提出控制标准,必然会派生关联影响企业内部不同管理层级岗位的薪酬收入水平的变动,进而产生对央企队伍产生一定程度的影响。2014年5月,国家发改委从对全社会投资管理的职能出发,针对混合所有制改革任务,对如何选择国有企业开放社会资本入股投资提出试点方案,召开专题会议,最初遴选了80家试点[2],实际执行过程有25个公司完成

---

[1] 2014年8月18日十八届中央深改领导小组审议会议审议了《中央管理企业主要负责人薪酬制度改革方案》,提出薪酬控制管理标准。

[2] 发改委发布于2014年5月18日发文,推出首批鼓励社会资本参与的80个项目名单,参见,http://news.bjx.com.cn/html/20140521/512505.shtml

了混合所有制改造。财政部则研究出台相应的文件对国有资本经营收益缴交制度逐年到位做出安排。国有资产监督管理委员会在 2014 年 7 月出台了六家企业四类试点的工作方案①。可见,围绕国有企业改革问题,具体的对国有资产管理的政府职能分别落在国务院不同部门。这种状况让我们似乎还是看到对国有企业日常运营管理呈现"五龙治水"的影子,政出多头的改革推进不能形成全面协同深化的综合效应。正是在这样背景下,需要研究设计带有综合考虑的协调一致的改革方案,研究制定《深化国有企业改革的指导意见》就显得十分必要,经过了一年多的实践,先后几易其稿,《指导意见》是2015 年 8 月 24 号由中共中央和国务院联名正式下发,并于 2015 年 9 月 13 号正式公开发布②。《深改决定》和《指导意见》两个文件公开发布的时间间隔有 22 个月。可见从《深改决定》所明确的改革任务原则转化为具体行动方案和工作内容的共识,花费了不少的时间。再后来就是国务院或者是国家国资委提出配套《指导意见》陆续出台"N"个配套文件,围绕企业改革的相关具体内容明确政策指导,进一步细化《指导意见》的提出的工作要求,对于国有企业改革多个方面的工作有序平稳推进发挥了积极的作用。

6.2.2 积极推进国有企业改革的新举措需要有整体设计配套协调

围绕国有企业改革的深化究竟有哪些深层次问题需要解剖,其实在 1993 年十四届三中全会提出"现代企业制度"概念以后,公司制度作为企业改革新的组织形式和法律制度形式被广泛采用。实际上,在多元出资场合,原来的国有(独资)企业已经改造成多元出资,特别是在吸收社会资本参与投资的企

---

① 国务院国资委:六家央企入选首批国资改革试点,参见,http://business.sohu.com/20140715/n402275925.shtml

② 参见,http://www.gov.cn/zhengce/2015-09/13/content_2930440.htm

第6章 改革再出发：从"分类"到"分层"

业（比如有国有发起上市的股份制企业），原来的"国有企业"应该在法律概念上转变为"国家出资的企业"。但是，在我们的日常生活中，"国有企业"的概念没有改变，国有独资的企业、国有控股或者是参股的企业，都被笼统地、简单地称之为"国有企业"，导致在多个场合，对于国有企业改革任务内容讨论的话语所指莫衷一是，使理论的热闹流于形式的空讲。更何况人们的知识存量中已经有对传统体制中的"国有企业"的"既定概念"。严格地说，改革已经推进的举措已经改变将相当一部分国有企业改制转变"国家出资的企业"，只有国有独资企业才可以直接地称之为国有企业。笼统地简单沿用"国有企业"概念，对应呼唤人们知识存量和行为惯性，将已经改制为多元出资的（国有资本出资可能占据控股、参股但还是第一大股东或主要股东）的企业直接称之为国有企业，意味着忽略其他出资资本的存在，概念范畴没有包含反映其他股东的存在。以至于没有能够区分国有资本在这一具体企业是"全资""控股"还是"参股"。这种对于"国有企业"概念的任意称谓，无论是政府官员还是理论工作者、新闻媒体甚至官方文件，都习以为常，没有加以认真区分。实际经济生活中，在国资委眼里，全资的我要管，控股的我要管，参股的我还要管。这种状况表明理论工作的规范性没有到位，自然也会直接产生对于企业改革研究和工作内容着力点的偏误。我们所说的"国有企业"，不是一个抽象的概念，应当是有具体存在的组织对象，联系到现实经济生活中的具体企业，这一概念严格意义上只能指向国有全资企业。而国有出资控股或者是参股企业，因为由其他出资主体存在，就不能笼统地归于既有的"国有企业"概念之下。否则的话，就会出现讨论的对象不准确，自然讨论的实际内容也就不能明确精准，讨论的见解也就不具参考借鉴指导价值。由于对"国有企业"概念的简单化定义，在概念不准的前提下，许多的量化实证分析难以将问题解剖清楚，研究的实际价值也就会大打折扣。包含国有出资在内的多元出资企业，出资人行为属于市场行为，按照市场规范，在出资人场合，不同主体持有的股权数量有大小，彼此平等合作，同股同权同利。这是非常有意义的概念含义的澄清工作，我们理论工作者对此应当负有责任。

顺便需要指出的是，在实际经济生活中，也存在"国资"概念的使用不规范。在不少场合，人们经常使用简化了的"国资"概念，但是，究竟是说"国有资产"、还是"国有资本"，显然两者不是等价的概念。今天明确了国资委从管资产转向管资本为主。是改革深化的重要推进举措。大家很清楚，会计学意义上资产和资本的差异。资本是所有者权益，那才是实际权益和能力的国有资本。还有，其实"混改"的概念也存在使用场合的不规范，存在着为改而改的现象。近两年来的中央经济工作会议，都特别提出对六个产业部门要加快推行混合所有制改革的工作任务，以至于积极选试点、抓推进。其实这里需要深入研究就是"混"改的根本意义，发展混合所有制究竟关键在什么产权环节上？某个产业部门没有放开准入（值得注意的是，产业准入的开放是有条件的，可能涉及国家经济安全问题），也就是说这个产业的定价体系没有真正放开，从而完全实现市场化定价，在这样的背景下，就把行业中的某一部分经营内容拿去搞混改，势必出现与行业价格保护相伴的"利益输送"或者是准入壁垒下的变相垄断经营。换句话说，"混"，应该在终极产权层次上的混，才是真正意义上的混，但这需要有一定的对产业安全管理的条件前提，派生产权环节上的"混"需要谨慎选择推进。尤其是开放哪些资本主体取得参与混改的商业机会，需要有公平公开公正的市场规则和股权合理定价机制和工作程序。处理不当就会出现利益输送或者是国有资本价值流失。其实，国有商业银行和几大央企在香港上市的实践，已经提供了活用的经验。

6.3 "分类"改革面临相关因素制约，需要"分层"机制加以配合

我们对"分类"改革方针的积极深化意义有充分的理解和肯定。联系日常讨论国有企业改革话题，一般都是将"国资""国企"改革一并表述，我们不能说放在一起讨论有什么不可以，但仔细分析可以发现，其实这两个关键词

涵盖的内容不是同一个层面上的问题,国有资产管理改革,需要转向以资本的价值增值能力为工作目标,国有企业的改革是承接国有资本配置的生产经营活动组织对象,是资本在什么领域、以多大规模配置、以什么方式配置的问题。上海地方在探讨国资和国企改革工作内容的具体内涵时,八年前时任上海市委书记的俞正声在上海就对此有具体的分析,对两者之间的关系做了区分[1],明确两者属于不同层面的问题,不能把这两个问题混为一谈。依据这一见解推进国有企业改革,有助于不断积累推进改革深化的工作经验。

6.3.1 落实"分类"改革举措使国有企业改革进入新的深度境界

如前所述,"分类"改革深化将国有资本配置组织载体与产业领域的选择结合起来考虑,带来的对改革内容的深化。所谓商业类、公益类,是以是否以营利作为第一经营目标对产业功能定位加以区分的概念,更多是产业领域、产业部门的对象问题。然后进一步分了商业A、B类,A类是可充分竞争的,在推进混改时甚至可以不控股、不做第一大股东,《指导意见》讲得非常明确。从这个意义上说,确实打开"混改"的很大的空间,它带动产业领域改革推进和市场结构变革发育紧密结合,促成产业领域开放的市场深化。比如,电信怎么改,它促成了电信改革朝着保护产业安全和符合技术规律的方向走,联通、移动、电信三大电信公司的网络建设业务整合组建了一个新的公司(铁塔公司),有效地解决了网络建设重复配置的浪费现象[2],基于行业技术特点,在价值链、技术链关系上重新做了分解。电信终端的通讯增值服务则向市场开放,允许30家民营电信虚拟运营商,与三家电信公司网络选择合作,从事竞争

---

[1] 《深化国资国企改革是当前紧迫任务》,《解放日报》,2009年4月9日。
[2] 《一座铁塔带来的改变——解析国企改革的铁塔样本》,新华社,2016年11月13日。

性放号,这符合技术领域特点的开放规律和保障信息安全的根本要求①。电力则试图把发电、电网建设和输配电分开,当然这种划分努力还刚起步,相互之间的分工连接和结算价格的合理性还在摸索。

所有这些改革推进,也必然会带动监管方式、考核目标体系的改革。因为有了分类归属,相应的考核内容和指标标准内容也就有了确定的依据。但是,具体操作场合,落实"分类"归属不仅仅是企业对象,还有企业业务结构和承担具体业务的历史因素的清理问题,会影响"分类"改革的实际效应。如前所述,上海地方率先推出的国有企业改革方案,将市属企业分成了三类,竞争类、功能类和公共服务类②。上海汽车集团明确在竞争性领域,相对强化促进了汽车集团走整体上市的路,带动了整个组织体系、业务体系考核变革。但出现一个很有意思的问题,上汽作为上海最有实力的国有企业,以往不同时期也承接了在当时情况下政府交办的某些特定的任务,有些出资投资并不一定追求回报,甚至只是为了解决当时市政府所碰到某个"困难"需要有一定财力去化解,面对这样的"任务",在接受并完成政府安排的工作任务所需财力而言不在话下。然而承接下来的这些"任务"与企业主业和经营核算目标并不相相融,这也恰恰体现出国有企业在宏观经济运行中的另外一种特殊功能。在归类于竞争性行列的考核体系下,其资产总量中属于接手完成这样的特殊功能任务的"历史负担"如何进入资本经营责任范围,就成为一个需要区别认定的具体问题。当企业自身要求考核者对考核结构内容和目标标加以分解的"合理诉求"时,自然就会出现考核者与被考核者之间的"讨价还价",

---

① 2014年12月25日,工业和信息化部发布了《关于向民间资本开放宽带接入市场的通告》(以下简称《通告》),并附《宽带接入网业务开放试点方案》,长沙成首批试点城市之一。参见网址,http://hn.rednet.cn/c/2015/12/30/3876797.htm

② 上海市委市政府2013年所设立的1号课题对"国有企业改革的整体方案"的研究,相关文件在2013年12月17日召开的"全市国资国企改革工作会议"上正式公开发布。方案明确了"分类"施策的改革方针,将企业分为竞争类、功能类和公共服务类。对照《指导意见》的分类提法,竞争可对应于商业A类,功能类和公共服务类的不同部门和经营业务可以与商业B类和公益类相对应。

最终是面对清理"历史负担"和特别承担的经营内容的工作要求,以至于得出"进大院看小门"的结论。也就是说企业的主业和整体特性属于"竞争类"(商业A类),但是,其总体竟因业务中有某一部分不纳入总体的考核内容。这个案例给我们一个启发,就是传统体制下的国有企业总是承担着主业、副业,或者是某个经济周期环境下,政府指定企业出面承担某个不属于企业经营必须承担的社会事务,在新的对企业经营活动归类确定考核目标基数时,需要予以区别隔离,也就是业务结构的"分层次"处理。正是由于企业既有承担的经营业务和财务结构,在接受分类的时候,往往很难分解其承担的某些与"副业"负担,也就不可避免地给企业留下向考核主体"讨价还价"的理由和谈判空间,最终也就很难使用客观的严格的指标考核手段对企业进行评价。正是由于这种原因,有可能会影响"分类"改革的实际深化,难以把改革的举措落到实处。

6.3.2 落实"分类"举措与企业"历史负担"的摩擦,引发"分层"要求

根据以上对落实"分类"改革举措实践的了解分析,"分类"改革思路受到多方面因素的制约。第一,"分类"改革虽然把国有企业界定为两大类三小类,但是基于我国现实国情,不同层级政府所掌握的国有资本数量以及财政收支能力,有一定的差异,各自所面临的经济社会发展任务有具体的层次分工。正是这样,需要如何结合不同政府层级和既有的国有企业的分布对"分类"有所区别。客观上,从中央到省、市、县、乡五级政府均拥有各自的财政账户体系,自然也就应该拥有各自的资产管理体制,他们所掌控的存量资产可以视作是过去财政的积累,即期的财政收支盈余积累能力也会为国有资产账户提供新的增量。各层级政府也会结合自身的财政能力、政府职能所面临的目标任务等选择"分类"的具体举措。第二,"分类"改革虽然明确界定了分类的主要依据,但是以管资本为主的国有资产监管体制需要理顺国有资本出

资—用资关系,理顺不同层级投资—被投资形成的股权权益关系,因而需要明确出资行为"终极所有权"即"初始"的出资主体身份。由此明确出资行为终极所有权和接受投资的法人财产权,可以理解"终极所有权"主体是确定的,但法人(法人所有权)出资行为可以有多层级派生。换句话说,法人出资行为可以派生嵌套。基于这样的对"终极所有权"和"法人所有权"关系的理解,有助于强化现代公司治理结构,为企业家才能提供更加规范宽松的施展的平台。第三,"分类"改革虽然要求按照国企功能定位和发展目标进行划分类别,但是类的属性不是静止的、一成不变的,伴随市场深化动态考察,"类"的边界也是会移动变化的。所以"类"的区分不是一蹴而就,这也是与"分类"相伴随的改革难点。况且政府自身行为也会因为适应国民经济结构变迁调整和不同经济发展阶段目标要求,对"类"的划分相应调整。正是这样,为保持国有经济的主导作用,必须着眼于生产技术特点、全球经济结构变动,对国民经济各组成部门有动态调整变化机制,强化国有资本对关键领域和重要部门的控制力、影响力。

以上分析表明,在明确"分类"改革工作方针的基础上,如何具体推进"分类",如何把"分类"改革落到实处,仅仅实行"分类"还是不够的。积极发展混合所有制经济,在坚持"分类"改革原则的基础上,推进"分层"改革显得十分迫切和必要,"分层"改革无疑会把"分类"改革的原则具体落实、分层推进,二者可谓相得益彰、并行不悖。根据前述分析所得到的见解,主要强调的是以投资链条延展派生的产权关系层级、国有资本投资重点选择与产业领域层次和与"终极出资人"身份相关的政府行政层级三种形式的"分层"管理国有资本配置问题。

首先,在现实经济生活中,投资者手中所掌握的是一定数量的"价值资本"(货币价值数量),投放于某个产业领域的具体承担经营活动的企业组织,依法注册成立"企业法人"。企业在经营活动中,根据业务发展需要和治理规范,有可能会产生对外投资,由此表现为投资产权能力的派生。善于经营的企业,正是通过这种项目发现和组建"子企业"形式,调度和吸引其他社会资本共同联合出资,放大自身的资本运营能力。组建新企业的"发起人"以开放股权参与机会,相应具有动员利用社会资本的"收获",形成不同投资者相互之间既"相互合作"、又"相互制衡"的关系,有利于保留优化治理结构积极"通道"。然而,产权链条责任最终要追溯到"初始产权主体"(最终所有人),这里存在着所谓"初始产权"(最终产权归属主体)和"派生产权"(接受投资使用资产的产权主体)之间的关系。正是这样,我们不难发现,积极发展"混合所有制",联系产业领域的投资机会而言,实质上涉及到产业领域的开放问题。当初始产权即"终极产权"主体得以明确,积极发展混合所有制与坚持公有制原则,是在两个不同层次上,两者可以并行不悖。诚然,产业领域的开放,还涉及产业领域在国民经济体系中的地位、产业开放可能产生的市场稳定性和风险管理能力等方面的因素,这些因素有人将之概括表述为"产业安全"问题。这也就是国有资本管理改革与企业改革走向深化的结合点①。

在这里,我们所强调"分层"工作重点,就是要在基本经济制度坚持公有制主体地位的同时,解决好公有制与市场经济的相容性。坚持终极所有权的公有制性质,按照这一思路,国有资本投资主体一般采取投资公司或主权投资基金形式,保持在价值资本管理上的灵活性。根据明晰国有资本最终控制人的要求,联系各级财政能力为载体的多层次政府主体存在,由此就提出公有制属性的所有权与中国政治经济生活中与"五级政府"主体相一致的财政账户体系结构,表现为中央政府所有权、省市政府所有权、地市政府所有权、县政府所有权直至乡镇政府所有权。强调现实经济生活中公有制出资主体

---

① 2016年12月14—16日召开的中央经济工作会议,对推进"混改"提出明确要求,强调"混合所有制改革是国企改革的重要突破口",要"按照完善治理、强化激励、突出主业、提高效率的要求,在电力、石油、天然气、铁路、民航、电信、军工等领域迈出实质性步伐。加快推动国有资本投资、运营公司改革试点"。此后,2017年的中央经济工作会议(2017年12月18—20日)对这方面工作仍然保持同样的提法和要求。可见,深入推进混合所有制经济改革是我们所面临的一项重要改革任务,如何稳健推进值得各界高度重视。

存在五个层次的"终极所有者",这也是对公有制理论认识的新的深化①。

在解决了终极所有权层次主体的基础上,才能解决好在同一投资产权链条,究竟"混"在什么层次才具有关键和根本性意义。混合所有制企业本身是多个"出资"主体合作生成的"用资"主体②,是所有权的投放运营实现的组织对象。出资者(所有者)在股东大会上说话,推举派出董事(产权代表)参与公司治理。与此相关联,加快组建国有资本经营公司的改革任务内容就顺其自然地摆在改革任务配套的工作内容清单之中。组建接受授权经营国有资本的市场主体,具体承担行使出资人权利的当事人,结合弄清楚"出资""用资"关系,也就不难理解坚持公有制和推行混合经济可以并行不悖。但今天有些人不理解这种出资用资关系,甚至认为"发展混合所有制经济就是要否定公有制",很显然,这种看法实际上是不懂得"所有权实现理论"、不懂得"名义的或货币的所有权"与"实际的使用权"即"法人所有权"之间所发生的分离、不懂得现代产权因投资行为可能不断"派生"。在改革推进到国有资本的经营主要由国有资本经营公司承担时,围绕产业安全和国有资本保值增值为目标的国有资本经营公司,一方面根据市场环境条件和国家经济发展的阶段任务目标,发挥控制力、影响力和抗风险能力的作用,同时又可以根据市场环境特点和经济运行动态特点,做出决策判断,运用"进入""退出"的灵活性开展经营活动的市场活力。对上述围绕所有权实现具体形式和路径没有全面的理

---

① 这也是围绕积极发展混合所有制讨论引出的理论问题。实际上,国有企业改革的不断深化,在引入现代企业制度即现代公司制度,强调企业"法人财产权"(法人所有权)的独立地位,自然也就进一步引出明晰企业"出资人",以强化出资用资责任关系,使既有的"公有制"范畴从抽象地一般规定,转向有具体承担责任的对象的深化诉求。对此,国务院发展研究中心在 2002 年 11 月的一份研究报告中就已经提出"国资管理实行分级所有"的建议,见 http://finance.sina.com.cn/g/20021108/0835276398.html。仔细分析,实行分级所有,并不影响公有制的基本性质规定,恰恰能够更好地将强化政府国有资产管理责任,与"政府理财"行为结合起来。

② 市场经济条件下,经济运行中的资源配置普遍表现为名义的(货币的)资本所有权与现实资本使用权相分离。对此,马克思在《资本论》第三卷第 30—32 章"货币资本与现实资本"三章有详细论述。

解,就可能出现推进混合所制改革行动上,存在"为混而混"的现象。以中石化销售公司的"混改"为例,29.99%的股权开放给了 25 家境内外投资者,这些机构基本上都是该集团企业的利益相关者①。诚然,我们在这里需要特别强调说明的是,中国经济运行中的石油产业部门还不能真正放开准入,由此又难以准确确定石油销售价格,生产加工与销售公司之间怎么结算。从这个意义上说,本人认为,对于混改的推进是一项十分复杂的系统工程,应该是既"急不得、快不得"、又"等不得、慢不得"的工作,既紧迫又需要特别谨慎,如果急于推行,缺乏市场环境的公平性条件,极有可能是"伪混"或"为混而混"。说到底,推进混合所有制改革,是一个需要创造出更加充分严苛的外部条件的长期努力才能实现的改革任务。

  以上讨论在于强调,需要明晰"终极所有权"主体,在此基础上,对于投资行为的责任链条加以分层,不仅促成终极所有权经营主体的身份清晰,也能够为投资场合的治理提供根据,有助于作为用资人场合的企业治理结构的合理化和不断优化,通过"出资人""用资人"关系形成更加清晰的产权责任关系,赋予企业法人更大更多的经营决策自主权,以加强提高企业决策的灵活性,提高企业的经营活力。

  其次,从国有资本配置与国民经济运行中的产业体系关系考虑,国有资本的配置投资重点项目,需要联系产业体系和产业技术链条层次环节考虑,更多地选择在基础产业和上游技术层次上布局,在研发等具有外部溢出正效应的共享技术和基础设施等产业体系和技术链条层次上多投入多用力,为塑造产业生态环境多投入,以发挥国有资本的主导作用。考虑到与"分类"思路相结合,国有资本终极所有者主体,需要根据自身所掌握的资本规模能力、产业发展的阶段目标和社会资本市场环境,选择在产业技术链条的不同层次上

---

① 请参阅百度百科《中石化混改项目》的有关报道,http://baike.baidu.com/link?url = 1YCPFnFeo3IyBgXVIx3S9-HRT5gFAy2ME _ tRvljaiRqWOUDZAeL8f5doEkrYzH2-usibUbgXMKUgfkTNNIKsB-JQHkyV2UlvO7gpdpkq-JsNB _ s7fVvB9fNJmZ5P4y1lhXZBOSPnfXUGsSAZxchfl0cr57hzxP_CSAleQsUxFOm

投放国有资本,以带动影响其他社会资本进行开放性合作,促进国民经济发展方式转变到创新驱动的发展轨道上来。

最后,联系前已述及的明晰公有制产权关系的"终极所有者"的不同层次存在,需要有相应的不同的管理方式分工。客观上说,全社会国有资本管理体系,不是以"条管理"形式出现的,国务院国资委所发挥的是专门职能对全社会范围的"国有资产"管理加以指导。这也符合处理中央地方关系的基本原则。正是因为以五级政府财政所承担的政府账户功能,我们可以将中央政府、省市政府和地市政府财政账户所管理的公有资产归为"国有资产"范畴,对于县级财政和乡镇政府财政账户所管理的资产,作为地方公共资产,参照国有资产管理办法进行管理。鉴于县乡的行政层级,其日常工作内容更多地与基层群众的生产生活相关联,他们所掌握的公有资产必然地更多地与自身区域工作内容相结合。因此进一步明确建构起国有资产"分级管理"的体制安排,形成"新国资管理组织体系"。

在明确"分类"基础上,引入对国有资产的"分层"管理,以推进国有资产配置运营管理更好地与市场经济的"活性"相融合,使"混合所有制"改革动作更加扎实、更加稳健有力。基于"分类"认识的联系产业领域和市场特点选择不同的混合所有制的股权结构,实行"分类"改革具体方案,既要通过引入不同所有制资本相互之间合作和制衡机制,又要注意保持国有资本对于国民经济运行的控制影响能力和抗风险能力。在混合所有制经济形式覆盖的产业领域不断扩大的背景下,经济运行中的产权权利的实现有着自身的特点,这就是伴随法人资产经营中的投资行为出现的"产权权利链条",由此出现所有制的一般规定性和所有权实现过程的产权权利延展(派生)关系,从而"所有权"与"产权"关系。由此又可以进一步提出初始产权界定在现阶段国家所有制通过政府机构具体形式所有权权利,基于政府的财政账户的资产账户管理,在政府的行政层级清晰关系基础上,应该就有多级的政府层级之间的"多级所有制"问题。当然还有,政府所掌握的国有(公有)资本如何开展与社会其他资本之间的竞争合作关系和对国民经济的控制影响力问题。

第6章 改革再出发：从"分类"到"分层"

进一步讨论以混合所有制经济形式所展开的各类资本主体和资本权利"层次"关系，可以更好地理解治理结构功能、处理公司治理机制的优化和治理责任关系的落实，从而提高公司制度运行的质量乃至于国民经济运行的微观基础质量；更好地处理各级政府之间的财权事权关系，促使各级政府更好地适应市场经济运行环境，加强理财意识和对于存量资产和社会经济运行带来的财政收入动态优化的"整体性理财"能力。带动政府行政体制的改革深化；根据经济社会发展阶段目标要求和市场发育条件，保持在国民经济结构和布局安排中处理好国有资本与社会其他形式资本相互之间的合作竞争关系，做到在保持国民经济活力的同时保持经济运行的稳定性。因此，我们可以说，从"分类"到"分层"可以作为国有企业改革深化可选择的新的可选择举措。

总之，在深化国资国企改革的具体实践中，将"分类"改革与"分层"改革有机地结合起来，使二者统一于我国国资国企改革和经济体制改革的全过程，坚持"分类"改革和"分层"改革相统一的原则，在"分类"改革中深入研究"分层"的具体实施，在"分层"改革中明确"分类"的目标和原则，实现"分类、分层"改革举措互动互通的良性机制。从动态发展的国民经济运行在和再生产行为分析，国有资本通过市场"进入"和"退出"机制保持国有资本的流动性，使国有资本在流动中保值增值。尽管由于国有资本的投放领域不同，国有资本组织载体的国有企业放的主要功能也不同，国有资本投放的对象在整个社会再生产中所发挥功能的性质及表现形式也会有所差异。但是，总体来说，不外两种方式，即直接投入竞争性领域、以盈利为目的，这些投入因为市场发育或体制因素条件制约和产业安全考虑需要适当加以适当的管制；或者是投入到属于公益性的国民经济的基础设施领域，这部分资本投放的主要目标是以发挥它们对于国民经济整体结构的支撑功能，在此前提出下兼顾实现保值增值的目标要求。正是由于基础设施产业部门所提供的社会再生产竞争性领域有效运作的经济运行环境，使竞争性领域的资本运行绩效目标能够更加顺畅地实现，对国家财政收入稳定增长做出贡献，最终也使投放于特定经济领域和基础设施产业部门的国有资本保值增值目标间接地也得到实现。诚然,在社会经济结构不断调整优化的动态过程中,投放于基础部门领域的资本,其盈利能力也可以得到一定程度上的保证,只是这些投资规模大、回收周期较长,有其自身不同于一般产业部门投资周转的特点。

6.3.3 通过将"分类"与"分层"有机结合,有助于更好地发挥国有资本自身优势

在承认国有资本各级出资人作为国有产权代表的基础上,国有资本一方面既需要保持增值性和流动性,另一方面更需要考虑其政策性和功能性。由于不同层级政府在承担的社会公共管理(服务)职能、资本规模等方面存在明显的差异,不同层级国有资本在国民经济行业分类中具体的投向领域也必然会不同。虽然《指导意见》提出国有资本要坚持有进有退、有所为有所不为,推动国有资本向关系国家安全、国民经济命脉和国计民生的重要行业和关键领域、重点基础设施集中,向前瞻性战略性产业集中,向具有核心竞争力的优势企业集中,这些资本投放方向和领域重点,是国家层面上的全社会总体要求做到的国有经济功能的定位,具体到中央和各级地方政府所掌握的资本能力而言,肯定还是会各有侧重。各级国有资本并不像纯粹的私人资本以单一的增值盈利为目的,尤其是短期化的成本—收益考量,各级国有资本还必须明确本层级国有(公有)资本如何服从于政府功能定位和主要工作目标,对自身所掌握的本级国有(公有)资本加以配置投放,需要明确"有所为,有所不为",形成各不同层级国有资本主体之间的合理分工,不同层次的国有(公有)资本与其他社会资本之间的分工。在发挥作用的领域存在分工的基础上,更重要的是,各层级国有资本有可能展开深度合作,积极配合、相互支持,共同服务于国家经济社会发展大局,共同融入社会化生产,在发展混合所有制经济中保持交流、沟通、协作,实现公有制与市场经济相融合。我国经济生活中实际上已经存在一定数量的地方政府之间的共同联合出资组建多元出资公

第6章 改革再出发：从"分类"到"分层"

司的经济行为。以多层级政府财政权利为基础的"分层"改革，在推进国有资本管理改革深化，增强各层级国有出资人市场竞争意识和市场盈亏意识发挥了积极的作用。使国有资本经营主体做到既能够遵循市场经济基本规范，又能够实现经济发展目标，实现资本的保值增值。

在明确对国有企业改革实行"分类"举措的同时，结合引入"分层"的工作内容，有助于理顺各层级政府国有（公有）资产管理和资本经营理财行为之间的关系。从而有助于更好地处理中央与地方各级政府之间的资产管理关系。尊重和理解中央与地方各级国有资本作为资本一般属性所具有的增值性、流动性等特点，提高国有资本配置和价值增殖效率。与此同时做到尊重和保证各级政府所掌握的国有（公有）资本的独立性，实现国有资本出资人权利与职责相匹配，从而有利于调动和发挥各级政府国有资本出资人的积极性，防止在国有资产管理账户体系有"一平二调"行为发生，保证各级国有资本管理的清晰的权利和合作秩序。

实现中央与地方国有（公有）资本配置的合理分工，根据《指导意见》确立的分类改革原则，对于涉及国家安全、国民经济命脉的重要行业和关键领域、主要承担重大专项任务的非充分竞争性商业类国有企业，以及跨区域的重大工程和项目，可以主要由中央国有资本占控股地位。中央级国有资本的主要功能是保障国家安全，控制关系国民经济命脉的重要行业和关键领域，主要包括烟草、石油石化、电力、电信、邮政通信、军工和金融等行业。中央国有资本由于资本规模大，可以主要以特大型和大型企业集团的形式来运作。从产业领域来讲，中央国有资本应该主要集中于产业上游的战略性关键产业，重要装备集成产业，前沿基础技术研发领域，实施国家战略，统筹区域协调发展，发挥中央国有资本对国民经济的引领支撑作用，使中央国有资本发挥规模经济和网络经济的作用，发挥好中央国有资本的辐射引擎作用。

地方国资应当将主要的国有资本投放和配置在为地方经济发展目标服务。与中央国有资本相比，地方国有资本分布更为广泛，其中，省级国资主要分布在能源资源（电力、煤炭）、原材料（钢铁、有色金属、建材）运输设备和装备、交通航运等行业,城市政府所掌控的国资主要分布在供水、供气、供热、公共交通和公共设施等行业和领域。地方国资国企的行业分布格局有着历史沿革、当地资源禀赋、地方政府发展经济和财政平衡等多方面原因,越是到基层,与政府面对居民日常生活内容相关联的国有资本,管理形式与更高层级国有资本有着十分明显的差异,需要加以区分开来、区别对待。

对于跨省的工程项目投资,如铁路（含高铁）和公路（含高速公路）建设、河流湖泊森林自然保护区防护和治理、大气环境生态维护修复等,应该由中央和省市地方国有资本共同承担,提倡跨地区项目合作的高效实施。对于省级以下的内部跨区域的项目,也可以考虑省级、市级、县级国有资本之间的合作共同投资,调动各方的积极性。各级国有资本的紧密合作,有利于调动各层级国有资本和地方政府积极性,既能搞好具有全局性的工程,也有利于提高国有资本的利用效率,体现社会主义公有制经济的优越性。

实行"分类"与"分层"相结合的国有资产管理体系改革和与之关联的国有企业改革,也有助于理顺国资增值收入与财政预算收入关系。深化分层改革,需要不断完善国有资本经营预算体制,强化国有资产价值型管理,充分发挥国有资本投资及其利润对财政收入的调节功能,实现国有资本存量流量变化与国有资本出资人投资行为相适应,综合形成各级政府的"理财"意识和理财行为,充分发挥国有资本在国民经济运行中的调节作用,促进国民经济持续、健康、稳定发展。处理好国资增值收入与财政预算收入之间的关系,就需要充分发挥国有资产存量—流量的调节机制,使国有资本能够根据经济周期和国际经济环境的变化,通过在经济繁荣时期积累国有资本投资收益,在经济萧条时期将积累的国有资本经营利润转化为新增投资,从而弥补经济萧条时期投资不足,熨平市场恐慌心理,有利于增强国有经济在国家宏观调控中的积极作用,有利于发挥国有资本公共职能的特有属性,提高市场经济条件下国有资本的抗风险能力。

同时,国有经济应当在推动经济转型和民生福利发展中发挥积极作用,

第6章 改革再出发：从"分类"到"分层"

充分发挥国有资产存量—流量调节机制。随着社会主义市场经济体制改革和国企改革的深入发展，国民经济结构也随之改变，很多曾经的"重要行业、关键领域"可能会变成竞争性的行业和领域，而制约国民经济发展和人民群众对美好生活需要的社会保障、基本公共服务均等化和其他公共产品的短缺，已经逐渐上升为主要矛盾的具体表现。因此，为了适应新时代的主要矛盾和社会主义市场经济转型的要求，应当将国有经济增值盈利收入更多地投入到支持社会保障、扶贫、教育等民生福利事业中去，使国有经济支持扩大内需和高质量发展，充分发挥国有资本投资经营收益作为财政收入来源的支撑作用，推动经济结构优化调整和实现创新驱动发展的目标。

深入推进分层改革需要实现国企功能转换和国有经济战略性调整，促进各类市场主体展开积极的合作。伴随着市场深化和经济发展、结构升级，国有经济的产业部门的功能定位并不是一成不变的，如果说以前国有经济保值增值被放到更加重要的位置，那么在新时期国有资本将加大对公益性的投入，在提供公共服务方面做出更大贡献。

引入"分层"改革取向，与"分类"改革相结合，既深化了分类改革的原则，进一步明确细化了国资国企改革的重点方向，又统筹协调了宏观与微观，统筹协调了国有经济公共功能与经济功能的双重属性，统筹协调了国有经济区域分布，充分考虑并适应了我国的现实国情。把分层改革的三个维度与分类改革原则统一起来，有利于塑造新国资体系，塑造自我约束、优胜劣汰的市场主体；有利于推进社会主义法治建设，加快推进国家治理体系与治理能力的现代化；有利于各类资本优势互补、取长补短，促进多元市场主体深度融合与共赢，实现公有制与市场经济发展并行不悖、相互融合；有利于把国有经济的一般经济功能与社会功能结合起来，提高国有资本配置效率，更好地发挥国有资本为国民经济发展、为人民群众利益服务的积极作用，必将极大地增强广大人民群众真切地感受社会主义公有制的获得感、幸福感、安全感，从而真正体现和发挥社会主义公有制的优越性。

6.4 "分类""分层"改革呼唤经济理论创新有新的突破

我们来继续讨论"分类""分层"对我们今天有什么启发？结合前面的分析，我们可以认识到，国有企业改革不是一个简单的经济问题，具体的改革内容展开涉及到"四性"特点。第一，政治上敏感性，你推进混改，他说你搞了私有制（化）。因此，正如前文所讨论阐述到的，积极发展混合所有制与坚持公有制是两个不同层次的工作内容，两者可以并行不悖。而且，通过对国有资本的价值型管理，以价值股权投资投放国有资本，使具体承担市场经营活动的企业以混合所有制面貌出现，完全符合市场经济的国际惯例。将公有制实现形式与市场经济相融合。第二，关于积极推进混合所有制与产业领域开放，从而"产业的安全性"问题。毋庸置疑，产业的开放需要谨慎为之，确实有一个产业经济安全性需要严肃对待处理，不能盲目冒进。从这个意义上说，推进混合所有制改革是急不得的事情。对此要有充分的认识、平和的心理对待。那种为改而改实际上是形式主义，是自己骗自己。条件不具备情况下的"混改"必然会存在资产定价不准的"资产流失"问题。第三，就是基于公有制的基本属性，对于改革的举措和改革效果的评价，改革成果的民众共享，与全体民众相关，由此必然有"民生的关切性"。因此，需要深入推进配套改革，创造公平的市场竞争环境，防止"机会"错配和"利益输送"所引起的社会问题。第四，"混改"操作配套要求的复杂性。积极推进混合所有制改革任务所涉及到的相关配套和市场因素不是一个简单的产权多元化问题。如何充分揭示和处理好改革举措的协调、措施效应的递进和相伴风险的消解，确实十分复杂，因此，不能以简单的用完成"任务"方式安排，需要稳健为之。

其次，围绕对于《决定》所明确的国有企业改革原则，如何解释、如何转化为具体的改革任务，我们面对着既有的相关的理论存量，与这种理论存量相

第6章 改革再出发：从"分类"到"分层"

联系的行为惯性，这些都是改革必须解决的"路径依赖"的牵扯力量。继续深化国有企业改革需要在理论上有新的突破，我们可以从前面的讨论得到一定的启发。比如，围绕着国有资本运营管理在理论上的突破，表现在从传统的公有制实现形式，全民所有—国家所有—政府所有—政府部门所有—官员的岗位执事行为，改革努力要创新转化为：全民所有—国家所有—政府所有—接受授权的资产经营公司行使所有者赋予的实际经营权，在市场环境下，接受市场监督机制约束的运作行为。在这样的理论认识突破的基础上，才能真正塑造出国有资本的出资主体，解决好由谁出面处理"混"的问题，"混改"以后的国有产权经营维护问题，结合经济发展阶段目标和市场环境变化机会的国有资本的灵活进退操作问题，由此赋予国有资本的经营活力，实现国有资本与市场经济的相容性。这样就能够清晰地回答坚持公有制与积极发展混合所有制完全可以并行不悖。

第三，配置在具体的产业领域的国有资本与其他社会资本的混合合作，使得"以公有制为主体、多种经济成分共同发展"的社会主义基本经济制度，找到了与市场经济相容的重要实现形式。对于混合所有制在中国的发展，还需要从导入的方式和导入的路径上加以讨论认识，而不是简单地比照西方经济生活中的公司制成长发育方式，强调这种导入方式路径上的特殊性，也有助于我们正视在公司治理行为上存在的"路径依赖"因素。积极发展混合所有制，在社会经济生活的宏观意义上，社会环境中多种经济成分并存，公有资本如何发挥好控制力、影响力和抗风险的能力；发展混合所有制解决了在微观上不同所有制经济成份相互激励、相互制衡问题，在治理行为上，如何处理不同出资人之间的相互关系，如何理解共同出资经营的权益权能表现。比如说，你持有某个企业的10%股权，你不能说某台机器是我的，只能说自己占有机器的10%，包括该企业其他所有资产的10%。由此加深理解混合所有制企业是投资各方价值资本的合作融合。对企业的治理行为只能是通过股东大会和董事会的意识决策程序进行，股东不能直接向混合所有制企业下达指令，既往的政府直接向企业下达指令的做法必须改变。对应于政府职能的转变,政府更多地通过市场环境间接地影响企业,不能直接地向已经混改了的企业下达指令,由此可能会引起政府官员行为上的某种不适应,以至于有权利"失落"的挑战,这也是观念转不过来的深层次原因。经济体制转轨进程中明显存在的对于整个社会的市场经济运行调控在许多方面比适应,存在着体制性的短板,特别是在社会公共产品方面的投入和日常管理又存在投入不足和管理真空,表明了这种政府职能的转化需要时间、有时甚至也需要有"试错"的实践经验的积累。这种认识和行为转变的快慢也直接决定了改革推进的节奏。特别是重视保证经济安全和经济发展稳定的相互关系,成为改革深化自身所需要的非常重要的约束条件。由此决定了改革急不得、等不得,快不得也慢不得的辩证认识。

最后,对于既有的理论存量和实践中行为惯性,可以归结为观念的力量,着力于发育混合所有制文化底蕴,以助力加快观念更新,我们理论工作者有责任多做工作。联系经济发展历史加以认识。今天中国的"混"跟《公司的力量》一书所描述的西方的公司出现、公司成长导入的阶段、导入的方式、导入的入口和导入对整个生产力发展的保护和拓展能力的意义具有不同的历史背景,西方当年的混和经济的出现,跟我们今天的"混"完全不一样。但是,我们还是要强调要真正认识"混"的背后是产权的开放、市场准入的开放,因此,每一个社会参与者都要有开放的心胸,要有平等合作的意识,要有法治精神,这恰恰也是我们的核心价值观所强调的东西,回到我们推进国有企业改革场合,恰恰也是很实在的东西。

第7章

公司治理机制中的企业家角色

40年中国经济体制改革对社会再生产资源配置方式的变革,伴随着市场深化促成分工的细化和分工要素合作关系的变化,对企业管理作为独立的生产要素的认识理解不断加深。1978年开始的改革正是从政府对企业的"放权让利",实行经济责任制,企业的留利与企业的经营绩效挂钩,由此触发对企业自身独立判断决策经营活动事务重要性的理解,启发了人们对企业经营决策科学性的重视,也就有了对承担经营决策主体当事人地位角色的重视,因此提出"厂长负责制"的概念和实践应用。在确立以建立社会主义市场经济体制作为改革的目标模式后,如何将企业推向市场,使之成为市场经济的微观基础,进一步提出以现代企业制度改造传统国有企业,将之转制为现代公司制法律组织形式,根据现代公司法人治理的制度功能要求,必然提出了对于治理者如何遴选、任用和激励约束机制的重视,承担治理责任的企业经营者(企业家角色)作为一种独立的生产要素进一步凸显出来。伴随着这一过程,开放非公经济的发展的改革,我国经济生活中迅速成长起来一批民营企业的领头人,从另外一个侧面强化了人们对"企业家"角色地位作用的关注。企业家角色作用愈益受到社会各界的高度重视。企业家角色作用(企业家精神)被视为现代大生产条件下的特别的稀缺资源,成为经济理论研究的热门话题。

7.1　企业家角色作用作为特殊生产要素的认识进程

　　如前所述,传统的高度集权的计划经济体制下,企业是政府行政机构的附属物,整个社会的行政性运行,企业也不能例外,作为"社会大工厂"的一部分,无需自主筹划任何事情。尽管在企业管理组织形式上有"厂长"的岗位,但是,他只是具体如何执行上级指令劳动作业组织的"召集人"。因此可以说,计划经济体制下没有企业,也没有企业家①。我国经济制改革的"第一动作"就是通过政府对企业"放权让利",围绕增强企业活力这一中心环节不断深化,企业自身如何用好自主权、如何在市场经济竞争中健康发展的治理能力愈益受到重视,承担企业经营决策角色的管理者地位作用也就自然而然受到重视,以至于对这一角色以"企业家"概念对应称呼逐渐在理论讨论和工作安排场合被接受。

7.1.1 塑造独立市场主体的改革催生企业家市场发育

正是由于对集中计划经济体制下企业没有活力有了深刻的认识,我国经济体制改革的"第一动作"就是政府向企业"放权让利",在留利与企业自身经营绩效挂钩的情况下,给企业导入"核算"概念;对留利资金的允许拿出一部分以奖金形式分配,作为统一的工资制度的补充,刺激起企业劳动者(包括处在"管理"岗位和一线生产岗位劳动者)的积极性,也强化了对于劳动生产率管理提升的管理意识;同时,允许自主支配使用留利资金采购原料材料以充分使用既有的装备能力增加产出,超出计划指标部分允许自主销售,增强了企业的经营意识。所有这些刺激因素,都集中表现到对如何用好"自主权"管理工作要求,使得国有企业的厂长经理角色作用受到重视。用今天的眼光看,实际上也就是呼唤企业家精神的回归,或者说开始重视处在企业关键决策岗位上的劳动者的特殊作用或者说贡献。

"放权让利"改革对企业经营机制各个方面所产生的影响,可以说是触动

---

① 日本著名经济学家小宫隆太郎在他的《现代中国经济》一书中,讨论企业家话题时,就明确说到,计划经济体制中没有企业,更没有企业家。见该书中文版第76页(商务印书馆,1993年)。

了作为企业经济主体的"中枢神经",对企业运行行为的方方面面都产生了震荡影响,可以用一个关键的概念即"经济理性"的复苏来加以集中表达。企业开始萌发独立的利益意识。作为经营活动的核算主体,也是各类生产要素整合集成的组织,承担这种整合集成的管理者的岗位和作用发挥能力就显得十分重要了,"自主经营"观念破题。正是在这样的机制链条上,如何处理好调动企业管理者的积极性话题进入人们的视野。用今天的讨论企业理论的专业概念实际上就是所谓"委托—代理"问题。

在"放权让利"激发企业生产经营积极性的基础上,如何给企业经营者的角色作用有科学客观的评价,并在此基础上处理好激励约束机制,也就成为改革举措的关联要求。1983年,杭州王星记扇厂厂长签订了全国第一份厂长承包责任书①,特别针对企业经营的第一责任人有相对明确的条文界定权责利关系的对称性处理。由此开路探路,1984年,浙江开始在国有企业全面推行厂长负责制,表明重视处理企业经营者激励约束机制已经成为企业改革制度创新的重要工作内容。与此同时,企业职工的积极性也是空前高涨。可见,瞄准如何提高企业活力的改革目标所推出的改革措施取得了实效,也充分证明了以增强企业活力作为整个经济体制改革中心环节的理论和实践意义。

1992年,党的"十四大"明确提出了建设社会主义市场经济体制的改革目标模式。十四届三中全会通过的《关于建立社会主义市场经济体制若干问题的决定》中,进一步提出建立现代企业制度及以现代公司制度作为市场经济的微观基础,通过采用现代公司制度法律组织形式,将传统的国有企业改造成为真正的市场主体。《中华人民共和国公司法》的颁布,为企业改制提供了法律规范,前期改革实践确立的"厂长负责制",顺次纳入现代公司治理结构体系,公司治理概念的普及应用,公司治理结构的建设和治理机制的探索完

---

① 浙江网,《实行厂长负责制后员工积极性一下高了》,http://hznews.hangzhou.com.cn/jingji/content/2018-05/07/content_6865071_2.htm

善有了新的开局。由出资主体出资组建起来的现代公司,形成新型的依照法律和市场规则"三权分离"(即出资人所有权、公司法人财产权和企业日常经营权)的分工合作关系,伴随市场经济的发展,企业管理劳动的"职业化"分工得到发展,职业经理人市场逐步发育起来。根据现代公司治理规范,企业家因素愈益凸显并受到普遍接受和肯定。现代公司制度成为"职业经理人"施展才能并成长成为"企业家"的组织平台。

7.1.2 40年企业改革进程中"两类""三代"企业家

如前所述,企业改革提高经营活力的诸多举措,不断增强人们对于企业经营者角色作用的重视。由于市场本身所存在的不确定性,企业经营必然也面临不确定性,企业经营决策就是要在不确定环境下做出自身确定性的行动方案。由此不难看出处在企业关键决策岗位的管理者所经受的考验,以及这一岗位角色对企业发展的重要性。以至于在经济理论研究者的视野里,抑或是在其他场合这一角色都被称为"企业家",以示对这一角色在经济社会发展中的角色作用的敬重。

根据企业理论研究对企业家角色的描述,现代企业中的企业家大体分为两类:一类是企业所有者型的企业家,作为所有者他们仍从事企业的经营管理工作;另一类是受雇于所有者的职业企业家。在更多的情况下,企业家只指第一种类型,而把第二种类型称作"职业经理人"。正是这样,在讨论民营企业发展时,鉴于民营企业家作为企业的创始人、拥有自己的资本,对于企业家概念的使用比较直接、也比较普遍。在研究国有企业的管理者角色和作用时,人们还是较少使用"企业家"称谓。也许是因为国有企业的经营者并不拥有企业的资产(股权),他们是一种"经济干部"身份,由组织配置。正是这样,中国经济生活中存在着两类企业家群体。伴随改革开放不断深入,特别是2001年中国加入世界贸易组织,给中国企业带来世界市场机会,国有企业和民营企业迅速抓住"全球化"机会,加之充分利用中国劳动力资源相对丰沛的优势,凭借既往已经锻炼积累的对工业化规律的理解能力,发挥企业家才能,以灵活的机制,承接劳动密集型加工制造产品订单任务,特别是国有企业经过公司制改造,按照《公司法》的要求建构起"治理结构",以企业法人财产权独立基础上的董事长和经理人特殊角色地位,加之"经理人市场"发育形成的外部环境衬托,以至于人们在讨论国有企业经营者作用时也逐渐采用"企业家"概念。

对上述两种类型的企业家的角色特点的分析,有助于我们对中国改革开放经济发展 40 年企业家所发挥的作用贡献加以考察,因应改革开放、市场经济发展的不同阶段特点,企业家成为组织和管理社会再生产活动最前线的"指挥者"。我们可以将不同时期的企业家角色划分为(三代)三个阶段。第一阶段(第一代)的企业家,从 1978 年至 1992 年改革启动"市场取向",激发企业活力和开放非公经济阶段。面对克服"短缺经济"的压力,民营企业在"拾遗补缺"中起步,国有和集体企业的经营者适应当时经济环境,将目光转向市场需求,特别是那些从事轻工产品生产制造的国有或者是集体经济的企业,涌现出一批具有个人的人格特性和能力的企业家,他们勇立市场潮头,敢于在企业管理岗位上独立思考、敢于担当,有所作为,开辟出企业快速发展的一片新天地。比如,改革初期的 1980 年,作为县有(公有制、当时又称之为"大集体")①企业的浙江省海盐县衬衫总厂,在厂长步鑫生带领下,小厂打破"大锅饭",进行全面改革,大刀阔斧变革管理方式,调动员工生产积极性,善于捕捉市场机会,使企业飞速发展,一年后成为全省行业领头羊。1984 年底张瑞敏从街道工业办公室负责人的位置上被派到青岛电冰箱厂任厂长,制定出该企业的第一个发展战略——品牌战略。因为他对工业产品质量的理解是"产品只有合格或者是不合格",而不应该有质量的一二三等之分,因此,在对当时

---

① 相对于村级和乡镇经济"小型集体经济组织"而言,县级政府所有的经济组织,因为资本规模和所有者规模范围更大。在当时的经济体制中,甚至地市级政府所投资的企业也纳入"大集体"概念范畴。

企业内部以产品质量管理形成的业务流程和效率评价体系有深入了解的基础上,1985年,果断决策,砸毁76台有缺陷的冰箱。这一行动产生了对企业员工的极大震撼,也从根本上触动了经营观念的变革和业务流程即管控标准的再造,把海尔带上了快速发展的轨道。1988年12月,海尔获得了中国电冰箱史上第一枚质量金牌。1990年,先后获得国家颁发的企业管理"金马奖""国家质量管理奖"。1991年12月,成立海尔集团,任总裁,并制定了海尔第二个发展战略——多元化战略。可以说,步鑫生、张瑞敏成为第一代企业家的代表性的人物。这一阶段的民营企业家由于刚起步,经营能力需要积累,资本规模不可能很大,加之市场刚起步阶段信息传递和获取能力的不足,更多地只是以周边民众的生活资料需求开展生产或流通经营活动,这一阶段最具影响力的人物就是"傻子瓜子"年广久[①]。可见,第一代的企业家,像步鑫生这样的公有制企业的领头人和作为民营经济的领头人的年广久,在当时环境下能够有所作为是多么的不容易,值得我们总结回味。

第二个阶段,1992年至2002年改革开放时期的企业发展中的第二代企业家。这一阶段经济发展的企业家成长带有鲜明的特点。经过改革开放第一个阶段的历练,初步积累起企业经营者对市场的理解适应能力。特别是1992年邓小平南方谈话发表后,党的十四大明确了以"社会主义市场经济"作为我国经济体制改革的目标模式,经济体制转轨目标得以清晰,企业家才能有了更加广阔的施展舞台。主动迎接开放引进国外先进技术所产生的扩散

---

① 1978年12月,中国共产党十一届三中全会召开,"大地回春"。热心商业的安徽芜湖人年广久于1979年12月注册了"傻子瓜子"商标,开展炒货经营,小作坊很快发展到100多人,红极一时。1983年底,有人把年广久雇工问题反映到上面,安徽省委派专人到芜湖调查,并写了一个报告上报中央,惊动了邓小平。1984年10月22日,邓小平指出:"我的意思是放两年再看。……让'傻子瓜子'经营一段,怕什么?伤害了社会主义吗?"见《邓小平文选》第3卷,91页;1992年邓小平南方谈话中又一次提到"傻子瓜子",提到说有人主张要"动他","我说不能动,一动人们就会说政策变了,得不偿失。像这一类的问题还有不少,如果处理不当,就很容易动摇我们的方针,影响改革的全局。城乡改革的基本政策,一定要长期保持稳定"。见《邓小平文选》第3卷,人民出版社,1934年,第371页。

机制,在推进工业化成长的实践中,对技术应用、规模经济、市场开发等经营要素的集成整合能力迅速提升。这个阶段中的企业家普遍表现出对现代企业管理知识的重视和管理决策经验的学习积累,驾驭市场的能力和企业管理素养得到明显提高。以建立现代企业制度对传统的国有企业进行制度性改造,《中华人民共和国公司法》的颁布,为国有企业改制成为现代公司制组织形式提供规范,由此提出建立现代公司治理结构,对国有企业领导体制加以调整转型对接。在推进企业的公司制改制实践中,一部分企业还选择了发行股票公开上市,以"公众公司"的公开市场信息,带动了全社会对于企业发展与资本市场有机结合的理解,使得企业制度创新与市场经济的融合进入新的境界。伴随企业规模做大,企业组织形式走向集团化发展模式。这个阶段出现了一批迅速做大做强的民营企业和国有企业,包括一些在改革背景下组建起来的"新国有企业",如由中国科学院计算技术研究所出资设立的联想公司,出于对电子计算机的迅速普及有准确的判断,迅速成长为有全球影响力的、以计算机为主要产品的电子技术企业集团,作为集团创始人的柳传志就是第二代企业家的典型代表。他对作为企业经营的主要决策人应当发挥的作用所表述的"定战略、搭班子、带队伍"的"九字诀",反映出企业家对于自身所扮演角色和应当发挥作用的经典陈述。这一阶段的改革内容就是土地作为一种特殊的生产要素以"批租"形式的使用权流动被纳入市场化配置范围,这一改革动作对中国经济发展带来全局性影响,沉睡的土地资源成为为发展筹措资金的重要手段,为中国经济进入高速发展的快车道提供新的资金能力来源。正是这一重要背景条件,催生出一批从事房地产开发的民营企业和企业家,其中深圳万科在王石董事长的带领下,以公开发行股票上市筹措资金,迅速成长为全国性的房地产开发公司。柳传志、王石等成为这一阶段经济发展中的企业家代表,也是改革开放中涌现的第二代企业家。他们在企业发展的战略管理、产品技术管理、品牌和企业文化管理、员工队伍管理等方面都有很好建树,具有独特的管理风格。如今他们还活跃在经济活动舞台上。

进入2002年至今的经济发展阶段,作为第三代企业家成长和发挥的作用,反映出这一阶段中国经济发展和市场环境变化的特点。我们知道,2001年中国正式加入世界贸易组织(WTO),为中国企业对接国际市场打开通道。2002年党的十六大召开后,提出社会主义市场经济体制已经基本确立,进入完善和深度改革阶段。中国企业迅速融入全球分工体系,承接全球产业转移,进一步带动工业化进程,伴随开放成长起来的对国外先进技术消化吸收再创新的能力积累提高,逐渐形成全社会产业技术链;信息技术和互联网技术的普遍应用,形成对传统产业体系的改造升级的新的力量,并且进一步引发全社会对数字技术应用和数字资源的高度重视。所有这些都对企业管理提出挑战,为企业家发挥独特作用创造条件。这期间国有企业的公司制改造在全社会普遍得到贯彻,国有资本与其他社会资本的合作促成国有企业经营更多地引入"民营化"机制,形成公司治理的制衡关系,促进了公司治理更好地适应市场机制的客观要求。另一方面,民营企业中也出现了以新技术创业社会性融资迅速做大的若干典型,比如马云领头的阿里、马化腾领头的腾讯等;国资背景的制造业企业中,董明珠带领的珠海格力可谓典型。在央企群体中也出现了像宋志平主政领导的中国建材集团,运用股权工具市场化兼并联合等手段加强对全社会建材产业发展模式的变革,在产业布局、技术和产能安排规划等环节优化企业组织体系,改变行业发展方式,提高资源配置和资本回报效率。这一代企业家更是表现出具有全球视野、对高新技术应用开发的敏感意识、对现代市场经济机制和现代金融手段的理解和应用能力。

以上讨论告诉我们,对中国经济生活中企业家地位的认知和重视,反映出全社会经受改革开放和市场化洗礼观念变革的一个侧面。企业家的作用成为企业治理的一个重要的"生产要素"。由此可以更好地理解企业是"一组契约关系的纽结",企业家是具体整合处理这种契约纽结关系特殊的生产要素。以至于重视企业家的角色地位作用、研究企业治理中的企业家作用成为经济理论研究的热点问题。我们可以体会到,企业家的角色作用是现代公司治理结构中的有机组成部分,中国的企业家成长过程也是与经济体制转轨阶段以及经济发展环境阶段直接相关。对于如何处理资本所有权与使用权分离条件下形成的委托—代理关系理论得到诸多启发,需要放在公司治理机制建设完善的背景下加深理解。

7.1.3 公司治理的"当事人"与发挥治理能力的环境条件

现代企业治理行为中通常将企业发展的目标分解到不同层次环节,形成逐层委托代理关系和相对明晰的权利责任分工链条。公司治理的"当事人"在股份制企业中分解成为了委托人(股东)和代理人(经理人),即全体股东、由股东选举产生的董事会成员以及董事会授权的执行经理人。而传统意义上的企业家是同样具备股东承担风险分享收益和经营决策能力的人。在公司治理"当事人"的分解中,企业家作为公司治理行为的核心主体,接受承担"代理人"的角色,其管理职能完全独立出来,从事管理劳动的企业家出现"职业化"倾向。管理劳动的独立化与企业家的职业化,无疑将有助于管理经验的积累,使管理本身成为一门专门的学问受到重视。虽然企业家精神难以量化,但是对公司治理的作用却很大。在具体的治理条件下会受到来自文化、制度、法律、宗教等宏观环境的影响,同时会受到公司性质、规模以及所处行业等微观环境的影响。

宏观层面上,法律、宗教、文化等都对公司治理有影响。客观上说,成文的法律法规在实践中得以确立一定程度上是改革实践取得经验成效总结后得出的成果,改革举措本身对既有的法律法规和文化习俗的突破需要有相当的勇气,因为,改革的本质要求就是要突破现状、突破现有的体制规则,由此会形成信守现有法律法规与改革创新动作之间的矛盾。这就需要在解放思想方针的指引下,全社会有相对宽松的舆论环境和理论认识环境。因为改革动作、创设新的规则标准、接受新事物,客观上存在着不确定性,更何况经济活动的当事人自身的观念行为习惯存在着路径依赖。正是这样,改革推进、变革企业治理结构,突出企业家个人的地位作用是需要有充分的改革勇气才能做到的。

在中国公司治理实践场合,为了国有企业改制的公司建立合理的治理结构,我们也引入了"独立董事"制度。据南开大学中国公司治理指数①研究表明,中国自从 2002 年开始引入西方经济生活中存在的独立董事等治理制度以来,通过吸收具有专业知识人士进入公司董事会,对公司治理产生一定的积极作用,公司治理指数有了明显改善,但治理的"有效性"依然存在诸多问题。与此同时,自 2011 年起民营公司治理水平连续 7 年超过国有公司。这使得我们开始思考生发于国外的成熟的公司治理制度与我国公司文化的相容性问题,即制度的本土化问题。这就可能归结到我们在本书第三章所讨论的导入公司制度的中国路径,与西方公司发展的自发演进之间的区别,中国的国有企业改造为公司制组织形式,其治理制度是注入(植入)式生成的,虽然能够加速完善中国的公司治理体系,但是却也忽略了中国文化的特异性因素、中国公司的发展阶段以及中国资本市场的所处阶段。

首先,中国是经济体制转轨国家,在传统的计划经济体制下,企业运行以计划为导向,围绕完成上级下达的计划任务加以运行,而在市场经济体制下,企业运行以市场为导向,围绕市场和经济效益的提高运行,因此旧轨道中的企业治理方式如何转到适应市场经济特点的企业治理方式是值得探讨的。

其次,智力活动的"当事人",也就是企业的经营者,在市场经济中是自发形成的,而转轨经济中的企业治理者原来的身份是行政工作干部,其必然会面临角色转换的问题,特别是思维方式和行为方式的转换,这种转换又是如何实现的,受到哪些因素制约?还有,对于企业家精神的理解、培育、呵护,与我们的体制环境之间的关系如何处理?这些内部和外部环境都会影响到公司治理制度的有效性。

微观层面上看,公司的所有权性质、股权结构、资本结构,公司规模和所处

---

① 中国公司治理指数是由南开大学中国公司治理研究院推出,自 2003 年发布以来已连续发布 15 年,累计对 27 391 家样本公司开展了治理评价。作为国内最早发布的公司治理指数,该指数在国内外产生广泛影响,得到国务院国资委、中国证监会等相关部门的充分肯定和学术界、企业界的广泛应用。

第7章　公司治理机制中的企业家角色

行业性质以及投融资需求等因素都对公司治理有着很大影响。一定市场条件下行业投资机会、行业竞争的激烈程度、公司产品特性以及杠杆率等因素都对公司治理有很大影响。联系这些决定影响公司发展的市场因素看，在一定的公司组织中，企业家的综合决策分析视野和决策判断能力就显得特别重要。

首先，公司的所有权性质对公司治理的影响是较为突出的。国有资本控制的混合所有制公司企业，作为国有资本经营的代理人依然具有"干部"的身份，由相关政府部门以配置任用和考核奖惩方式加以管理。从这个意义上说，作为企业的主要管理者的当事人，尽管政府有关部门会充分考虑有关"当事人"的市场经济素养和综合经营能力，但是，还不是市场化方式加以配置的。特别是因为在不同时期或者是不同地方，这样的"经济干部"有可能在政府机关工作岗位和企业工作岗位之间"流动"，由此出现对当事人评价和薪酬处理标准的较大差异。相对民营企业，国有企业进行公司治理的动力不足且面临的问题更加复杂。

其次，公司的所有权结构和资本结构也会对公司治理产生影响。股权结构的配置对公司治理机制有着直接的影响。国有企业在"混改"过程中，担心股权分散会导致股东缺乏对公司进行监督和管理的激励，出现"搭便车"的心理和行为，从而发生关联交易或其他自利行为。由此不愿意过度放手，当股权集中于大股东手中，其更愿意对公司进行监督管理，促进公司治理的提升以防止国家和集体利益受到侵害。但当股权过于集中，大股东则掌握更大的财产支配权，国家所有者的人格化主体也会谋求私利，因此有利用优势地位侵占其他成员利益的机会主义倾向和道德风险，且其企业家的能力和品质无法得到充分的发挥。

最后，公司的规模和所处行业与公司治理之间的关系则相对复杂。一般来说，公司规模越大，治理难度越大，公司治理应当越弱。但从另一个角度，治理情况较好的公司更容易延续，更容易形成较大规模。相比西方，中国国有资本参股和控股的企业无论从规模还是数量上都具有绝对优势，并且由于我国经济体制的发展和改革的历程，国有企业本身就具有先天的大规模和复杂的股权结构特征,进行公司治理的难度极大,而且在庞大的规模体系中,企业家个人能力和业绩也很难单独剥离出来进行考量。从行业角度出发,垄断行业具有进入壁垒,往往缺少竞争对手,对公司治理的重视程度会较低,加之这些企业规模较大,又为治理增加了难度。在中国治理问题被进一步加剧——中国的垄断行业往往是国资控股的,这就使得国有企业的治理难题与垄断行业的治理难题叠加,较西方的公司治理问题更为棘手。国有企业可以分为公益类,主业处于充分竞争行业和领域的商业类,以及主业处于关系国家安全和国民经济命脉的重要行业和关键领域、主要承担重大专项任务的商业类国有企业。不同类型的国有企业,有不同的国资监管机制,混合所有股权结构中的国有持股比例要求不同,企业治理机制也有差异。三类业务混合使得大部分国有企业面临营利性和公益性的"使命冲突",不利于国有企业公司治理结构和企业家考评机制的设计。

另外,公司的长期利润与公司治理有较强的相关性,但是短期利润率与公司治理却不存在相关性,在国有企业目前的人事任用和激励约束机制中,企业家往往倾向于关注短期利润而非长期利润,由此影响了公司治理的有效性。公司的融资需求高往往伴随着较好的公司治理,因为良好的公司治理有利于它们融资,而国有企业的融资需求并不是非常迫切,从而也使得其进行公司治理的愿望不够强烈。

以上分析表明,我国经济转轨进程中国有企业实行公司制改造后建立现代公司制度背景下,如何更好地发挥企业家在公司治理中的特殊角色作用,受到体制转型中的宏微观诸多因素的制约。

7.2 公司治理中的"委托代理"关系处理

放眼世界经济大生产方式发展的历史,由于技术进步、生产社会化和市场范围不断扩大,企业作为社会再生产活动的微观组织形式,得到了快速的

第7章 公司治理机制中的企业家角色

成长和发展。伴随企业成长、资本集中、生产规模扩大和竞争(因素)方式多样等多方面因素的影响,企业的组织形式不断演变。为加速扩大规模,企业开始尝试以股份工具集中资本,出现了"名义资本"与"现实资本"的分离,由此产生企业的出资用资关系,资本的所有者不一定自己直接使用或者打理资本运营事务,而是通过委托的方式交由"代理人"具体行使资本运营管理事务,由此形成"委托代理"关系。这种关系使现代股份制企业成为最基本、最具典型(形式),并且是当代经济生活中占主导地位的企业组织形式。正是因为资本的所有权通过"委托代理"机制去实现,为了加强对代理人行为的激励约束,所有者不再享有全部的剩余控制权,允许代理人参与"剩余"的分享。

随之,经济学理论也根据企业组织形式的变化而不断地更新和完善。在传统经济学意义上,企业被视为一个生产函数,重点研究的是投入产出关系,追求利润最大化。直到1937年科斯的经典论文《企业的性质》发表,学术界才开始从制度意义上研究企业的起源和性质问题。20世纪60年代之后,这方面的观点得到广泛重视,威廉姆森完善了科斯的理论体系,提出了"最优等级结构"理论和"资产专用性"的概念。阿尔钦和德姆塞茨在1972年发表的《生产、信息成本和经济组织》一文中,最早将企业理论与企业剩余索取权关联起来,强调企业中的委托代理关系。在现代企业理论中,企业是一系列(不完全)契约(合同)的有机组合,是人们之间交易产权的一种方式,重点研究的是人与人之间的交易关系,追求的是每个企业成员的个人效用最大化[①]。其中,交易成本理论重点研究企业与市场的关系,而代理理论则重点分析企业内部组织结构及企业成员之间的代理关系。

随着"所有权"和"经营权"的分离,股份制企业组织形式被普遍采用,委托代理问题成为了现代企业理论重点讨论的问题。企业理论将企业解释为契约的组合,企业的"所有者"与"经营者"之间通过契约建立联系,所有者作为契约的委托方,而"经营者"作为契约的代理方,双方投入不同的生产要素,

---

[①] 张维迎:《企业理论与中国企业改革》,上海人民出版社,2015年,53—54页。

只有将这些要素通过契约的形式组合,并以团队的方式进行生产,企业才能产生效益。而根据当事人理性特点,如何有效地处理委托代理关系,从而提高企业效益,是现代公司治理最为核心的问题。

从"所有权"层次上出发,公司治理强调的是所有权人如何科学地向经营权人授权并对其进行监管,这个过程中要通过一系列的制度安排对公司的经营管理和绩效进行监督、激励、控制和协调,才能更好地实现资源配置的有效性。在股份制企业的契约关系中,双方的利益目标往往是不一致的,表现在各自获得报酬的方式和决定报酬的方式不同。所谓公司治理就是为了解决利益目标不一致,抑制机会主义倾向而作出的一系列制度安排,最大限度降低因契约不完备性造成的代理人侵害委托人利益的损失。人们通常以股票、债券的优先选择权以及薪水与股票挂钩的形式给予"经营者"报酬,以便让"经营者"和"所有者"的利益保持一致。但是,这种激励机制存在种种问题:一是"经营者"可能与"所有者"有非常不同的回报结果;二是"所有者"通常会将其投资组合分布在范围很广的公司和投资形式中,往往更关注公司业绩和财务状况,而"经营者"却要受到其他一系列因素的影响,会考虑公司规模、其工作权力和威信以及在分配资源时所能施加的权限。

从"经营权"层次上出发,企业所有权人向经营权人授权,经营权人在获得授权的情形下,为实现经营目标需要采取一系列的经营手段和管理行为。伴随社会生产的进步、生产规模的扩大和新市场的出现,企业生产经营活动的规模和技术复杂性不断提高,由此也对企业的有效组织提出挑战,对企业管理能力提出挑战,"经营者"在企业发展中的作用越来越重要,以至于慢慢独立于其他生产要素,成为一种特殊的人力资本要素——企业家要素。联系再生产理论的视角,企业是社会再生产活动的微观组织形式,对生产活动中的各类生产资源配置进行组织、配置和整合。而对于资源整合行为中所需要的"管理"行为,是由具体负责整合资源的组织者,也就是企业的当家人——企业家进行实施的。因此,企业家对于企业生存、成长、竞争和发展具有特别的重要性。但是在中国,职业经理人市场尚未建立的背景下,公司治理问题

第7章 公司治理机制中的企业家角色

与西方不同,特别是国有企业存在"所有者缺位"问题,即国家既充当股东角色,又负责指派公司的经营者,具有企业家素质的人才难以涌现和成长。

西方经济理论中对委托代理理论的研究,差不多是与企业组织的演变相伴而行得到丰富深化完善的。中国经济生活中走出传统计划经济,转轨建设市场经济,对于如何处理委托—代理关系的制度建设和完善类似于"压缩式"塑形认识不足,更何况制度和观念行为上存在的"路径依赖"现象,还有改革转轨实践本身存在的制度体系内容演进不可避免的"配套不足",势必带来对科学处理企业委托代理关系存在诸多不能尽如人意的地方。首先,中国的国有企业的委托代理关系具有不同于西方的生成方式和具体内容。委托人一侧由于国有资产的公共属性表现为一种公共使命,使得其不再是私人资本的出资行为对于企业日常经营管理者的委托。而代理者一侧尽管作为自然人个人人格主体面貌出现,但其管理者身份主要不是通过市场甄别,而是由政府的组织人事管理机构调遣。其次,与西方经济生活中的企业管理和企业家市场发育方式不同,在我国计划经济大生产时期,企业是政府行政机构的附属物,其在生产活动中全权听命于政府的行政指令行事,没有或者说不存在、不需要企业自身独立的管理和经营筹划,自然也就谈不上有"企业家"要素和"市场经济"概念认识。在经济体制改革逐步深化明确了社会主义市场经济作为我国经济体制改革的目标模式后,以现代企业制度改造传统企业,确立企业的法人财产权,自然也就为企业家才能的发挥提供了舞台和空间,对中国企业发展成长的经济理论研究才可能引入"企业家"范畴,才逐步发育出反映中国特点的企业家理论。正是这样,我国的企业家市场发育时间很短,或者说存在有"发育不足"现象。

此外,企业本身就是一个不完备契约,委托代理关系还受到诸多宏观微观环境的制约。环境的复杂性、行为人的有限理性及未来的不确定性,使得委托代理双方都不可能运用现有信息,准确地预测未来可能发生的所有事情及状态,并在契约条款中予以明确,即使其试图在契约中明确所有事件状态,期望收益也不足以弥补高昂的缔约成本。因此,抑制机会主义和道德风险,最大限度控制契约不完备性所带来的后果就尤为重要。

7.3 作为特殊生产要素的企业家要素的再认识

企业作为社会再生产资源配置的经济活动组织,面临着如何有序整合各类要素,在市场竞争的经济运行中保持动态的竞争能力,经营决策所要处理的各类问题,实际上是一个复杂的系统工程,有赖于企业家的特殊才能去运筹处理,由此彰显出企业家精神的重要作用。早在20世纪60年代有学者就发现,企业家要素在经济增长中的重要作用,Soltow(1960)指出"经济增长必须考虑所依赖的众多决策的制定者——企业家"。后期Cipolla(1981)、Lazonick(1991)以及Brouwe(2002)的研究都为此观点提供了证据。但是在20世纪80年代,Romer(1986)和Lucas(1988)通过将知识引入宏观增长模型,发展出了内生增长理论,加之企业家精神这一变量难以量化,学者们转而认为新知识的研发投入能够形成产出,而企业家活动则被视为外生变量而被忽略。直到20世纪90年代后期,"欧洲悖论"①的出现,才又将企业家精神引入到学者们的视线中。这一时期国外的很多研究表明,企业家活动增强能够带来就业、生产率、产出、产业结构等的变迁。如,Henderson(2002)、Praag和Versloot(2007)认为企业家在经济中通过创造就业、提高生产率和推动商业化创新等,产生正面地区溢出。Metcalfe(2004)和Dias等人(2006)提出,企业家是结构转型的重要工具,新企业进入通过引入创新和对工人进行人力资本培训引起结构变动。Fisscher等人(2005)和Mueller(2007)提到,企业家活动发现和发展机会,为已存在的和新组织创造价值,从而成为转移和资本化知

---

① 欧洲悖论最早是在《欧盟创新绿皮书》(European Commission,1995)中提出,欧洲的科学优秀程度和高技能人力资本在全球扮演领导角色,但却没能将这些知识投资成果转变为经济增长。后续多位学者证实了这一观点,如 Robert et al.(1999)、Audretsch et al.(2008)。

识的发动机。

关于企业家精神在中国的作用,学者们也进行了研究。Tan(2001)认为,中国私人企业家在动荡的经济转轨过程中扮演了极其重要的角色。魏江等人(2004)通过对柳市低压电器集群成长历程的剖析发现,企业家精神虽然只是个人性格的体现,在企业家行动的过程中却会对外部产生积极的影响,形成外部经济性。这种正外部性主要是通过地理接近、产业关联和社会认同三种效应实现的。李新春等人(2006)认为公司治理机制中同时包含着对代理人的企业家精神激发和约束的两个相互对立因素。他们利用中国上市家族、国有企业的数据进行了实证检验后发现,就家族企业而言,激励机制对企业家精神具有显著的正向促进作用,约束机制则表现为不作为或失灵;就国有企业而言,激励机制对企业家精神无显著影响,约束机制则对企业家精神具有较为显著的"倒 U 型"作用。即民营企业应当主要使用激励机制,而国有企业应当主要使用约束机制。李宏彬等人(2009)利用中国 1983—2003 年省级面板数据证实了企业家创业和创新精神对经济增长具有显著的正效应。

随着时代的变迁,人们对企业家精神的认识也在不断深化,从"要素集成者"逐步发展到"领导者",再变成"风险承担者、资源配置者和创新者"这种综合的概念,定义内涵和外延的逐步扩大本身就意味着学者们认为企业家在企业中发挥着越来越重要的作用(张晖明、张亮亮,2011)。当今西方企业界关于治理结构问题的讨论,已经将重点转到了对两种资本关系的界定问题上来:一种资本是出资人的资本,统称为货币资本;一种资本是人力资本,就是企业中的企业家和企业的技术创新者。由此可以看出,企业家已经成为建立完善企业法人治理结构中重点考虑的一种生产要素。

之所以说企业家已经成为一种特殊的生产要素,是因为在企业所有权安排的动态过程中,企业家实际上保持着对企业资本的支配权,具体从以下几个方面阐释:

1. 从企业家特性的角度来说。首先,在现代社会中,企业家人力资本相对物质资本是一种更为稀缺的资源。随着社会的发展,物质财富不断膨胀,企业可以采用多种融资方式取得所需要的物质资本。而企业家人力资本则非常稀缺,这不仅需要进行巨额的人力资本投资,而且需要花费更多的时间和承担更大的风险。其次,企业家人力资本的不可视性和难以监督性,使企业家必然拥有企业所有权。现代产权理论和企业理论的研究表明:将剩余索取权界定给行为最难监督的成员有利于效率的提高(张维迎,1995)。企业家的行为最难以监督,因而应由他拥有剩余索取权,另一方面,剩余索取权安排必须与剩余控制权相对应,才能保证效率(哈特,1998)。

2. 从企业家在企业中的作用来看。企业家对于企业经营效率和活力的作用之大在上文中已经阐释,在此就不再赘述。单就企业家人力资本与物质资本在企业中的地位来看,企业家人力资本更为重要。传统的企业理论强调物质资本的重要性,认为物质资本是企业的黏合剂,且认为物质资本与其所有者的可分离性使其具有了抵押功能,因而物质资本应该雇佣人力资本(哈特,1990)。但是,随着物质资本稀缺性的下降、物质资本证券化以及资本市场的发展,物质资本的抵押性功能减弱,相反,企业家人力资本的专用性得到加强,使其成为企业风险的真正承担者(方竹兰,1997)。而且,物质资本在企业中的地位逐步让位于企业家人力资本,企业家人力资本正成为企业的黏合剂。

3. 从企业家人力资本与一般人力资本的关系来看。由于控制权的变化会影响那些在变化前后不掌握控制权人的激励,因而资产应掌握在拥有最重要人力资本的人手中(哈特,1990)。在企业中,企业家人力资本比一般人力资本更为重要,因而应由企业家掌握企业资产。在企业家为核心的企业治理结构内在机制的分析中,股东、债权所有者和工人只是作为企业的"潜在所有者",不仅当企业处于非正常经营状况下,他们依一定的规则行使所有权职能,而且在正常经营条件下,他们也会对企业经营实施影响。

如前所述,以企业家为代表的人力资本和货币资本相比,它更具有主动性,而且企业家的资本能力潜伏在人体之中,所以,要把企业家作为治理结构的内容确定下来,实际上就是要充分调动企业家的积极性,同时又要约束企业家。要使企业家充分发挥他们在现代企业发展中的重要作用,就必须把它作为现代企业制度的一个重要因素来对待,在制度设计中将其融入到企业的控制权安排结构中去,也就是要把他们作为现代企业的法人治理结构的一个重要内容来进行制度性的安排,建立一套相应的激励机制和约束机制。

7.4 国家出资企业治理中企业家因素特点

企业家作为一种特殊生产要素,从微观层面看,其经营管理能力直接决定了企业组织创新的推动和实施,在一定程度上决定了企业的兴衰成败,从宏观层面看,企业家通过他独具的专业能力和对企业的经营创新活动推动经济发展和社会进步。在现有的股份企业下,企业的企业家应该是一个群体,企业家具体应当是"承担经营风险、拥有经营能力和权力、取得剩余索取权的人格代表"。

赋予董事会独立选聘总经理的权力,不但可以保证董事会的独立性,而且也会促使董事会选聘高能力的企业家。高能力的企业家会使得所有者利益得到最大限度的满足,就要求企业家具备两个方面的素质:一是有能力,二是很忠诚。这也就要求在选拔过程中首先善于识别具有企业家才能的人,再者要建立有效的监督和约束机制。然而,在国家出资企业中,首先很难选拔出优秀的企业家,真正有能力的企业家往往出现在激烈的市场竞争中,由于缺乏市场激励和约束,单靠政府行政评价难以使得企业家经营管理能力得以完全展现,特别是从原行业主管局等行政部门提拔的官员受思维定式和工作作风的限制,在企业的资产管理和经营管理中都存在经验不足的情况。据数据显示,中国上市公司企业家能力指数平均值仅为33.47,其中国有控股公司企业家能力指数平均值为33.19,民营公司企业家能力指数平均值为33.65[1]。

---

[1] 北京师范大学公司治理与企业发展研究中心:《中国公司治理分类指数数据库》,《企业家能力指数数据库(2014)》。

而且,在现实中,在国家出资企业中董事会也并没有真正得到独立选聘总经理的权力。首先,国家出资企业中的资产关系隶属于国资委,照理,人事任免应由国资委执行。但依据"党管干部"的原则,管理人员的选拔、任用、考核仍然由中央或地方党委组织部执行。这样,人事管理权与资产管理权不能完全一致,造成所有者代表虽然到位,但所有权实现过程的具体功能难以充分到位的状况,国有资产的经营管理依然摆脱不了行政部门的干预。其次,对于国有控股企业来说,董事会独立主导的市场选聘就更是难上加难,更多是国资监管机构和组织部门主导选聘。据数据显示,中国上市公司中总经理由市场选聘的公司仅有 279 家,占全部 2 293 家的 12.17%,其中,国有控股公司 112 家,占全部国有控股公司的 12.56%①。

由于这种现实情况,就导致国家出资企业的企业家,相对于从市场竞争中成长起来的企业家,存在一定的特殊性。虽然他们在政治思想和通识知识方面并没有明显的欠缺,但在专业知识、经营管理能力以及人格魅力方面还是存在一定的不足。作为企业家要具备多方面的素质,首先是政治思想素质,特别作为国有企业的企业家更应该具备较高的自律意识,可以真正做到廉洁无私、密切联系关心群众。其次要求最多的是有丰富的知识,这里的知识不仅包括专业知识,而且还包括其他各领域的知识。再者核心的是要具备经营管理能力和战略眼光,为企业创造经济效益,推动企业的持续快速发展,同时要有领导、决策和组织能力,还要善于用人。最后是企业家必不可少的人格魅力,在精神方面,要有创新、冒险、献身和敬业精神,工作上要有事业心、责任感、求真务实精神、坚韧毅力,生活中人要随和。

中国企业家调查系统发现,目前大多数企业经营者重视创新,善于把握市场机会,但在冒险和挑战意识方面的自我评价相对较低。然而,对企业家精神自我评价越高者,对企业家这一职业角色的认同度越高,勇于承担风险

---

① 北京师范大学公司治理与企业发展研究中心:《中国公司治理分类指数数据库》,《企业家能力指数数据库(2014)》。

和不断创新的意识越强,更乐于主动捕捉市场机会、拓展外部空间,对未来经济走势的判断更具前瞻性;同时,对其所在企业的现状更为满意,企业的诚信度、综合绩效相对较好。因此企业家的特点不仅仅是创新和经营能力,更需要冒险和挑战精神。同时,调查表明外部环境对企业家精神有较大影响,尤其是快速的技术变化和行业增长,对企业家精神影响最为显著,特别是对企业家创新意识和冒险意识的提高有较大的促进作用。与之关联相伴的因素还有,政府职能转变、知识产权保护和人力资源环境,对企业家精神的影响也较为明显[1]。因此,相对于国有企业经营者受限于体制的行为特点,在民营经济(非公经济)企业成长发育进程中,变化和竞争的市场环境更有利于具有"企业家精神"的企业家相伴随地快速成长。

当然,也不排除在国家出资企业中会涌现出一部分非常有能力的企业家。在这里,我们特别提出在宝钢发展中主要领导人所发挥的特殊的作用。也许是中国特色企业家理论的一个典型。

改革开放初期,宝钢上马,原冶金部副部长黎明赴任担任"总指挥",而后成为宝钢总厂厂长和宝钢集团总经理。在宝钢任职的十五年,不仅创立了中国钢铁工业现代化发展新模式,而且开创了中国国企改革发展持续创新的"宝钢之路",他最早提出"工期确保、质量提高、投资不超"的以工程总进度为核心的工程管理模式保证了宝钢的按期完工,投产后提出的"让用户满意"的产品理念、创新制度和配套的人才激励制度以及现代管理体系促进了宝钢的一路发展。黎明还特别重视创新,走出了一条立足高起点的"引进—消化—跟踪—创新"的技术进步之路,对国外先进技术不但敢于引进,而且善于引进。在确保技术领先的前提下,尽量少花钱,使有限的资金发挥出最大的经济效益。就这样,宝钢最终拥有了一整套领先国内技术水平20年左右的技术装备,获取了明显的后发优势[2]。

---

[1] 中国企业家调查系统:《企业经营者对企业家精神的认识与评价(2009)》。
[2] 中国宝武钢铁集团有限公司:《黎明与宝钢之路》,中信出版社,2017年。

荣毅仁在1979年克服重重阻力,提出筹建"国际投资信托公司",大胆地采用了资本主义国家普遍采用的筹资融资、发展经贸的方式。他制定了公司第一个章程,强调"公司坚持社会主义原则,按照经济规律办事,实行现代化的科学经营管理"。并亲自制定"遵纪守法、作风正派、实事求是、开拓创新、谦虚谨慎、团结互助、勤勉奋发、雷厉风行"的32字中信风格,带头身体力行。1979年,对中外合资经营企业法草案有关外资比例和企业决策机制等内容提出重要修改意见,展现出非凡的远见卓识和政治勇气。在此后的岁月中,中信肩负国家对外开放窗口的重任,多次冲破体制障碍,探索一条与过去不同的道路。中信成为第一个吃螃蟹的人,是第一个将"公司"真正办成公司的勇敢者和开拓者①。

再看,宋志平曾同时担任中国建材与国药集团双料董事长,2011年、2013年将这两家资不抵债的中央企业分别推进了《财富》杂志评选的世界500强企业,被称为中国的"稻盛和夫"。他以东方式的儒家思想执掌央企十几年,将两家"草根国企"带出了泥潭、推向了圣殿。执掌中国建材短短几年时间,便整合近1 000家企业,将中国建材带到了港交所上市,他也因此得到了"终极整合者"这个外号,缔造了教科书似的"宋志平模式"——"整合优化"。而在过去一年,他又主导了两家"巨无霸"央企——国内行业排名第一的中国建材和中材集团的合并,重组后的新集团总资产超过5 000亿元,旗下的上市公司多达15家。实践证明,整合优化的模式不仅成为中国建材集团成功应对新常态的杀手锏,而且推动了整个建材行业的结构调整与转型升级。②

不难看出,这些个别的国有企业企业家都是在所经营的企业和行业内多年精耕细作,且具备非常突出的个人能力,善于创新、敢于冒险、勤于经营。然而,在当今大部分的国家出资企业中,人才选拔、任用、评价和升迁并没有一个良好且长远的保障机制,而且受限于行政体系的激励和约束机制,难以

---

① 陈文源:《荣毅仁和中信公司》,《世纪》,2006年第2期。
② 《整合优化:中国建材成长密码》,《中国企业报》,2015年9月8日,第4版;请参阅宋志平:《改革心路》,企业管理出版社,2018年。

发现和培育企业家的个人魅力和能力。从行政体系选拔或从其他国企调任的企业经营管理者往往只考虑短期利益,将企业经营作为政治升迁的跳板,只关注企业三年五年的短期利润收益而并不关心企业乃至行业的长期经营和创新能力的培养;而常年在某一企业的经营人员或从行政体系退居国企的人员,往往会出现"搭便车"的心理状态,如果企业利润过于突出,会成为其他人晋升和关注的焦点,从而影响自己的职位保障。由此带来的国家出资企业企业家的短视行为和"搭便车"现象屡见不鲜,因此建立良好的企业家评价体系和激励约束机制尤为重要。

7.5 人力资本的独立性:如何处理市场评价与行政评价关系

在企业管理劳动分工中,企业家作为一种特殊要素被细分出来,成为承担企业经营责任的"领军人物"。在肯定了企业家要素的客观存在基础上,只有说明这一要素的独立性含义,才能对其进行更深刻的认识,并解决后续的评价问题。

现代公司制度的法人治理结构保证了企业家的独立地位,也保护了企业家的独特地位和经营才能的充分发挥。现代公司制度中出资人对资本投放,从而保值增值的经济理性要求,使享有独立法人财产权的企业获得指导自身行为的"法人意志",正是在这种"法人意志"支配下,从事企业经营(包括资本经营和生产经营)的管理人员的职责进一步得到肯定。现代企业运行中的"法人治理结构"将资本投放、运营中的一组权利有机地结合起来,使分工关系进入所有权的实现过程,行使不同权能的主体职责更加专门化,并促成职能行使的效率大大提高,从而资产运作效率的提高。首先是股东具有资本的终极所有权和相应的收益权,并将资本经营的权利委托给由他们自己选出的董事会、监事会,股东大会作为企业的最高权力机构,还以制定企业章程、批准企业运营的财务报表、对企业的目标、规划加以审议,在总体上督促企业去创造良好的业绩。其次是企业的董事会,通过掌握企业法人财产权进行资本经营,控制公司战略目标的实现,聘用生产经营的高级管理人员,他们追求净资产的保值增值。再次,那里直接从事企业日常经营管理的高级管理人员,接受董事会的聘用委托,掌握企业生产经营业务决策权,对企业的年度目标的实现进行有效控制,实现最大利润。可见,后两者分别在资本经营和生产经营层面上对企业运营加以管理,履行企业家的职能。总之,在成熟的企业制度中,企业家的行为规范和目标追求是既定的、稳定的。

目前,我国企业改革正在朝着现代企业制度目标推进,各级各类试点正在有条不紊地进行。2018年7月国务院发布了国资投资、运营公司改革试点的方案,改革国有资本授权经营体制,完善国有资产管理体制,实现国有资本所有权和企业经营权分离,实行国有资本市场化运作,要求发挥国有资产投资、运营公司的平台作用,促进国有资本合理流动,优化国有资本投向[1]。与此同时,企业家队伍的建设亦受到高度重视。2017年9月国务院发布了保护企业家的相关文件,首次高规格地护航企业家发展,首次最权威地阐述企业家精神,首次全方位地呵护企业家成长,既传递了关心企业家、重视企业家、充分肯定企业家地位和作用的鲜明信号,又回应了企业家普遍关切、迫切需要解决的一系列问题[2]。

如前文所述,企业是一组要素合约的集合,而这样的要素合约的具体设计整合和动态优化调整,靠的就是企业家的贡献和作用;而企业所集合的生产要素细分后,整合要素资源的管理才能成为了一种特别的生产要素。特别是,随着改革深化和市场经济发展,剥离掉企业发展成长的外部因素、客体因素,最终留下来的就是企业家精神这一灵魂性因素。因此,无论是迈向现代

---

[1] 国务院:《关于推进国有资本投资、运营公司改革试点的实施意见》,2018年。
[2] 国务院:《关于营造企业家健康成长环境弘扬优秀企业家精神更好发挥企业家作用的意见》,2017年。

第7章 公司治理机制中的企业家角色

企业制度的动态的过程,还是实现公司化改造后的企业运作治理、生存发展,都需要人去推动。企业家作为企业发展的关键人才力量,如何筛选、培育并形成一套合理的评价体系是尤为重要的。甚至可以说,造就一支庞大的、懂得社会主义市场经济的职业化的企业家队伍,是建立现代企业制度的基础性工作。

当然,无论是现代企业制度建设,还是企业家队伍的成长和企业家市场的发育,都需要一个过程,特别对于国有企业而言。首先,通过理顺国资管理体系,塑造国有资产投资经营主体,将国有资产的保值增值责任及时地落实到每一个法人和具体的责任人,促成国资经营的组织体系和人员队伍的思想观念、行为方式的同步变化,造就一支献身于国资保值增值的企业家队伍。其次,重点探索建立起所有者对经营者考核评价的指标体系,通过对经营者的选择、考核、奖惩,形成激励和约束相对称的制衡机制。再次,逐步形成集培育、推荐、考核、监督为一体的经理人市场,促成企业家队伍迈向职业化、市场化,通过加快企业家市场的建设,让人格主体力量支撑起现代企业制度的运转。

强调企业家作为一种人力资本的独立化,建立成熟的经理人市场评价体系,同样需要创造一定的条件。首先,企业家的职业化、市场化如何取得广泛的理解,尤其是国家出资企业的董事长、经理层的理解接受,并能够建立自信心,投身于市场,他们作为党的干部被派到有关企业从事领导工作,长期以来,习惯于接受行政的认定,造成对党政领导机关的"依赖",很难接受突然面临的角色转换和重新给自己"定价"。其次,改革企业人事管理制度,以市场评价为主,以行政评价为辅。对那些接受委托,作为国有资产代表进入企业董事会的人员和作为企业日常生产经营管理的经理人,要加以区别对待。前者以通过政府选拔和市场评价相结合选任,主要考核资产保值增值水平;后者则主要通过市场招聘,主要考核税后利润水平。与此同时,需要把资产管理与人事管理结合起来,防止多头管理、责任不清。考核标准不一致等问题的发生,逐步做到把企业家队伍的管理与政府公务员队伍的管理完全分开。

当然，还可借助市场力量建立起企业家队伍的竞争淘汰机制，在企业内部实行招聘、竞争投标、试行承包经营，建立企业内部的"企业家市场"等。

7.6 人事任用与激励约束机制处理

基于对企业家要素的认识，在市场评价的基础上，如何加以配置和激励，对于发育企业家市场、开发企业家要素具有重要的意义。特别对于国有企业而言具有重要的改革意义，如何区分企业家人才与一般行政工作人才，进而对其薪酬激励处理方式加以不同的科学处理，值得探讨。

目前，国家出资企业中的人事选拔和任用主要由国资监管机构和组织部门执行，而他们选聘总经理的渠道一般是从政府中选派、从公司内部选拔（一般由某一副手接任）和从其他国企经营者中调任。由于国企的经营者拥有行政级别和待遇，因此基本不可能从民营企业家中选聘。2018年7月新出台的国资投资、运营公司改革试点方案中提道：国有资本投资、运营公司要建立派出董事、监事候选人员库，由董事会下设的提名委员会根据拟任职公司情况提出差额适任人选，报董事会审议、任命。同时，要加强对派出董事、监事的业务培训、管理和考核评价①。

企业经营机制的内容涉及方方面面，然而其核心在于激励与约束。企业行为实际是企业当事人的经济行为，为求其经济行为能始终保持在企业资产运作和经营效率的最佳状态，最关键的就是对其进行适当的激励和约束。激励机制的中心问题是激励者如何采取有效的措施和手段达到激励的目标，激励机制的本质则是要解决企业的动力问题。而约束作为一种反激励，是反面刺激企业当事人高效合理地执行职能，协调各方面的关系，在个人利益最大化的前提下不损害企业利益。

---

① 国务院：《关于推进国有资本投资、运营公司改革试点的实施意见》，2018年。

第7章 公司治理机制中的企业家角色

国有企业机制转换的核心在于激励和约束,目前的主要障碍在于作为委托人的政府行为不规范、法人治理结构不合理或不完善、劳动力流动的比较利益过低等方面①。

第一,政府作为委托人的过度干预,使得代理人的剩余权力变得极为不完整。之前国有企业经营状况的好坏主要通过行政评议的方式确定,例如:企业的利润率、国有资本的保值增值、产品的市场定位、企业家的价值及其经营业绩,甚至是企业的经营管理水平等等,都要由行政综合部门或主管部门来组织考核,这些做法与市场化的要求是相背离的。以所有者的身份打着加强管理的旗号,以政府代替市场,行政干预企业行为,使得许多本来应运用法律手段或者通过社会中介组织解决的问题,通过设立政府机构管理而不是交给市场去做。

而当前,关于建立国有资本投资、运营公司的试点,就是开始实现"政资"分开,创设独立的实体性国有资产代表组织的开端,试图解决政府行为不规范的问题。试点方案提出:国有资本投资公司要建立以战略目标和财务效益为主的管控模式,对所持股企业考核侧重于执行公司战略和资本回报状况。国有资本运营公司建立财务管控模式,对所持股企业考核侧重于国有资本流动和保值增值状况。与此同时,完善监督体系,整合出资人监管和审计、纪检监察、巡视等监督力量,建立监督工作会商机制,按照事前规范制度、事中加强监控、事后强化问责的原则,加强对国有资本投资、运营公司的统筹监督,提高监督效能②。

第二,低效率的法人治理结构,对国企经营管理产生了负作用。由于国家股占多数,董事长虽然形式上由股东大会选举产生,但实际是政府任命,经理人又由董事长聘任或兼任,使得企业仍然成为了政府的附属物。在这样的情况下,即使国有资产管理职能从政府独立出来,建立非行政性的国有资本

---

① 高明华:《公司治理与国有企业改革》,东方出版中心,2017年,98—107页。
② 国务院:《关于推进国有资本投资、运营公司改革试点的实施意见》,2018年。

投资、运营公司,企业仍然会面临由于国有资产管理和经营组织的垄断和控制所带来的"行政"干预。由于特殊的人事任用制度,且股份拥有者大都是国家和国有法人,国家出资企业的高级管理人员难以长期稳定,也无法持有个人股份,因此对身兼企业领导和国家干部的高级管理人员与政府领导人而言,有着巨大的心理障碍和社会压力。

因此改革核心是需要建立一种支撑企业家成长和发展的体制、环境和文化价值观,通过激励和约束机制的设计,使得有能力水平的人登上企业家的宝座,保障其独立自主地经营并在企业充分施展自己的才能,同时让其可以长期安心和留在企业工作,在这个过程中充分实现价值、参与竞争、开发潜能、人格趋于完善。采用多种多样的激励手段,在薪酬基础上加以股权、期权、声誉、接管市场、经理人市场、选拔撤换制度、独立董事制度等等。

第三,就业刚性和劳动力非流动性,造成了严重的国企负累。国有企业往往承担着解决就业、稳定社会的责任,使得其对于员工的解雇和员工自身的流动需求都较低,同时又负担着巨大的住房、养老、医疗压力。上到管理层,下到普通职工,之所以不愿意流动是因为他们待在现有企业的比较利益高。如果想形成职工自愿流动的机制,就需要大幅度提高流动的比较利益。

因此,无论是企业家市场还是普通职工市场,都要建立健全社会保障体系,将国企承担的这部分职能剥离出去。一是要建立职业培训体系,使得每个人都具备更强的职业化素质,提高人力资本的专用性;二是要有失业保障和相关配套的医疗、住房、教育保障措施,解决其选择新职业过程中的后顾之忧。

第8章

国家出资企业的治理结构优化

第七章讨论企业家在企业治理中所扮演的角色作用,使我们加深对现代公司治理中的委托—代理机制的理解,如何在建立和完善公司治理中发挥企业家才能,换句话说,科学的公司治理结构是企业家才能发挥的组织平台。因此,不断完善优化公司治理结构就成为企业改革不断深化的重要内容。经过了从1993至2013年20年的实践,表明多元出资方式对塑造公司治理的直接促进作用。也正是由于这一阶段实践经验的积累,进一步启发激励我们对于国有企业改革走向纵深的决心,正是这样,党的十八届三中全会通过的《关于全面深化改革若干重大问题的决定》进一步明确了从"管资产"向"管资本"的转变,提出"积极发展混合所有制"的新的改革方向和重点,以混合所有制作为国有企业改革的新的"突破口",也就是在公司制企业组织的股权关系安排上,引入非国有资本与国有资本共同出资合作,使"混合所有制经济"成为市场经济条件下公有制实现的重要形式,也是科学处理公有制资本配置运营与市场经济有机融合的重要形式。

　　"积极发展混合所有制"的改革方针在经济理论创新方面有了新的深化:在公司制企业多元出资(多个主体出资)关系的基础上,引入多主体之间不同的终极所有权属性关系,以进一步加强出资主体相互之间的合作制衡关系;同时也启发了我们对多元出资关系处理的理解。现实生活中存在的已经改制为多元出资的公司制企业,尽管形式上有多个主体出资,但是因为这些形式上独立的出资主体,实际上它们的终极所有者都是属于(同一)政府主体,因此,在公司治理场合,难以形成真正的多元出资主体相互之间的制衡机制,容易滑回到传统的国有企业运营决策轨道、回到政资不分、政企不分的运作状态。

　　我们在这里强调将既有的"国有企业"改称为"国家出资的企业",正是为了注意尊重在混合所有制企业中还有其他所有者的资本存在。因此,讨论国有企业改革中的公司治理机制问题,需要特别强调是"国家出资企业"的公司治理结构变革和机制优化问题。因此,我们需要回答混合所有制改革如何改造传统的国有企业;公司治理结构优化实践中受到哪些环境条件的制约,治理行为上存在什么样的"路径依赖"现象;"路径依赖"的深层次文化底蕴是什么?

8.1 "突破口":混合所有制如何改造传统国有企业?

时任中共中央政治局委员、国务院副总理张德江,在2012年3月参加全国人大浙江代表团讨论时指出:"民间资本是水,实体经济是井,与其让水在地下暗流涌动,倒不如打一口井,给双方一个皆大欢喜的出口。"①这句话十分形象地说明民间资本需要一个出口,重新焕发生机。而随着我国经济的发展,国有企业也十分需要注入新的活力。正是在以建立现代企业制度,采用公司制法律组织形式改造传统的全民所有制形式企业制度,取得阶段性成果的基础上,使我们体会到"多元出资"形式带来的企业治理结构的变革,如何使多元出资具有根本性的不同出资主体相互之间的在制衡机制,这便是混合所有制提出的背景,也是经济理论关于"公有制实现形式创新"认识的进一步深化,以党的十八届三中全会通过的《关于全面深化改革若干重大问题的决定》发布为标志的新一轮改革再出发,明确了以"积极发展混合所有制经济"成为国有企业改革的新的"突破口"。

我国基本经济制度明确规定了"公有制为主体、多种所有制经济共同发展",国有企业和其他经济形式的企业组织形式(包括集体所有制企业、外资

---

① http://jingji.cntv.cn/20120307/108186.shtml

企业和私有企业)共同成为社会主义市场经济的重要组成部分,都是我国经济社会发展的重要基础。它们都是我们国家经济建设的重要力量,是不可分割的,更不是简单对立的。在实践中,国有企业离不开民营企业,民营企业承担了大量国有企业的外包服务;民营企业也离不开国有企业,民营企业的大量服务,如电力供应,大多源于国有企业。国有企业和民营企业之间并不是相互排斥、非此即彼的关系,而是可以相互融合,通过交叉持股、混合所有制改革达到"你中有我、我中有你",就好像太极图中的白鱼和黑鱼,这是中国人的智慧和能力①。混合所有制的出现为我国的经济建设增添了新的活力。

8.1.1 我国混合所有制经济的发展历程

围绕建设社会主义市场经济体制目标模式,党的十四届三中全会(1993年)提出了以现代企业制度即现代公司制度改造传统的全民所有制企业组织形式,建设社会主义市场经济体制的微观基础,在《中华人民共和国公司法》的规范引领下,此后20年的企业改革通过变革企业注册登记形式,采取公司制法律组织形式,明确企业法人设立的"出资人""用资人"主体关系,强调"多元出资主体",促成产权关系在主体身份形式上得到清晰,由此递进带来公司治理结构的变革,导入"出资人"(股东)和董事会(股东代表)、日常经营管理的经理在企业治理结构(机构和工作机制),承接覆盖融合既有的国有企业经营制度。除了少部分国有企业选择公开上市发行股票吸纳社会资本(特别是个人投资者)入股,进入混合所有制多元出资,进而股份制上市公司以"公众公司"的面貌接受公开市场和公众舆论的监督,对治理结构提出更高的要求。大部分的国有企业在公司制改造中,鉴于当时条件,选择多元出资(即多个法人组织出资)来源时,主要还是在国有企业集团相互之间给予合作机会,因此

---

① 中国建材董事长宋志平:《"国进民退"的说法没有依据》http://finance.ifeng.com/a/20180109/15917001_0.shtml。

使企业的法律组织身份符合公司制度基本要求，在此基础上建立法人治理机构，导入现代公司治理形式。很明显，公司制改造后的治理结构将多个法人利益约束导入治理决策评价流程，形成多元利益之间的博弈约束制衡，对于提高治理效率产生了一定的积极作用，也启发教育了参与企业治理过程的国有资本"代理人"从不同的治理角色出发熟悉体验现代公司制度的运行功能。

鉴于这样的多元出资主体，大多数表现为由同一级地方政府主导，多元来源于政府设立的国有控股（或投资）公司，他们分别出资交叉持股，终极出资所有人最终都归结到同一政府主体，因此，企业层面上的形式上的多元出资关系，在关键的重大问题上最终都听命于政府。表明多元出资的相互制衡还是难以形成根本上的制约力量。这也就提出如何才能进一步将多元制衡关系真正在公司治理内生性地发生的思考。基于市场经营场合公有和非公有同等受到保护、赋有同样的获取各类生产要素的权利等基本认识，加之实际经济生活的具体场合，根据市场发展可能产生的新的商机，也出现了一些新的有国有和社会资本包括私人资本共同出资的公司制组织。很清楚，私人资本经营约束与国有资本经营决策约束客观上存在明显的区别。因此，如何将市场化的不同资本相互之间的制衡约束导入现代公司治理结构，需要在开放多元出资关系中强调引入非公有资本，形成真正意义上的"混合所有"。在这里，可以看到，混合所有制经济（企业）是由不同所有制关系的出资人共同出资组建生成的。它是投资者所有制（原始意义上的所有权）投资派生的，是所有权实现过程的第二层次上的"法人财产权"独立企业。正是从这个意义上说，"混合所有制"不是一种原始的、根本性的、终极意义上的财产所有制。理解这一分析含义，才能够正确理解"法人所有权"（法人所有制）的实际经济含义。

可见，明确"积极发展混合所有制经济"的提出是中国特色社会主义市场经济理论的一大创新。从"全民所有制"法律组织形式的企业到"公司制"法律组织形式的企业，从同类性质的"多元出资"公司到不同属性的所有者主体"多元出资"的混合所有制公司，从多元出资主体最终归属同一政府机构主体,到多元出资最终归属不同性质的所有者主体,最终约束主体不同类型的公司治理结构走向内生制衡机制的改革深意,对于提高公司治理结构的效能的作用意义也就可以看得十分清楚了。在实际经济生活中,对于混合所有制的出现和承认它的存在,1997年的党的"十五大"报告中就已经提及,当时还只是将其作为一种新的企业经济形式在强调坚持公有制原则时提到,即坚持混合所有制经济中的国有和集体成份。正是结合现代企业制度建设进程,使我们不断加深对"混合所有制"的认识理解。到了2002年十六大报告中,已经说到"股份制是公有制实现的主要形式"。针对国有资产管理体系做出重大创新,主要将一些直接由政府管理的企业作为改革对象,建立了"三分开"(政企分开、政资分开、所有权与经营权分开)、"三统一"(权利、义务和责任统一)、"三结合"(管资产和管人、管事相结合)的国有资产出资人制度。到了2013年十八届三中全会,就有了"积极发展混合所有制经济"的正面的、更加自觉地采用这一制度形式的阐述。正是通过对于公司制企业组织形式和公司制企业治理机构建设和治理功能实践经验积累,通过对多元出资主体如何发挥在公司治理制中的制衡作用以及这样的制衡机制的功能意义的认识不断加深,为"积极发展混合所有制经济"的新的改革原则积累了经验,创造了条件,使企业改革进入到一个新的阶段。

8.1.2 积极发展混合所有制,将国有企业改革推向新的境界

党的十八届三中全会在《中共中央关于全面深化改革若干重大问题的决定》(以下简称《决定》)中提到,要积极发展混合所有制经济。国有资本、集体资本、非公有资本等交叉持股、相互融合的混合所有制经济,是基本经济制度的重要实现形式,有利于国有资本放大功能、保值增值、提高竞争力,有利于各种所有制资本取长补短、相互促进、共同发展。允许更多国有经济和其他所有制经济发展成为混合所有制经济。国有资本投资项目允许非国有资本参股。现实生活中的混合所有制可以有两个不同意义的理解,即宏观上的混

合所有制和微观上的混合所有制。宏观上的是指一个国家和地区所有制结构的非单一性,包括了公有制经济和非公有制经济;微观上的混合所有制是指企业的股权结构,因为股权结构是决定公司治理结构的基础①。

宏观上来看,它反映了我国的基本经济制度。众所周知,到今年改革开放40周年,中国经济的快速增长是靠国有企业和非国有企业的发展共同驱动的,二者缺一不可。多年来形成的以公有制为主体、多种所有制并存和共同发展的基本格局,不仅是保持中国经济稳定增长的基石,而且也是保持社会稳定的重要基础。完全有理由预言,无论是推行大规模私有化,还是推动大规模公有化,必将导致中国经济与社会的巨幅波动,这也正是中央一再重申和强调"两个不动摇"原则的重要原因②。

长期以来,世界各国都在追求一个完美的经济体制。《21世纪资本论》的作者皮凯蒂在本书的序言部分指出:"中国作为一个特例,以传统的国有形式存在的公共资本占国民资本一半左右,假使它们能保证等均等地分配资本所创造的财富,中国就有可能避免其他国家所走的弯路,最终找到公共资本和私人资本之间的良好妥协和平衡。"③这足以说明在国企改革中运用好混合所有制是多么重要。

微观上来看,混合所有制强调不同所有制资本的融合。正如前面所提到的那样,混合所有制中"混"的是所有制性质不相同的资本。它是一种相互尊重的资本合作形式,不同出资主体共同出资形成一体化的法人资本主体,形成彼此相容的共担风险的具有独立法人地位的市场主体。

发展好混合所有制可以减少政府对企业微观事务的行政干预,有利于正确处理政府与市场的关系。政府有时会借助对国有企业的控制,干预企业的微观经济活动。通过对国有企业的混合所有制改革,可以规范政府和国有出

---

① 秦斗豆:《混合所有制是提高企业治理绩效的有效途径》,《中国市场》,2014年第3期,总第766期。
② 邱海平:《论混合所有制若干原则性问题》,《学术前沿》,2014年3月(下)。
③ [法]托马斯·皮凯蒂:《21世纪资本论》,中信出版社,2014年。

资企业之间的关系：政府专注于对国家宏观经济事务的管理和调节，微观经济活动可以放手让市场来调节，企业也摆脱了政府的影响，按照市场需求来组织企业的生产经营活动，实现企业效益的最大化。由此产生在企业经营场合淡化所有制观念，强化法人地位，专心致志解决实际工作中的问题，避免陷入无谓的所有制形式的高下之争。政府更多地通过制度引导、制度规制和制度保证，避免制度的"真空和缺位"，做到制度"有破有立"。① 其次，要强调不同所有制资本或不同所有制经济形式之间的取长补短。混合所有制包括了两种不同性质的经济成分，两种所有制形式之间不是非此即彼、彼进此退的关系；不是相互冲突、相互矛盾的关系；两种你中有我，我中有你，打破了不同所有制之间自我封闭、相互隔绝的状态，实现了两者强强联合、共同发展。②

8.1.3　澄清对积极发展混合所有制认识上的误解

其一，有人担心，发展混合所有制经济会成为中国版的"私有化"计划，带来国有企业改制浪潮。这种想法是因为没有从企业设立的法律组织形式特点上理解出资用资关系，从基础经济理论意义上说，没有理解资本的所有权与使用权分离理论在现实生活中的应用和表现。正是这样，强调发展混合所有制经济，与坚持公有制是两个不同层次上的问题。它与通常意义上的否定公有制的"私有化"含义有根本区别。"私有化"强调的是将已有国有资本价值予以瓜分或者是废弃。发展混合所有制经济，包含着双向的产权流动，即：既有可能是在纯粹国有经济成分的企业中引入私营经济成分，也有可能是在纯粹私营经济成分的企业中引入国有资本成分。这种双向的流动实际上是

---

① 李跃平：《回归企业本质：国企混合所有制改革的路径选择》，《经济理论与经济管理》，2015年第1期。

② 肖贵清、乔惠波：《混合所有制经济与国有企业改革》，《社会主义研究》，2015年第3期，总第221期。

企业产权结构的多元化①。在现存的国有企业推行混合所有制，可能表现在国有资本占股比重的相对减少，而不是国有资本的私有化。股权结构的变动旨在优化配置资本结构。

其二，对于混合所有制经济的适用范围，在实践中也存在一定分歧。有人认为应当只在垄断领域适用混合所有制，有人认为应当在竞争性领域适用混合所有制，还有观点认为，混合所有制在适用上没有禁区。这就需要对于推进混合所有制的配套条件加以讨论，特别是产业特点和市场发育水平制约对于经济稳定性和开放产权机会的社会多个主体的平等性权利问题。而不仅仅只是一个混合所有制经济的适用范围问题。这一问题我们在前面的第六章对于"分类"改革内容分析时已经有所讨论，这里不再赘述。

其三，对于混合所有制经济的企业，是否有一个最优化的股权结构比例呢？到底国有资本和非国有资本各占多少份额才是最好的配比呢？单一国有资本的企业实行混合所有制改造，引入非国有资本占股比例过低，或者是私人资本企业引入国有资本占股比例太低，股权结构的不合理，一股独大都会影响治理关系中的相互制衡关系的形成，也就会抑制投资者的积极性，难以形成健康的治理结构和企业法人持续发展的经营机制，最终影响长期经济增长②。有学者以2001—2013年的上海证券交易所部分竞争类上市公司为对象，考察了混合所有的股权结构与公司绩效之间的关系，发现简单的股权混合并不能改善公司绩效，仅当外部制度环境较为完善时，混合主体多样性的绩效作用才会显现③。

根据中共中央和国务院联合下发的《关于国有企业改革的指导意见》，基于"分类"原则，混合所有制股权结构最优化的需要在实践中不断摸索优化。

---

① 王曙光：《混合所有制经济与深化国有企业改革》，《新视野》，2016年3月。
② 殷军：《国有企业混合所有制的内在机制和最优比例研究》，《南开经济研究》，2016年第1期。
③ 马连福等：《混合所有制的优序选择——市场的逻辑》，《中国工业经济》，2015年第7期。

政府在对国有企业进行混合所有制改革时,要区别对待不同情况、不同行业、不同地区的国有企业,不能简单地"一刀切"或者是所谓的"一视同仁"。对于社会负担较小、行业同质性较强的国有企业,混合的比例可以高一些;对于社会负担一般、行业垄断性较强的国有企业,混合的比例可以要适中;对于社会负担较大、行业外部性较强的国有企业,由于民营资本参与的动力会相对不足,因此,这种国有企业的国有股权总是处在控股地位,混的比重相对较低。

在充分理解混合所有制经济的客观含义,明确通过积极发展混合所有制经济作为突破口,继续推进国有企业改革走向新的深化境界的改革原则基础上,一定能够将这项工作做实做好。发展混合所有制的根本目的之一是消除国有对产业领域经营的垄断,是为了更好地处理政资关系、政企关系,将混合所有制作为市场经济条件下公有制实现的重要途径,解决好公有制与市场经济的相容性。宏观层面上说,在社会范围内,通过开放产业准入,降低准入门槛,允许私营经济成分进入垄断产业,使国有经济成分与私营经济成分同时展开竞争,从而消除或者某些产业的垄断局面;微观意义上说,通过允许原有的国有独资企业中引入私营成分,由国有资本与私有资本共同构成股份制企业,从而以现代公司治理结构消解企业运营过程可能存在的政资不分、政企不分的痼疾。

混合所有制作为国有企业改革的突破口,具有重要的作用。公有制经济与非公有制经济在奇妙的混合中发挥出了迷人的魅力。混合所有制并不是国有资本的私有化;同时,国有企业并不都是"一改就灵""一混就灵",在混合所有制改革的过程中,我们应该像在冰面上行走一样,时刻保持谨慎、清醒,调整自己的每一个动作,使之更加适合前方的道路,积极创造相应的经济社会政治上的配套条件,最终到达胜利的彼岸。

8.2 公司制企业治理方式的本土化实践分析

对于公司制企业的典型特征可以归纳为三个方面:公司拥有独立的法人

地位、投资者对公司法人财产享有股权并承担有限责任、公司具有特定的治理结构①。前两个特征在本书第前面有关章节已经有过论述,本节将主要讨论第三个特征,即公司制企业的治理结构。需要特别说明的是,在一些文献中,使用者没有明确区分"公司治理"和"公司治理结构"这两个概念。不难理解,公司运营面临诸多利益相关者需要协调处理。"公司治理"的核心内容就是设计确立一个具体而有效的公司治理结构。我国经济生活中的经过公司制改造后的国有企业②,在企业注册设立方式和企业市场身份上有了新的法律地位和组织形式,但我们还是一般地称之为"国有企业",企业的组织形式和法律地位的变化容易做到,但是要改变企业的治理结构不是一件容易的事。企业不是一个封闭的组织,企业治理结构尽管是企业内部的一套规则,它在很大程度上受到外部环境的影响,并直接决定治理结构的实际运行效果。

8.2.1 国有出资企业公司治理结构中的多重关系处理

"公司治理"是一个外来的术语,说的是公司管理者与所有者之间的利益关系和权力结构,具体表现为公司的所有者(股东)、董事和高级经理人员之间所组成的组织结构和他们之间的权力、责任和利益关系得划分和耦合。也是所有者对企业的经营管理和绩效进行监督和控制的制度安排。狭义的公司治理结构指的是有关公司董事会的功能和结构,股东的权力等方面的安排,广义的公司治理是指有关公司控制权和剩余索取权分配的一整套法律、文化和制度性安排。如此抽象的规定如何转化为企业运营的具体工作流程和评价工作绩效的标准,需要有实践的不断试错和经验积累,才能得到不断完善。中国经济在确立社会主义市场经济体制改革目标后,基于市场经济一

---

① 吴敬琏、周小川等:《公司治理结构、债务重组和破产程序》,中央编译出版社,1999年,第2页。

② 这里的"国有企业"遵从通常意义上的概念,包含国有独资的企业,国家控股以及国家参股的企业。

第8章 国家出资企业的治理结构优化

般原理要求把企业改造成为真正独立的市场主体,提出以公司制组织形式重塑企业的法律地位,正是这样,公司制度在中国经济生活中不是自发演进成长的组织现象,甚至可以说人们对于公司制度的出现和他所表现的适应容纳生产力发展的文化底蕴缺乏深刻的理解,没有充分地体验。

因此,在论述公司制企业的治理结构之前,我们还是要花些笔墨对企业理论的发展简单加以梳理叙述。在传统新古典经济学中,企业仅仅是一个追求利润最大化或者成本最小化的单位,它接受要素投入并决定产出。这个时候,经济理论中的企业还是一个黑匣子,至于企业为什么存在以及企业内部的运行机制,经济学家并未作更多阐述。换句话说,企业为什么存在、为什么以这样的规模和组织形式存在,经济学理论本身并没有正面回答。这一领域的开创者罗纳德·科斯先生在其经典论文《企业的性质》(R. Coase,1937)中,首次分析了"企业为什么存在"这个被人们长期忽视的问题。他通过将经济社会生活中的交往合作进行分类,强调各种"关系"(他用"交易"的范畴将之普遍化)的维系都存在"成本"(或"费用"),以至于得到"交易成本"这一分析"关系效率"的工具。证明了企业是一种以行政手段取代市场手段的经济现象。此后,企业理论进入蓬勃发展阶段。成为过去数十年经济学理论发展最为迅速的领域之一,极大提高了人们对企业组织、运行制度的认识水平。现代企业理论认为企业是一组契约的纽结,经济理论研究从关注企业与市场的关系,到企业运营发展中必然存在"资本的专用性"和与此相关存在的"机会主义"对企业成长会产生什么影响;进而深入到关注企业内部各类生产要素之间的合作关系,特别是企业作为一种劳动组织的团队作业,需要设计出一种对管理者行为激励约束相容的制度安排,从而使投资者(股东)利益最大化;受市场环境信息噪音的影响,资本的所有者(股东)如何有效地对企业实施监督;企业治理中资本与劳动之间关系伴随生产要素的细分,在多个生产要素的整合合作中如何处理好"利益相关者"相互之间的关系。等等。很明显,这些理论对于中国国有企业改革具有一定的启发意义。

然而,西方学者对于企业理论的研究,是与西方经济生活中的企业组织演进为背景的。在以现代公司制度改造传统的国有企业,塑造社会主义市场经济的微观基础的改革任务明确以后,围绕公司治理结构的建设、治理机制和治理绩效研究话题,一直是现代企业制度建设实践的重点工作内容受到重视,各类研讨会、课题发布、也有大量的专著论文发表,对于改革推进和现代企业制度建设起到直接的推动作用。改革所取得的成果也直接表现在围绕现代企业制度建设先后出台《公司法》等一系列的法律法规。结合公司治理结构安排,有《公司治理指引》指导公司治理设计生成议事规则;尊重股东意志表达的投票权利,以"少数服从多数"形成决策;引入"独立董事制度",发挥专业人士对企业治理的参与作用;明确公司治理中的投票决策事项关联股东"回避投票"制度;对于董事人选的投票允许采用"累积投票制度";等等。对于规范和巩固改革所取得的成果产生积极的作用。

回到公司治理的实践场合,具体的工作安排和参与治理者的利益关系处理大致上涉及到几个方面经济关系的处理:其一,股权结构安排。出资主体相互之间持股数量配置安排;其二,大股东与小股东之间的关系;其三,股东与董事的关系;其四,股东与经理人之间的关系;其五,公司经营与员工之间的关系;其六,公司经营中借贷举债、自有资本能力与负债管理的关系;其七,公司运营与市场客户之间的关系;其八,公司运营与社会环境监督关系,等等。遵照相关法规规则,公司治理中对上述诸多关系处理,形成在出资人(股东)、董事会和监事会、经理层之间的权利责任内容结构,且这一结构能够具有相对清晰的层次和工作内容分工合作的界定,这种结构性设计在动态的企业运营中如何有机统一、功能耦合顺畅发挥,在实践中需要有一个不断完善调整优化的过程。如前所述,中国的国有企业在法律组织形式上改制为公司制形式后,人们还是习惯地将国有资本出资(包括全资、控股或参股)的企业称之为"国有企业",除全资企业外,控股或参股企业已经吸收由其他社会股东共同合作出资,简单沿用"国有企业"概念,在处理政资政企关系时呼唤对应的是传统的既有的对"国有企业"概念的理解和既有的管理习惯方法,势必难以生成新的公司制企业的治理机制。这就需要刷新重新认识"国有企业"

的概念所指,也许只有国有全资的企业才能够还是继续使用"国有企业"概念。假如是考虑到企业已经从传统的全民所有制概念下的国有企业组织改造成为了以公司制法律组织形式的变化,全资国有企业作为一种特殊的市场法人主体,也已经具有一种新的意义,与传统的国有企业相区别。

多元主体共同出资的混合所有制公司制企业组织形式,实际上是资本的所有权与资本的使用权分离而出现的经济现象,也是所有权、经营权之间的分工关系。表明社会分工的细化已经深入到资本运动所有权"实现过程"。这种经济现象的演进变化,在马克思的《资本论》第三卷就已经有所分析,并指出了股份制企业组织形式的出现,对资本主义生产方式下出现的这种变化,马克思予以了充分的肯定,并且指出,这是私有制经济关系在社会范围内的一种"扬弃"。对于通过这样的方式,创造出社会性"集中筹措资本",容纳更大资本规模需求和更高技术水平生产力的企业组织形式。

正是由于"分工"关系的变化,资本配置的方式和企业组织形式和经营活动过程出现了诸多经济关系的变化,正如我们在前面所列举的多组经济关系,需要加以整合协调以追求每一组关系的和谐,更重要的是这多重关系在企业运行中的集成耦合,由此保证企业运行的利益相关者合作关系的可持续。

8.2.2 国有出资企业公司治理结构完善的本土化实践

所谓公司治理,就是为了解决成员目标不一致,抑制机会主义倾向而做出的一系列制度安排。在公司治理的多重关系组合中,围绕企业经营实现资本增值这一核心目标,关键性的问题在于如何最大限度降低因契约不完备性造成的代理人侵害委托人(股东)利益的损失。一般而言,在西方成熟的经理人制度下,公司治理问题主要指经理人和股东之间的委托—代理问题。但是在中国,职业经理人市场尚未充分发育背景下,公司治理面临的问题与西方不同。国家既充当股东角色,又负责指派公司的经营者;而民营企业往往大股东与经营者两者统一,公司治理问题主要体现为大股东侵犯中小股东权益。既然中西方所面临的公司治理问题不同,那么直接引进西方现有的公司治理制度是否有效就值得我们讨论了。

我们在前面章节也曾经说到,西方的公司制度经过了百年发展,有一个自发形成的过程,即制度本身是内生的。但反观中国,其公司制度从而公司治理制度的采用是在借鉴西方的公司治理制度的基础上后发引入的,虽然能够加速完善中国的公司治理体系,但是相关的体制环境配套条件、公司制组织自身的发展阶段以及中国资本市场的所处阶段,这些内外部因素的差异都会影响到公司治理的正常运作和制度设计目标实现的有效性。

具体说,公司所处行业、公司的股权结构、公司的规模以及企业家精神等因素都对公司治理有着很大影响。

一般而言,垄断行业往往缺少竞争对手,相比于处在竞争行业的公司而言,对公司治理的重视程度会较低;公司的股权结构也会对公司治理产生影响,如果存在公司股权集中,大股东持有股份很大,大股东会促进公司治理的提升以防止自己的利益受到侵害,如果公司股权分散,各个股东持有公司股份比例不高,则关联交易或其他自利行为更有可能发生,公司治理更容易混乱;公司的规模与公司治理之间的关系则相对复杂,一方面,公司规模越大,治理难度越大,公司治理应当越弱,另一方面,治理情况较好的公司更容易延续,更容易形成较大规模。另外,公司的所有权性质也会对公司治理产生影响,国有企业在公司治理中面临的问题往往更为复杂,而私人企业改善公司治理的动力往往更大。

宏观层面上说,在全社会范围企业组织形式而言,西方国家国有经济占比较低,仅为5%左右,但是相比之下,中国国有资本参与和控股的企业无论从规模还是数量上都具有绝对优势,带有国资成分的公司在67%左右。另外,垄断行业的公司因为具有进入壁垒往往存在治理较弱的问题,加之这些企业规模较大,又为治理增加了难度。在中国,治理问题被进一步加剧——中国的垄断行业往往是国资控股的,这就使得国有企业的治理难题与垄断行业的治理难题叠加,较之西方的公司治理问题更为棘手。

第8章 国家出资企业的治理结构优化

根据南开大学公司治理研究中心的系列研究成果①,外部的资本市场的发育程度和股东参与公司治理的意识也对公司治理有很大的影响。客观上说,中国的公司治理理应与中国的融资模式和股东情况相匹配。中国目前的国情是,(1)中小股东的权利保护意识弱,体现在股息率远低于西方国家上;(2)企业的融资仍然主要通过银行,四大行仍为资金的主要提供者,提供资金比例接近50%;(3)股权结构较为集中,中国的公司中,家族企业和国有控股企业占比很高,而这两者的股权结构都相对集中,A股上市公司中,超过一半的公司第一大股东持股比例都高于30%。参照西方成熟的公司治理模式的形成路径,中国应当以内部治理为主,即在公司内增设监事会对经营者进行监督,并完善资本市场的披露规则,逐步提升外部监管水平。但是中国采取的模式却是同时在董事会中引入外部独立董事以及在公司中增设监事会的制度,看似集中了各种制度的优势,但是却造成了职责不明的窘境。

中国目前的公司治理模式在制度设计上注意融合了英美模式和德日模式的多个特点,看似借鉴了其他国家已有治理经验的模式,但是,在结构设计上、文化融合以及实际操作上都存在着一定问题。在结构设计上,同时在董事会中增设独立董事并加设监事会的模式容易造成分工不明确、机构虚职的情形,并且同时也使得公司的监督成本提高。借鉴英美的做法,设立独立董事制度也存在某种定位上的偏差。理论上讲,独立董事和监事会的职能都是为了对董事会进行监督,美国和德国分别根据本国的股权结构对监督机构进行了选择。美国由于股东较为分散,股东大会往往虚置,造成了董事会职能过大,为防止董事会与管理层的勾结,美国选择了在董事会中设置独立董事进行监督。而德国由于股权结构比较集中,且治理目标往往为"利益相关者利益最大化",因此选择了监事会这一更为有效的监督机构。

实践证明,单一的监督机构往往职责明确,不存在责任互相推诿的情况,

---

① 南开大学公司治理研究中心在国务院发展研究中心主办的《管理世界》杂志上,2004年以来连续多年发表相关研究报告。

而在中国同时设置两个监督机构,则会造成分工不清楚的局面。本来监事会的职责主要是对董事会进行监督,2001年,证监会颁布《关于在上市公司建立独立董事制度的指导意见》,独立董事这一英美式的公司治理机制随后被引入我国《公司法》,但操作中并未舍旧纳新,而是在保留监事会的同时增加了独立董事制度。独立董事对公司及全体股东负有诚信与勤勉义务,维护公司整体利益,尤其要关注中小股东的合法权益不受侵害。监事会制度和独立董事制度两种机制同时存在,如何相互协调。理论上的分工配合在实践中如何具体落实,存在一定程度上的分离脱节,反而容易在两者之间产生扯皮推诿、搭便车的问题。

根据有关研究①,甚至还发现,很多上市公司忽视监事会,只把它当成一种摆设。根据对深圳证券交易所中小板上市的私营企业调查,大多数公司没有监事会办公室,一半公司认为监事会不是常设的机构而是临时机构。比照德国之所以设立监事会制度,目的之一是因为其公司治理目标并非为"股东利益最大化",而为"利益相关者利益最大化",因此,他们在监事会中要求职工要占一定比例。中国引入该项制度时,也参照德国,要求1/3的监事会成员为职工。但是值得注意的,中国的文化与西方不同。西方历来强调平等和契约,而中国文化中,根植于人们内心深处的却是"等级制度",这样就使得在监事会中让员工参与的作用甚微。这一点从"工会"在中西方公司中的差别中就可窥见。

在具体操作中,监事会权利的赋予以及独立董事的激励制度都与西方存在不同。在中国,监事会对董事会进行"平级"监督,两者并没有高低之分,人员均由股东大会选举产生。监事会没有任免董事的权利,这就使得监督在实践中的力度不大,很难实现。

对于独立董事制度而言,在激励制度方面也存在问题。美国的独立董事

---

① 郭雳:《中国式监事会:安于何处,去向何方?——国际比较视野下的再审思》,《比较法研究》,2016年第2期,第74—87页。

第 8 章 国家出资企业的治理结构优化

目前的薪酬已经可以和股价挂钩,但是在中国,独立董事却仍然拿着"固定薪酬",相比之下这种薪酬方式的激励作用较弱,可能会导致独立董事的工作积极性不高、动力不足等问题。

面对上述中国公司治理中存在的种种实际问题,我国也已经相应做出了调整安排。十八届三中全会《决定》明确提出,要"完善国有资产管理体制,以管资本为主加强国有资产监管,改革国有资本授权经营体制,组建若干国有资本运营公司,支持有条件的企业改组为国有资本投资公司"。而从管资产到管资本不可或缺的一步即为"职业经理人市场"的建立。《决定》也明确的表明了要加快职业经理人市场建立的步伐。如何加快发育企业家市场,涉及到对于公司治理经营人才的识别方式、选聘方式和奖惩方式问题,关系到组织人事管理制度的改革跟进配套。由于人事任命客观上具有不同于其他生产要素配置,涉及到行政管理和政治体制相关因素,需要有特别的研究和措施设计。

联系到企业运行的外部环境的基础性"设施条件"考虑,更加迫切的配套要求在于法律层面的建设完善。目前,西方的公司治理模式在中国失效,与法律存在漏洞导致企业或投资者"钻空子"有关。比如,对于监督对象和监督客体这对法律概念的区分,就对监事会的作用范围起到了关键作用。监督对象指上市公司监事会监督的公司机关和个人,监督客体则是指监督对象所从事的经营管理活动。上市公司监事会监督对象的准确厘定是上市公司监事会客体制度变革的重要前提。首先,出于管理信任因素的考量,公司经理和其他公司高管应该由具有公司独立经营领导权的董事会进行监督,上市公司监事会的监督对象仅为公司董事会。其次,上市公司监事会的监督客体应为董事会的经营管理,而非董事的职务行为,因为董事会的经营管理行为可以涵盖董事的职务行为,相反,董事的职务行为却不能涵盖董事会的经营管理活动。同时,上市公司监事会的监督应该同时包括适法性监督和妥当性监督。因此,围绕完善公司治理的立法改革须对上市公司监事会监督对象和客体制度进行相应调整,并须明确规定上市公司监事会的妥当性监督权和行使要件。在未来，完善诸如此类的法律条文将对我国公司治理的整体水平提升具有重要意义。

总之，西方的公司治理模式引入到中国存在水土不服的现象，主要与制度变革相伴的观念认识和行为惯性上存在的"路径依赖"和中西方文化差异、法律制度差异有关。值得注意的是，我国正逐步解决公司治理中面临的一些顽疾，如所有者缺位、职业经理人市场缺位等问题，另外，在顶层设计中，也注意了一些影响公司治理的其他因素，如所有权结构性质以及外部治理力量等。这些改变都将使得我国的公司治理朝着好的方向迈进。随着这些问题的逐步改善，我国的公司治理水平必将迈上新的台阶。

8.3 在比较分析中理解公司治理实践中文化因素作用影响

基于以上分析，我们看到，对于现代公司治理理论的研究，学者们试图在不同的治理结构内容上解释治理体系的多样性：融资结构的差异，经济有效性的要求，对金融机构约束的存在，立法体系本质的不同等等。虽然以上这些因素在塑造世界范围的公司治理模式上是重要的，但是，这些因素都是在一定的社会场景下再现出来的。在一些讨论公司治理的文献中，人们特别说到了"路径依赖"这一概念，指出旧体制和既有的思维和行为惯性对于制度创新和新的制度安排在制形式（形态）基本塑就后，其实际功能发挥总是不能到位这样一种状况。在这里，我们将之归入"文化因素"集中加以讨论。最近也有很多学者都在思考一个问题：为什么我国引入公司治理结构与日本及欧洲大陆的公司治理结构在形式上很接近，但是在实践中其功能发挥总还是存在与改革预期目标不一致或者说不"到位"的问题。我们在前面的有关章节中讨论了公司制度导入的"路径"和"入口"方式差异所产生的影响，这里主要从"文化"的视角展开讨论。

第8章 国家出资企业的治理结构优化

混合所有制企业的生命力很大程度上将取决于对政府股东角色的处理。这一见解,已经在讨论混合所有制改革意义的诸多文献中得到阐发。现实生活中,由于长期处在计划经济体制下的政府与企业关系形成的相互依赖,政府像运营一个巨型公司一样运营整个国家,企业成为执行政府意志的工具,企业生产什么、生产多少、如何定价,以及企业的人事、财务等等事项的决定权都在政府官员手中。在向市场经济转轨的过程中,重新界定政府的行政权力是一个漫长的过程。实际上,政府也存在层层代理,政府的行政权力最终总是由具体的部门官员行使,手中握有权力的官员会对权力形成依赖。中国历届政府都感觉到需要通过推进简政放权,以提高政府自身的工作效能。其实这样的简政放权,实质上就是在重新划定各自的权力边界。有人将这一过程形象地比喻为壮士断腕,可见这会有多么艰难。难点充分体现在政府官员行为中,更反映在其思维方式中。在实践中集中表现在对企业注重事前监督,而轻视运用法律和规则培养企业的自律行为,政府自身更多地实行事中监督和事后管理。

另外一个典型的表现就是,当企业成为独立法人以后,企业的目标相对聚焦设置单一化了,在法律的范围内主要以商业盈利为目标。但是政府有诸多目标,当政府发现某些目标难以实现或者相关资源不足的时候,就十分容易把企业当作一个工具,让企业来完成相应的社会目标。政府官员的这种思维是十分自然的,过去企业就是这样的工具,而政府又作为企业的股东,这样指挥企业更是理所应当。但是政府对企业的干预导致政府永远不能厘清与企业的关系,会进一步导致"预算软约束"问题,经济学家科尔奈对此有精彩的描述。

我们可以将"路径依赖"也纳入广义的文化范畴。对文化(Culture)的定义可谓莫衷一是,从抽象意义上看,文化是在某一社会里人们所具有的由后天获得的各种基本假设、价值观念和社会规范的综合体,即人们社会生活方式的总和。因不同民族生存的环境和精神皈依的不同,每一国家和民族都有自己独特的文化传统,这种传统文化虽然也因生存方式的演变和与外来文化的交流而发生变化,但其主流和底蕴总会被传承延续,并且相对稳定。由此决定了同一文化传统下人的行为方式的共性特征。可以进一步说,文化决定共同行为的准则。从具体层面上看,文化因素对公司制的管理规则的认同以及社会对这种规则的受制程度,在公司运行及其企业的经济活动中,可以表现为法治精神、执行文化以及行为习惯等等。文化对于公司治理,从最初的主体选择到整体效应都有着深远的影响。

8.3.1 文化对治理主体的选择

广义的公司治理指的是公司与股东、经营者、债权人、职工等利益相关者之间关于组织方式、控制机制、利益分配的一整套法律、机构、契约、文化的制度性安排。治理主体,即谁参与治理的问题。从企业契约的观点看,企业治理主体就是与企业共存亡的个人和团体,其利益与企业整体利益密切相关,通过制度契约安排,确定相互关系,即在治理结构中的地位。不同文化传统对公司治理主体的选择是不同的,而这种不同又主要来自不同文化背景下股权结构的差异性。比较美国和德日的企业治理,"文化→股权结构→治理主体"的逻辑就清晰可见。

在美国,大量的由公众分散持有股权的公司占据着主导地位。经理行为紧紧的与股东利益相联系是美国公司治理的中心内容,但是在其他的发达国家,其中以日、德为典型,股权不是分散而是集中的。为什么会有这样的差异?美国学者多采纳伯利和米恩斯的解释范式试图进行回答。这一范式认为:技术要求企业所具备的规模是如此庞大,以至于最终只有靠向众多的投资者出售股票才能满足其巨大的资金需求。股东的分散化使企业中的权力由股东向管理人员转移,并使所有权和控制权相分离,从而创造出一种难以驾驭的组织结构。这种范式显然将美国企业股权分散化当成一种纯粹的经济事实,一种经济发展的自然结果。但最近的研究表明,股权分散化并不单纯地是一组经济事实,应当从文化层面来解释这一问题。

第8章 国家出资企业的治理结构优化

美国是一个后起的资本主义国家,引进和复制了英国的制度模式,文化上突出个人主义、私有财产、英雄主义和精英思想,强调风险意识和参与意识,从而出现大量个人股东持有公司法人的股份。在它的经济发展中,为阻止银行对企业进行有效投资并进入公司董事会,法律抑制金融中介机构结成金融联盟,促进金融分散化,并致力于拆散其投资组合,现代美国企业不得不适应这种氛围。这也直接形成了美国公司中的分散型股权结构。最后,在美国这个充斥着"资本雇佣劳动"理念的社会里,职工不持有公司股份,要想取得与德国公司职工在公司治理中的权力几乎是不可能的。面对人力资本重要性上升的事实和重视人力资本所有者并允许人力资本所有者参与企业治理的趋势,美国公司持消极甚至抵触态度,依然遵循"投资者主权"和"股东至上"为中心的治理理念和哲学。

而日本和欧洲大陆等国家比较强调团队的合作、社会公平、集体主义和人际关系的和谐,日本受儒家思想影响更是如此。欧洲的社会民主文化要求经理人必要时要担负稳定就业的责任,放弃一些可以实现利润但是存在风险的机会,当市场不能再容纳企业的生产能力时,还是要在适当时候用光资金而不是减小规模。这样,社会民主的压力就使得经理人在追求利润最大化的路上感到迷茫,离股东的利益反而越走越远。而且,美国采用的一些将经理人和股东利益紧密相连的先进方法——激励补偿、透明账户、接管政策以及股东收益最大化原则——在欧洲的民主政治体制下都显得很脆弱,有时甚至于还遭到斥责,因为纯股东利益并不是这些国家民主政治的政策目标。在这样的政治文化环境下,经理人和"遥远"的股东之间的联系就很难维持。企业有着更高的代理成本,为了能更好的控制这一成本,作为股东最好的保留方式,大规模的股份持有机构或者个人被采纳。因此,在德国和日本,立法也是支持银行参股企业。在现代大型企业中,金融机构能够凭借其强大的经济实力成为公司的大股东,并进而促使公司股权走向集中化。至少从俾斯麦时代开始银行在公司治理中就处于核心地位发挥主导作用,经过长期发展最终形成现在的主银行制。

另一方面,德国是空想社会主义的起源地,加之"二战"中职工在企业经营和管理中特殊作用,多方面因素促使统治者在法律上明确职工在公司治理中的地位,事实上德国很早在法律上就明确了企业职工在企业经营管理中的作用,德国企业职工参加企业经营管理的程度恐怕是任何一个资本主义国家都难以比拟的。无论是企业的执行机构还是权力机构均有职工代表,职工在这些机构中所占份额几乎可以同投资者平起平坐,这就是大家经常谈论的"职工参与制"。另外,德国政府积极参与部分公司的经营和管理,在企业中派驻代表参与企业治理,这与德国坚持"社会市场经济体制"是分不开的。

从以上论述可以看出,美国所采用的"股东至上"的一元制公司治理结构模型是与分散型股权结构相适应的,以德、日为代表的"共同决定型"的二元制公司治理结构模型则与集中型股权结构相适应。而股权结构状况又并非纯粹的经济事实,它受到不同国家政治文化因素的深刻影响,所以说与之相适应的治理主体的选择也是一种文化现象,不同的文化背景对公司治理主体的选择影响不同。

8.3.2 文化对治理手段和机制的影响的比较分析

对公司治理结构来说,要达到合理分配剩余索取权和控制权,必须具备一定的程序和机制。文化对于公司治理机制和手段的制约主要产生于两条途径:第一是间接作用,也就是文化通过对股权结构和治理主体的选择,间接的决定了治理的主要方向。

"股东至上"的美国公司治理结构,从治理机制和手段上看,又叫市场控制导向型公司治理结构。它的特点体现在市场监督控制上。股权的高度分散化,持股人对公司的直接管理和控制的能力非常有限,各相关主体自身无法或不愿意单独付出监控成本,小股东难以行使法律赋予的监督权,唯一表达他们对企业不满的途径便是卖掉手中持有的股票。这种"用脚投票"机制促进了证券市场的发育。因此股东对公司的管理和控制不得不从直接向间

第8章 国家出资企业的治理结构优化

接方式过渡,即通过证券市场对公司和经理人员进行管理和控制并间接通过非执行董事、接管、破产、经营者激励措施等实施控制。

"共同决定"的德日公司治理结构,又叫内部组织控制模式治理结构。它的特点体现在股权结构和内部组织的监督和控制。股权相对集中,特别是存在股东之间的相互持股和银行对公司的控制。因此股东对公司的直接控制和管理就有了现实可能性,而且其不同于英美公司治理中股权结构的显著特点是银行等金融机构持股,而且往往是最大的股东。银企一体化,两者关系密切。

文化对于公司治理机制和手段的影响产生的第二条途径是直接作用。这一点比较的潜移默化和复杂,主要是体现在公司的一些具体过程上。

个人主义是美国价值观念的核心,这种文化特征使得企业的领导体制往往实行较大分权,企业中通过正式制度进行协调,员工间的关系建立在工作任务基础上,不像中国重视人情和非正式关系。讲求实际的特征使得有效的经理激励必须基于物质型激励。在经营创新活动中,美国人相对更偏爱一些短期或渐进性的创新项目,讲求资金回报率(华锦阳,何亚平 2001)。而日本文化的典型特征是集体主义观念和强调决策的一致性。强调对不同当事人利益共同点和商业关系中的忠诚与信任,形成了一种重视长期利益的公司治理文化。企业集团内部交叉持股、终身雇佣制和按年功序列提升等制度均是这种文化的体现。职工与公司形成了命运共同体,不存在成熟的劳工市场、经理人市场及董事市场。

以上两种公司治理结构都是适应本国文化而形成的制度安排,各有其优势。作为市场控制的美英公司治理结构,看重的是公司股票价格的升降来引导企业的行为,股东持股主要是为了盈利,股票的换手率高,注重公司的短期发展。德日公司治理结构是依据内部组织直接管理控制,股东、银企之间的相互持股,较少有投机与短期盈利性的目的,他们更多是通过持股来维系商业伙伴关系,即使较低的股价他们也不会抛售股票去损害有长期业务往来的供应商、客户、或贷款银行。他们注重的是企业的长期稳定的发展。

文化一般由两部分组成:一是全体社会成员所共有的核心文化;二是具有不同的价值观念、风俗习惯和审美观所构成的文化,称之为亚文化。文章以上讨论的文化概念基本上都属于第一种,即民族文化。无论是在英美、日德还是中国,除了整个民族的文化以外,公司也有自己的文化。作为亚文化的一种表现形式,公司文化指的是处于一定社会经济文化背景下的企业在长期的生产经营实践中,所创造和逐渐形成的并为企业全体职工所认同和遵循的,蕴涵在企业制度、行为规范、企业形象、企业产品之中的,具有本企业特色的精神和某种物化的精神。它包含价值观念、经营理念、企业精神、企业的治理结构、各项管理制度、行为准则和企业形象。公司文化是在民族文化基础上通过组织长期的经营管理实践逐步创立起来,并反作用于组织体管理活动的一种组织文化。虽然各国法律试图培育一定程度上统一的公司治理,但是,由各个公司内部演进所形成的公司文化把各公司的治理结构变得更加的多样化。

公司的治理结构产生的基础或核心是委托—代理关系,而委托代理关系是通过某种契约建立起来的,契约的目的在于规范双方的行为以提高代理效果。因此企业治理结构的最终目的在于"治理"委托代理双方特别是代理人即治理主体的行为,以达到代理效果的最大化。治理主体确定之后,无论它是个人还是团体,无论是股东还是经营者,只要生活于或存在于一种文化氛围中,其行动都将受到这一文化模式的影响和制约。治理的各种手段和机制在发挥作用时,文化传统也作为非正式的制度安排约束着人们的行为规范,直接影响制度博弈者的预期。这样,公司治理就体现为确立一种共同的文化价值模式,使人们对相关主体的如上角色、功能和责权利形成价值认同,并产生行为预期。公司治理各相关主体的行为总是处于价值模式的内在约束之下。正是通过这种文化价值模式的认同,公司治理作为一种制度在企业中获得权威性。如果我们把企业比做一部运转中的机器的话,那么企业制度则规定了机器各零部件之间的啮合关系,离开企业制度,企业这部机器将无法正常运转。企业文化则相当于机器的润滑油,没有润滑油,机器也可以运转,但这种运转一定是低效率的,并且无法长久。而如果加入了这种润滑油,企业这部机器就可以高效、持续地运转下去。这也有助于解释为什么拥有同样制度的企业之间在经营业绩和企业寿命上的巨大差异。

公司治理机制无疑是属于制度的范畴,那么治理效率不仅取决于正式性制度,而且取决于非正式性的公司文化,即每个参与人的具体行为和工作态度。世界500强的企业,绝大多数都有为本企业的员工共同珍惜、共同追求的特殊文化,同时又有可为全社会利用的共性文化,这些文化既反映在这些公司的企业体制和治理结构上,更反应在员工个人素质上。

公司通过凝聚伦理、道德规范的公司文化,实现各治理主体的自我调整,指导和约束公司治理行为以及员工行为的价值理念,这就形成了公司文化的重要组成部分——公司治理文化。通俗地讲,就是指公司治理结构的"软件"。积极向上、团结合作、严格自律的公司文化可对公司行为、领导行为和员工行为起到导向作用,确保他们的活动能够在一个公司能够认同和可以接受的范围之内;良好的公司文化有助于降低公司内部的监督成本,弱化公司内部的个人偏好,减少经营活动的不确定行为,减缓委托—代理中的利益纷争和权力纷争,催生出大量的协调性的活动,使公司在自我管理、自我控制、自我监督和自我激励的自律机制中提高绩效,增强竞争性(冯根福,2001)。在一个企业里,公司治理结构和公司文化经常是互相影响,有时是互相加强,有时是互相矛盾。公司文化和公司治理结构之间存在的潜在张力和冲突也是很大的。公司可以引进出色的治理结构和政策,但如果不改变其传统的公司治理文化,公司的发展仍然很难成功。

随着各国政府逐步放松管制以及经济全球化的演进,公司治理文化的国别差异日渐缩小,市场力量在公司治理结构选择过程中发挥越来越重要的作用。只有公司在激烈的市场竞争中取胜,公司股东、经营者以及其他利益相关者的利益最大化才能实现。因此,公司必须树立适应市场竞争,以增强市场竞争力为目标的治理理念。不同的公司必须根据各自的治理环境因素,同时适应治理公司要素资源由单一化(如资本)转向复合化(如人力资本等)、员工治理地位提高、加强风险控制、防范经营危机等发展趋势,建设符合自身实际的公司治理文化。

8.3.3 公司治理实践中的文化因素作用实证研究

我国的公司治理改革随着现代企业制度建设命题的提出和公司治理理论研究的深化逐步走向深入。很多企业对改进治理结构的有形制度、与国际接轨已感同身受,但是,企业改制后形成的治理结构总是存在不尽人意的地方。同制的企业却产生异质的结果,其原因就在于参与治理的各类主体(当事人)在思维和行为方式上、在工作流程和工作方式上受到路径依赖或文化因素的影响。作为一种制度安排,公司治理对其模式的选择,总是要依赖于特定的文化背景和制度环境。对公司治理模式的适应和执行能力,更是在很大程度上由其民族文化和企业文化的性质和特征决定的,这里有着其内在的关联性。对于中国这样一个拥有五千年文明的国家来说,文化的影响作用更为重要,比如"等级文化"观念使我们简单地对公司治理中的不同角色分工岗位排高低等级座次,以至于推及"下级服从上级"而没有对治理工作内容(相关工作"议案")的平等讨论。在具体治理决策讨论场合,对于创新风险评估、对于不同意见的争论、对于决策目标与自身岗位和利益的态度等,都可能受到习惯和传统文化的影响。在已经改制了的国有企业、国有资本依然保持控股地位的董事会内部,国有资本的股东代表在董事会保留有相对多数的席位,一般说出资企业(通常是国有资本投资公司或者是接受授权的国有资本经营公司)的主要负责人同时带领投资公司的人力资源和股权管理职能部门总监(或部门负责人)一起进入被投混合所有制公司董事会工作,实际工作中,当某一议案存在比较明显的意见分歧时,由于董事个人工作关系上的职务层级影响到个人独立判断意见难以得到充分表达。这种现象与公司治理中的"董事会一人一票""股东大会一股一票"的投票制度不尽相符。由此可见文化因素作用的存在。

第8章 国家出资企业的治理结构优化

进一步分析,计划经济模式对于企业文化的扭曲也十分明显。传统的集中计划经济管理模式强化了中国传统文化中强烈的"官本位"观念,这种旧观念的沿袭,使得经营者的意识与素质并没有适应公司制的要求而做出改变,企业家形成的环境、自我权利意识等方面都存在较为严重的文化困扰。企业经营者总是与行政官员身份相互胶着。把"出资""用资"关系视作行政的上下级关系就是一种"政治文化"的具体表现,这也是"政企分开"总是难以有效解决的习惯性影响因素。客观上说,虽然经过混合所有的公司制改造实现了政资分开,但是,传统工厂型的治理形式及政企合一的做法仍具有很强的体制惯性,这种惯性集中表现在企业与政府管理者行为的惯性上。而这种行为惯性是传统计划体制下"政治文化"陶冶的结果。实际上,当公司制企业的法律组织形式设立后,出资用资关系应该转变为市场关系,是市场经济条件下出资主体与用资主体之间的平等的市场关系。

值得一提的还有,计划经济体制下的就业、分配制度"造就"了社会个体参与社会分工体系的"就业文化",这些年的改革彻底打破和摒弃了"大锅饭""平均主义"的思维方式,刺激发育竞争和危机意识。但是,传统体制下存在的企业与政府的依附仍然没有完全革除,加上社会保障制度改革相对滞后,企业职工对现代公司制度的理解适应能力相对不足。

总之,把传统计划经济条件下的国有企业塑造为规范的公司是一次深刻的变革。这表面上是企业组织形式的改变,实质上是生产关系的调整,更主要的是理顺经济上的产权关系和管理上的委托代理关系,让决策和监督与经营管理权分开,让企业忠实于投资人和利益相关者的最终利益,在一定的外部环境下,使企业依靠既定的运行机制和特色文化去实现长期不断的自我发展。从这个意义上说,公司治理改革中深层问题的最终解决,必然触及人的问题和文化传统问题,人不仅是改革实践的主体,而且是文化传统的载体。改革开放四十年的实践证明,公司治理结构改革要有一种人文精神作为支柱和动力,这种人文精神对公司治理的发展具有规范和推动作用。与此同时,通过加强法制建设、培育法治精神和法律意识,使之成为社会文化建设和公民个人提高生存能力的重要工作任务。在这里,关键不在于规则的成文与否,而在于让人们理解与承认规则。企业在这种条件下就能够摆脱其他社会因素的干扰,更好地主动进取,各类资本投资主体相互融合,发挥各自所长,不断提高自身参与市场竞争的实力和能力,以企业竞争能力支撑巩固国家竞争能力。

第9章

国有企业改革对国家治理现代化建设的意义

国有企业改革直接关系到公有制生产关系的具体配置方式和实现机制，涉及到国有资本管理体制和管理方式的相应变革，是中国特色社会主义（市场）经济制度自我完善的重要工作内容。国有资本如何在市场经济环境条件下管理运营，实现资本功能和社会功能的有机结合？国有资本的账户管理与政府管理体系的财政账户两大系统关系如何处理，共同纳入"政府理财"的工作体系？以企业组织形式承载的国有资本与社会其他形式的国有资本如何形成完整的资产账户体系？国有资本配置运营管理在宏观结构上如何具有动态优化能力、宏观的动态优化如何通过微观场合的进退手段所表现的资本形态变化，作用于宏观经济体系的调控，以保证宏观经济的稳定增长，有效地防止出现严重失衡的结构性危机？对具体产业领域和在公有制实现形式创新明确出资人身份背景下，劳动者权益与资本权益关系如何转型创新？这几个方面的相关理论问题，我们将之放在国家治理现代化的视野下进行讨论。

9.1 国有资本的社会属性与公共利益维护

国有企业的改革，通过企业组织形式的变革，以混合所有制经济形式建设国有资本与市场经济的相容关系，表现为公有制实现形式的创新，最终归结在提高国有资本配置经营活力上下功夫。对既存的国有资本布局和组织体系，通过联系市场竞争特点和资本配置领域的技术特点实行"分类"改革，以不同方式落实具体企业组织中的资本配置结构优化路径。这方面的思考我们在前面章节已经在讨论"分类"改革对于企业制度创新的积极推动意义时有过分析，并且进一步提出"分层"手段与"分类"有机结合，促进改革不断深化。这里着重讨论如何处理国有资本自身的资本属性和公共属性关系。

9.1.1 国有资本的双重属性和职能

国有资本顾名思义就是国家拥有所有权的资本,其名称就揭示了它天然具有的多重属性。"国有"说明国有资本具有维护公共利益的社会属性,"资本"则表明国有资本具有保值增值的要求,这又与一般社会(其他)主体所拥有的资本具有同样的经济属性。从国有资本的属性出发可以将国有资本的职能概括为满足公共目标和行政目标在内的社会职能和以满足商业目标为核心内容的经济职能。其中公共目标主要是指向社会提供公共物品,而行政目标主要是指国家所具有的维持社会稳定或者解决就业、维护社会治安和促进社会公平等发展目标。

新时代的国有资本改革需要有效界定、区分和平衡国资所具有的社会职能和经济职能,国有资本配置必须综合考虑兼顾双重属性功能加以具体展开。首先,是要从社会一定时期希望达成的发展目标实现要求出发加以考虑,同时也需要考虑国有资本的数量能力与社会其他资本主体所拥有的资本数量能力之间的分工合作关系,在配置的空间结构和产业和技术领域上形成一定的基于不同资本功能的合作格局。在一定意义上可以说,与具体的产业和社会公共事业需求结构相对应,社会再生产的市场结构(垄断竞争关系)需要政府出面加以设计和调节。国有资本的配置需要符合社会发展的阶段目标要求。这是一种客观的纯粹理论分析,现实生活中的具体配置格局一定是在不断地调整优化的资本流动和不断选择新的组合过程中。国有资本配置选择企业组织形式或者是其他的社会法人组织形式,作为企业组织必须追求"自负盈亏"能力的建设。因为,伴随市场发育"分类"的边界会发生变动。

在"分类"的原则下,商业类中的可充分竞争性行业的企业需要以盈利作为主要考核评价指标;对于具有盈利能力但受制于市场环境、技术特点和产业分工地位行业领域的企业,其运营的公共目标影响力度相对更强,对于这样的企业的其公共目标和盈利核算目标之间不应该直接产生矛盾。但是,由于不具备放开竞争的条件,难以发现客观的产品或服务的准价,正是这样,这类资本投放运营的管理的关键在于如何找到客观合理的定价。至于投放在公益类行业领域的资本,则是以公益性目标实现作为考核指标。但是,这类企业并不是不需要核算、不在乎盈亏,而应该是同样重视寻找合理的"定价",需要加以特别监管。有条件的可以间接引入"特许"或者是"经营权拍卖"方式,增强价格发现的透明性。

改革推进市场深化,社会各类事务、各类事务自身的运营如何定价、各类事务运营(注意这里不用"经营")的定价特点或者说定价水平的社会影响面,再加上有体制转轨"路径依赖"的因素,由此决定了一定价格水平下能否"自负盈亏"不是一个纯粹经济问题。根据不同资本主体的特点,国有资本在与社会其他主体资本能力之间的"分工"关系,必须发挥国有资本自身特长,更多地承担基础性、公共服务性业务,为社会再生产的顺畅运行创造合适环境。以公共属性为基础,科学处理资本属性的保值增值能力。因为一般情况下其他社会资本、非国有资本的主要属性就是保值增值,对于社会基础性、难以自负盈亏的运营项目他们不会乐意承担,这种情况下,就需要国有资本出面承担,以建设完善社会经济运行所需要的环境条件,客观上难以自负盈亏的业务运行维护,需要国有资本运营单位去承担。这样,通过政府补贴弥补平衡核算能力,因为政府拥有征税的权利。由此可能会引起一种议论,就是说凭什么要国有资本承担亏损,这是需要从经济社会的合理的结构和合适的经营环境对于社会再生产健康运行的必要条件。也反映出前面所提到的国有资本与社会其他资本之间的分工合作关系。由此还可以引申出关于国有资本"不与民争利"这一说法的真正含义的讨论。换句话说,对于一般的经营性项目可以放手让民间社会资本去承担,政府所拥有的资本能力更多地承担社会环境和结构合理性的相关事务。

廓清国有资本的双重属性,有助于通过对与社会发展阶段目标和其他社会资本数量能力结合起来,借助于不同资本主体之间的合理分工,科学客观地加以处理。理论界有些学者对于国有资本运营和绩效的讨论简单地提出负面的议论,建立在两个隐含前提下:认为国资天然具有的双重职能不可分割;因而,在双重职能下,国资定位会发生紊乱并总以牺牲经济目标为代价。但事实上,国资双重职能的不可分割性并非铁律,公共目标、行政目标和经济目标之间也并非一定会发生紊乱。当具体配置场合的职能能够进行清晰界定和划分,国有资本与经济绩效的关系便会出现非单调性变化。这是在讨论国有资本职能和经济绩效关系,乃至采用实证方法分析同一问题时,出现不同结论的根本原因。作为成功的案例,新加坡财政部全资设立的"淡马锡"在40多年为其股东创造了大量财富。虽然淡马锡运营成功的背景与我国存在一定差异,如新加坡公共和行政目标的有界性、居民较高的价格承受能力以及成熟的市场化体系等,这一模式对中国国有资本管理和国有企业改革仍能提供一定的启示。当能够对国有资本社会职能和经济职能做出准确划分,并分别配置在两个不同的准价体系下独立运作,那些对国有资本功能讨论的预设就被打破。在商业化运作模式下,国有资本尤其是满足商业性目标的资本便呈现出与非国有资本同样的效率。

  这里对新加坡淡马锡控股公司的做法经验,顺带再做一些介绍以资借鉴。通过对国有资本职能的清晰界定和目标的精确定位,成功实现了政府公共目标与商业利益的平衡。淡马锡控股公司按照所经营业务的性质和职能将自己投资的企业赋予"政联企业"①的概念,根据所投资资本的运营具体分为两类:一类是关系国家重要战略资源和公共政策目标的企业,如能源、水资源、机场港口、住宅、教育和医疗等企业。这类企业不以盈利为目的定位为公共目标和行政目标。另一类为有能力参与本地或者国外市场活动的竞争性企业。这两类企业的划分代表了国有企业的两种不同职能,对不同职能企业

---

  ① 新加坡对淡马锡出资组建的混合多元资本的公司称之为"政联企业"(或国联企业),指该企业有国有资本或政府出资资本投资,而不是简单地称之为"国有企业"。类似于本书在讨论多元混合所有制企业所说的"国家出资企业"。

的管理则通过淡马锡对股份的差异性控制来实现。淡马锡的整体运作仍然遵循市场化规则。对第一类担负公共职能的企业,淡马锡会持百分之百或者多数股份,而对于第二类参与竞争性行业的企业,淡马锡会采取收购、出售或者减持股份等市场化方式推动企业的有效经营。

9.1.2 在改革深化进程中加深对国资职能的认识深化

国有资本天然具有双重职能,如果对其不加以区分则必然导致职能间的紊乱,进而导致国有资本运营的低效率。我国的国有企业改革过程促进了人们逐步加深对于国有资本的社会职能和经济职能的区分以及相互关系的理解。计划经济时代,在我国的工业基础尤其是军事和重工业十分薄弱的背景下,国家安全就是最重要的公共品。因此那个时候大多数的国有资本被投入重工业体系中,解决的是重工业产品从无到有的问题。企业代替政府包办职工的一切生活需要,企业不再具有任何商业目标,而只为行政目标服务。这种用企业的社会职能完全替代经济职能的方式,在追赶阶段起到了良好作用,帮助我国在较短的时间内建立起了相对完善的军事和工业体系,奠定了国家安全的基础。在基本的工业体系形成,后续的经济发展阶段的追赶模式背景下,这样的安排在效率上的缺点便显现出来,低效率造成提高人民的生活水平的经济成果捉襟见肘,短缺问题越来越严重,以至于不得不激发人们对于改革开放的期盼。这也说明国有资本的双重职能是天然的,在一定的时期可以出现一定程度的替代,但是却无法使之泯灭。

在国有企业改革初期,最直接的需求是解决大量生活物品的短缺问题,以放权让利为代表的一系列风险小、见效快的措施接连被采用,国有企业开始恢复部分经济职能。由于起点较低,国内产品需求强烈,国有企业的利润提升明显,其具有的双重职能并没有出现明显矛盾。但是到了九十年代末期,当企业的外部环境发生明显变化,多个行业出现供大于求的时候,国有企业就大面积陷入困境。如何"从战略上调整国有经济布局,要同产业结构的优化升级和所有制结构的调整完善结合起来,坚持有进有退,有所为有所不为"。现实生活中存在的国有经济分布过宽,整体素质不高,资源配置不尽合理现象,必须着力加以解决。"国有经济需要控制的行业和领域主要包括:涉及国家安全的行业,自然垄断的行业,提供重要公共产品和服务的行业,以及支柱产业和高新技术产业中的重要骨干企业。其他行业和领域,可以通过资产重组和结构调整,集中力量,加强重点,提高国有经济的整体素质。"① 从"有所为有所不为""分布过宽"等表述以及划定的国有经济需要控制的行业和领域可以看出,改革就是在逐步清晰界定国有资本的职能,这是国资双重职能的属性以及企业经营以效率为导向的必然结果。这一时期,通过"抓大放小""减员增效"、收缩国有企业战线,使国有资本向少数关键行业集中,国有企业逐步走出困境。

一直到 2013 年 11 月,十八届三中全会提出积极发展混合所有制,并指出:"国有资本、集体资本、非公有资本等交叉持股、相互融合的混合所有制经济,是基本经济制度的重要实现形式,有利于国有资本放大功能、保值增值、提高竞争力,有利于各种所有制资本取长补短、相互促进、共同发展。允许更多国有经济和其他所有制经济发展成为混合所有制经济。"在这一思想的指引下,2015 年 8 月中共中央、国务院联合颁布了《关于深化国有企业改革的指导意见》,提出对国有企业分类改革的思路,将国有资本功能界定提高到一个全新的境界。也有力地指导了改革取得新的突破深化。

9.2 管资本视野中的国有资产账户管理与"政府理财"

我们讨论国有企业出资主体权益,追溯到国有资本管理自身的记账核算

---

① 《中共中央关于国有企业改革和发展若干重大问题的决定》(1999 年 9 月十五届四中全会通过)。

评价,从而自然能得出国有资本(产)需要建立预算决算的账户体系,也就有国有资本账户管理问题。不难理解,国有资产账户体系的研究对于中国具有重大意义。一方面,从财政政策角度来看,中国是以社会主义公有制为主体的国家,政府持有或支配大量存量资产,因而与其他许多国家相比,中国实施财政政策的财力基础主要体现在政府资产方面,财力基础的不同,财政政策实施和运作方面自然也会有很大差异。另一方面,通过建立国有资产账户体系,有助于加强各类国有资产管理,更好地梳理政府部门职能之间的关系,分清政府行政管理职责,增强政府部门之间的功能耦合,消减部门利益壁垒,从而有助于提高政府运行的效能,提高政府执政威信和执政能力,实现国家治理体系和治理能力的现代化。

9.2.1 加强国有资产管理需要建立健全国有资产账户体系

2018年1月14日《中共中央关于建立国务院向全国人大常委会报告国有资产管理情况制度的意见》正式对外发布,要求由国务院每年向全国人大常委会报告国有资产管理情况,建立健全全国各类国有资产管理报告制度,并加快编制政府综合财务报告和自然资源资产负债表。① 从2013年11月十八届三中全会《全面深化改革决定》中开始要求"全国和地方资产负债表"的编制,到今天要求建立健全"国有资产管理"的报告制度,这标志着我国国有资产账户从试验阶段逐步走向成熟,国有资产账户的管理也将日趋完善,但理论和实践中还存在诸如国有资产的多形态多层级资产账户间如何贯通?原收付实现制的政府财政账户如何与采用权责发生制的国有资产账户体系相匹配?政府的财政账户与国有资产账户两者之间存在什么关系,日常的管理如何有机统一,以体现政府资产管理能力的整体性等??

讨论建立健全国有资产账户体系,需要从国有资产与政府资产的内涵和

---

① 中央政府网,http://www.gov.cn/zhengce/2018-01/14/content_5256573.htm。

外延说起。

首先,从字面含义理解,国有资产为国家所有的资产,包括财产和财产权益;政府资产为政府所支配控制的资产。从资产的性质上讲,"广义的国有资产是指政府以各种形式投资及其收益、拨款、接受捐赠、依国家权利取得或依据法律认定的各种类型的财产或财产权利,包括经营性资产、非经营性(行政性)资产、资源性资产;狭义的国有资产是指经营性国有资产,是政府出资依法拥有的资本及权益,包括企业国有资产、行政事业单位占有使用为获取利润而转做经营用途的资产、已投入生产经营过程中的国有资源性资产。"[①]从资产的所属部门讲,国有资产是广义的政府资产,包括政府(中央与地方)、国有或国有控股金融机构(包括央行)、非金融国有企业这几个部门,而狭义的政府资产只是政府部门及行政事业单位自身所占有使用支配控制的资产,不含国有金融企业和国有金融企业的资产。

其次,国有资产是偏向于经济学上的概念,而政府资产则偏向于从会计角度对政府所拥有的公共资源下定义。政府资产是将政府视为一个主体,由这个主体拥有或控制的经济资源。国有的对立面是私有,国有资产的含义略广于政府资产,但若认为政府接受纳税人委托管理国家资产是公共受托责任,国有资产的范围与广义政府资产的范围应是基本一致的。政府资产是指政府会计中的资产,包括政府会计报表中的资产(满足政府资产的确认条件)和会计报表附注中披露的资产(不符合确认条件,但满足资产的披露条件)。

《中共中央关于建立国务院向全国人大常委会报告国有资产管理情况制度的意见》中将国有资产明确为企业国有资产(不含金融企业)、金融企业国有资产、行政事业性国有资产、国有自然资源,前两类属于配置在企业组织形式中的具有经营性特点的国有资产。由此我们可以将国有资产归为三个大类,即经营性、行政事业(非经营)性、资源性的国有资产。

首先,经营性国有资产是指国家或政府拥有的对国有企业、混合所有制

---

① 李松森:《国有资产管理》,中国财政经济出版社,2004年。

第9章 国有企业改革对国家治理现代化建设的意义

企业的投资,这笔资产是政府的一项金融资产,与政府直接提供公共产品的资产(比如行政事业单位资产)有本质区别。政府是企业的出资人或其中之一;对企业来说,这只是其报表中的一项所有者权益(净资产总额)。而该项资产不等同于国有企业资产本身,应与之相区分,而是等于国有企业国有资产总额与国有企业负债相减,并扣除其他所有者的权益,实际上是国有权益的概念。我们这里讨论的是竞争类国有企业,竞争类国有企业不属于政府范畴,它是独立的法人,拥有独立的法人财产权,自主经营、自负盈亏,政府只是企业的投资者之一,不直接干预企业的日常经营活动。政府与国有企业之间是一种投资关系,国有资本金对于企业而言是企业资产负债表中的所有者权益,对于政府投资者而言是一项权益性投资,能为政府带来资本利得,因而国有资本金纳入政府资产范围内。

其次,行政事业性国有资产主要是行政单位和事业单位国有资产,是国家为保证正常履行职能,由预算单位占有、使用,在法律上归国家所有且能以货币计量的各项资产。行政事业单位国有资产包括来自国家预算拨款、按政策规定接受馈赠和运用国有资产组织收入等。行政单位资产一般都是非经营性资产,而事业单位由于部分改革,通常以是否为财政预算单位为依据,若是则该事业单位资产为政府资产。这部分资产作为政府履行公共行政事务职能的支撑,具有一定规模,固定资产占相当大的比重。有人认为该类资产具有专用性,一定程度上决定了其流动性不足、变现能力有限。而即便这些行政资产不可流转,但也可以对其进行合理的估价。一些行政事业单位的大楼通常地处城市中心地带,在规模和质量上其所占有的资产是相当优质的。而一些行政事业单位虽然不做企业核算,但其实拥有很强的市场经营能力,在社会主义市场经济中有部分行政事业单位的资产其实已经在悄然转性,由非经营性转型为经营性,应当承认并合理对待这一现象同时做好追踪监管,防止国有资产流失。对应于经营性资产具有核算和盈亏的特性,以经济价值意义上的投入—产出(成本收益)为经营主线,行政事业性领域的国有资产不是以经济价值定价为工作评价主。但是,作为一类社会法人,在预算约束管理的前提下,也需要引入成本意识、核算意识。

再次,资源性国有资产是指在现有知识技术水平下,对某种资源开发能带来一定经济价值的,并且由法律规定属于国家所有的经济资源,如国有土地、矿藏、森林、河流、海洋等。《宪法》中规定,"城市的土地属于国家所有。农村和城市郊区的土地,除由法律规定属于国家所有的以外,属于集体所有;宅基地和自留地、自留山,也属于集体所有。"集体所有的土地不属于国有资产,但通过征收或征用的法律程序变更,集体土地也可能进入国有资产的范畴中,在我国这部分资源性资产不能出售所有权,只能通过转让开发使用权的形式变现,收益主要体现为使用权转让收入。自然资源资产负债表的数据应当每年采集核算并填报一次。掌握自然资源资产价值量的变化,有助于准确把握经济主体对自然资源资产的占有、使用、消耗、恢复和增值活动情况,反映经济发展的资源环境代价和生态效应,为环境与发展综合决策、政府绩效评估、领导干部自然资源资产离任审计等提供重要依据。应当注意的是自然资源在国有资产中占有相当大的比重,而实践中合理规范的自然资源探测、开采的审批机制、定价机制却相当滞后,导致在这一领域腐败情况严重,自然资源的评估定价非常重要,资源本身虽没有什么成本,但对于环境的破坏、不可再生资源的索取的补偿问题都应当考虑在定价评估的范围之内,同时考虑市场经营性的因素,合理评估、规范审批机制,防止资源性国有资产的流失。

最后,在中国社科院李扬团队的中国主权资产负债表中还有对外主权、全国社会保障基金国有资产和政府在中央银行的存款这三项国有资产。对外主权资产是作为国际投资头寸表中由官方持有的储备资产。全国社会保障基金国有资产是中央政府集中的国家战略储备基金,由中央财政拨入资金、国有股减持或转持所获资金和股权资产等构成(该部分资产与之前的非金融/金融企业国有资产可能存在重复计算,在国有股减持或转持的过程中,实际上转为社保基金,只涉及履行出资人职责的部门调整由国资委或财政部调整为全国社会保障基金理事会)。政府在中央银行的存款则是指各级财政

第9章 国有企业改革对国家治理现代化建设的意义

国库开设在中国人民银行国库单一账户上的财政国库存款,即国库的预算资金存款,包括中央国库存款和地方国库存款,它是各级财政部门代表本级政府掌管和支配的一项财政资产①。

9.2.2 对国有资产账户的管理方式的讨论

十九大报告指出:"要完善各类国有资产管理体制,改革国有资本授权经营体制,加快国有经济布局优化、结构调整、战略性重组,促进国有资产保值增值,推动国有资本做强做优做大,有效防止国有资产流失。"②针对上述经营性国有资产、行政事业性国有资产、资源性国有资产这三种不同类型的国有资产相应的应当以三种不同的管理方式予以规范。

首先,对于经营性国有资产以及行政事业性或资源性资产转性为经营性的资产应当以经营性的方式管理。对于国有企业(包括国有控股和不占控股地位的企业),应当由管资产的方式转变为管资本,学习新加坡淡马锡模式,通过国有资产经营公司和国有资产投资公司进行管资本,充分授权经营,把国有企业当成真正独立的法人,使其拥有独立的法人财产权、自主经营、自主决策、自负盈亏,将其完全推向社会主义市场当中。政府不再管具体资产相关的人事物,而是确保国有资本(国有权益)的保值增值即可,适时选择在某一领域或某一企业的退出和投资,以投资的方式鼓励发展新兴产业,以退出的方式及时止损防止国有资产的进一步流失。而经营性方式管理的另一层含义则是采取市场化的经营核算方式,对于行政事业性国有资产、资源性国有资产合法合规的转性用企业权责发生制的会计核算方式进行核算,加强监

---

① 李扬、张晓晶、常欣、汤铎铎、李成:《中国主权资产负债表及其风险评估(上)》,《经济研究》,2012年6期。
② 习近平:《决胜全面建成小康社会,夺取新时代中国特色社会主义伟大胜利——在中国共产党第十九次全国代表大会上的报告》(2017年10月18日),人民出版社,2017年,第33页。

管和追踪转性资产。

其次,对于行政事业性、资源性国有资产采取行政性管理方式,即日常行政秩序管理。规范行政管理程序,对于土地的征收及征用、土地使用权的划拨及拍卖、矿藏等自然资源的勘探及开采等应当严格依照行政审批程序,尤其是在转性监管的法律法规不健全之时,更应当在日常行政过程中遵守程序和秩序,做好国有资产的守护者和管理者。

最后,对于各类国有资产进行法规性管理。法治时代应当以法律为最强有力的规范形式,而目前我国有关国有资产的法律法规相对滞后,有很多不完善之处,截至目前没有一部专门的国有资产法律进行统一规范。目前由《中华人民共和国企业国有资产法》专门规范企业国有资产的管理,《中华人民共和国各级人民代表大会常务委员会监督法》和《中华人民共和国预算法》中也有涉及国有资产的相关条款,专门负责资本管理体制改革的财政部牵头制定了《国有资本投资运营改革的指导意见》。其中《企业国有资产法》中规定"企业国有资产(以下称国有资产),是指国家对企业各种形式的出资所形成的权益""国有资产属于国家所有即全民所有。国务院代表国家行使国有资产所有权",第六条明确了"国务院和地方人民政府应当按照政企分开、社会公共管理职能与国有资产出资人职能分开、不干预企业依法自主经营的原则,依法履行出资人职责。"可以说从法律规范当中已经可以找到经营性管理的依据,但实践中却迟迟做不到让国有企业自主经营,现实中还存在有法不依的现象。法律的约束力应当需要得到强化,国有资产法的制定也应当继续予以推进。

9.3 国有资产账户体系建设与国家资产负债表建设和完善

建立健全国有资产账户体系对建设和完善国家资产负债表具有特别的

价值,在建设和完善国家资产负债表,对国家经济实力依据会计核算的严格标准加以评价,有助于更好地生成"政府理财"的宏观经济管理理念,促进宏观经济管理功能的拓展和管理能力的提升。特别是因应市场经济对于资源价值合配置绩效评价特点要求,有助于在资源计价工具手段方面深化理解市场的功能,更好地发挥市场资源配置决定性作用,也有助于更好地发挥政府的宏观调控作用。

9.3.1 建设和完善国家资产负债表的必要性

西方学者对于国有资产账户中的国家资产负债表(national balance sheet)研究颇丰,其研究和实践已近半个世纪,美国、澳大利亚、英国、加拿大、日本已能定期编制和公布其国家资产负债表。美国自1945年至1990年[①]政府部门净资产(包括非金融资产)始终为负值,1980年至2011年的净金融资产也一直为负值;英国广义政府部门净资产虽为正值,但呈现显著的恶化趋势,若加入养老金缺口则政府净资产始终为负数并持续恶化;日本广义净资产呈现明显的萎缩态势;加拿大广义政府部门的净资产持有状况则有变动,1990年至1996年间部门的净资产为负值并持续减少,而1996年至2011年,净资产开始增加,并逐渐转为正值。这反映了发达国家的政府职能从生产建设型转向服务型,掌控的资源趋于减少,而负担的社会责任不断扩大,因此发达国家的政府净资产往往很小甚至是负值。

我国经济生活中,对国家资产负债表的研究起步较晚,国家统计局只在2007年发表过2004年之前的国家和地方资产负债表,之后便停止了这项工作。在2012年,李扬、曹远征、马骏分别牵头展开对国家资产负债表的研究和编制,之后,中央人民银行及国务院发展研究中心也尝试编制了政府资产负

[①] 李扬、张晓晶、常欣、汤铎铎、李成:《中国主权资产负债表及其风险评估(下)》,《经济研究》,2012年7期。

债表。2013党十八届三中全会明确提出构建中央和地方资产负债表。此后，中国社会科学院国家资产负债表研究中心继续坚持编制与发布国家资产负债表数据。

在这里，我们主要借用李扬团队对国家资产负债表（国民资产负债表）研究所形成的较为系统性的理论成果。他们认为国家资产负债表的建设和完善是借鉴企业资产负债表编制技术，以国家为特定经济主体，将其在特定时点所拥有的资产和承担的负债进行分类列示的表格，能综合反映一个国家资产总量、资产结构、负债总量、负债结构，以及资产与负债的关系，同时还分别反映国内主要经济主体（非金融企业、金融机构、政府、居民等）的资产与负债状况。因此，国家资产负债表能够为全面了解我国资产负债的总量与结构、资产负债部门分布与变化情况，为摸清家底提供重要依据，它同时还是研究国家债务风险的主要工具之一，对宏观管理十分重要。国家资产负债表（国民资产负债表）是国民经济中所有部门的加总，而国有资产负债表（李扬称其为"主权资产负债表"）则是政府或主权部门资产负债的加总合并，研究后者可以了解主权资产状况、主权债务风险及为政府理财提供依据。李扬团队参照SNA 2008中国家资产负债表的核算主体，将其分为非金融企业、金融部门、政府、住户、面向居民的非营利单位和国外部门，并运用核算工具编制了2007—2011年中国国家资产负债表，特别是主权资产负债表（本文的国有资产负债表）的理论方法、主权资产和主权债务的现状特征等①。他们所列的主权资产（广义的政府资产）包括国库存款、储备资产、国土资源性资产、行政事业单位国有资产、非金融企业国有总资产、金融行业国有总资产、社保基金资产；主权债务（广义的政府负债）包括中央财政国内债务、主权外债、非融资平台地方政府债务、地方政府融资平台债务、非金融国有企业债务、政策性银行金融债、银行不良资产、处置银行不良资产形成的或有负债、养老金隐形债务。

---

① 李扬、张晓晶、常欣、汤铎铎、李成：《中国主权资产负债表及其风险评估（上）》，《经济研究》，2012年6期。

第 9 章 国有企业改革对国家治理现代化建设的意义

基于对于政府资产具体内容的分类形成的账户指标体系,李扬团队运用资产负债表的分析方法认为,中国政府有足够的主权资产覆盖其主权负债,"主权部门净资产额为正,在相当长的时期内中国发生主权债务危机的可能性极低。"总体而言,李扬的报告对政府资产负债表有着清晰、完整的架构,度量了 2000 至 2010 年政府资产负债表,并以资产负债表角度思考债务问题,并提出"部门之间风险转移",以国有经营性资产弥补养老金缺口的负债。我国的国家资产负债表在核算项目即资产和负债的范围及分类上尚未达成共识,例如大量的自然资源、外汇储备。若将某种为国家所拥有且能为政府带来收益的资产折成现值计入资产项,也将相应的负债折成现值计入负债项与之匹配,使资产与负债的口径相一致。对政府债务方面,不仅要考虑政府负债占 GDP 的比率,同时也不能忽视资产的变现能力、可以用来抵偿债务的能力。地方债和养老金缺口是政府需要着重考虑的问题。

9.3.2 国有资产账户与政府财政账户关系研究

我们在第四章讨论企业制度创新所要求国有资产管理方式必须从既有的"管资产"转向"管资本",也就是如何适应市场经济特点,以资本价值配置流动实现管理的灵活性,以提升国有资本的配置效率。比如我们将国有资产存量视作是政府资产账户中以往的财政做积累的资本价值,因此这种存量在动态的配置流动情况下,必然会与政府的财政收入流量相配合,因而需要处理好两类资产的账户之间的有机统一关系。

这里从国家治理的视角进一步展开两者有机统一的讨论,围绕"政府治理体系建设"和"政府治理能力提升"看两个账户资产有机统一处理的意义。顾名思义,政府财政账户是以政府为主体对本期价值分配进行核算的体系。1974 年 6 月国际货币基金会组织编制了《政府财政统计手册:草稿》,2001 年在此基础上进行更新,目前 GFS2014 是最新版本,政府财政统计核算体系中包含资产负债表、政府运营表、现金来源和使用表、其他经济流量表这四张表,四张表之间存在勾稽关系,通过此关系将流量和存量联系起来①。

国有资产账户是指政府或主权相关部门的资产负债表、政府运营表、现金来源和使用表、其他经济流量表等,而政府财政账户则是指目前的政府财政预决算表,包括一般公共预算收支决算表、政府性基金收支决算表、国有资本经营收支决算表、社会保险基金收支决算表这四个部分表,以及未来如何建立以政府理财为效用的综合性财政账户。

我国政府财政账户体系由财政部负责,各级地方政府部门负责编制本级地方政府财政报表,统计范围包括行政单位、部分事业单位、部分国有企业。我国的财政账户体系以预算决算为基础,以统计核算和会计核算相结合方式进行(过程为会计核算—财政收支表—年度决算报告—下一年预算报告);核心是财政资金的流动,会计基础是收付实现制,统计的主要是现金交易事项。我国政府财政账户体系是由一般公共预算收支预决算表、政府性基金收支预决算表、国有资本经营收支预决算表、社会保险基金收支预决算表这四张财政预决算表为中心,得出财政赤字或结余的结论。

另外,我国采取的财政体制是分税制,即划分中央与地方不同的收入支出权限,其中核心的预算管理体制是实行一级政府一级预算,分为中央、省(自治区、直辖市)、设区的市(自治州)、县(自治县、不设区的市、市辖区)、乡(民族乡、镇)五级预算。目前,我国政府财政账户体系仅有财政收支预决算表,反映现金来源和使用状态,仅能反映流量,而国际标准 GFS 不仅能反映流量还能反映存量;我国政府财政账户体系中对于存量没有建立资产负债表,仅公布存量的总量,因而流量和存量间无法建立关联关系,对于财政状态仅能以赤字或结余来总结而不能了解分析资产和负债的结构情况。

2018 年 1 月 14 日发布的《中共中央关于建立国务院向全国人大常委会报告国有资产管理情况制度的意见》,明确指出"全国人大常委会加强国有资

---

① 参见《一文看懂我国财政体制》,https://baijiahao.baidu.com/s?id=1592613672079894991&wfr=spider&for=pc

产监督,听取和审议国务院关于国有资产管理情况报告工作,要与预算决算审查监督紧密衔接,特别是要与对国有资本经营预算决算、部门预算决算审查监督相结合,条件具备时与对政府综合财务报告监督工作相结合,建立起多层次多角度、既相互分工又有机衔接的人大国有资产报告和监督机制。"

从账户体系上看,我国未来的政府财政账户应当在预算决算表之外建立国有资产负债表,将存量表加入政府财政账户中,打通流量与存量间的勾稽关系。应采取的政府会计模式是预算会计和政府财务会计并存的"双轨制"。预算会计核算的是政府预算收支的整个过程,反映预算执行情况,主要是财政年度预算收支的资金会计,而不核算实物资产;政府财务会计则核算政府经济业务活动,既有预算收支活动,也有资产和负债情况,也有净资产的信息,能够分析财政风险状况、资产结构配置情况、负债部门分布等问题。

基于以上分析,我们可以认为,国有资产的内涵和外延与政府资产的范围相似,两者间不存在质的隔阂,国有资产负债表应置入政府财政账户体系中,打通流量与存量的勾稽关系,在摸清家底的基础上,更好地实现政府理财和政府绩效考核。

前面我们说到可以将国有资产账户里的资产视作是政府过去财政账户的积累,在此基础上,若把全社会资源分为企业、自然人、国家(政府)拥有,前两部分为私人部门,最后一部分为公共部门,国家拥有的公共资源包括存量资源和流量资源两部分,国有存量资源规模巨大,并且许多资源在价值评估上存在一定困难,而流量资源的取得与社会整体的经济运行状况密切相关,如税收收入和债务收入。财政预算收支是流量,国有资产及债务是存量,表现为将往期的资源、经济活动或成果纳入当期的核算范围内,并以此为依据政府能够对未来经济的发展作出预期和判断。

这样的理解就有可能建成国有资产存量和流量一体化的账户体系。根据 2014 年 12 月 31 日国务院批转财政部《权责发生制政府综合财务报告制度改革方案》文件所指出的,要"建立全面反映政府资产负债、收入费用、运行成本、现金流量等财务信息的权责发生制政府综合财务报告制度。"也进一步明确了要将存量表与流量表纳入统一的财务报告当中。从动态的国民经济运行视角看,连通存量表与流量表具有完善政府理财的积极意义。

首先,对于不同形态国有资产转性所发生的资金流动,此时在流量表中会反映为收入,但在存量表国有资产负债表中只是不同形态资产间的调整,在净资产上可能不会发生变化。例如土地批租转到账面上,并不是资源性国有资产的增值,而是土地资产本身的一种价值利用方式,因而某种程度上并不能算作政府的工作绩效。这也是连接流量表与存量表的重要意义之一,即真正考察政府的理财能力。正是这样,我们可以将国有资产账户中的资存量视作是政府过去的财政积累,财政的年度收入流量是政府资产增值收益,实际上以税收形式征收进入政府财政账户的价值来源客观上本来就是国有经营性的运营收益主要的组组成部分。

其次,在财政总预算会计中,用"一般预算支出"科目核算政府的对外投资,并没有反映因对外投资而形成的国有产权;用"一般预算收入"科目核算国有资产出售、转让所得的款项,并没有反映因此而减少的政府对外投资资产;至于政府对外投资所形成的国有产权的营运情况,更没有在财政总预算会计中用任何科目进行核算,这不利于国有资产的保值增值,无法对国有资本的保值增值部分进行监督①。因而需要国有资产账户来监督国有资产的保值增值。特别是对于宏观经济运行将会更加深入地融入市场经济的轨道,价值全球化资源配置对我国经济运行稳定性难免会受到外部市场的冲击或者是干扰,就更加凸显出将国有资产存量和流量有机统一对于抗击外部不确定性冲击的积极意义。

进一步考察政府的财政账户核算管理和平衡能力,我国现行的预算编制的基础是收付实现制,预算会计基础也是收付实现制为主。预算会计主要是服务于预算管理的需要,而无法提供政府真实财务状况的信息。对外公布的

---

① 汤林闽:《政府综合财务报告制度建设重点:政府会计准则和政府资产负债表》,《地方财政研究》,2015年第9期。

仅是反映预算收支流量的预算报告,该预算报告只是对预算年度的预算收支情况做出了说明,不能用来衡量政府财务状况。衡量政府的财务状况要通过国有资产负债表(政府资产负债表)。我国现行的预算会计体系偏偏还没有提供国有资产负债表。客观上是因为国有资产负债表是以权责发生制为会计准则的,而不同会计准则的表之间无法直接勾稽连通。

只有在权责发生制的会计基础下,政府会计提供的资产和负债信息才足够真实可靠,但是引入这一核算制度会增加成本,应循序渐进引入,先在地方政府债务及资产核算中引入,再在中央层面的主权资产负债核算中引入。收付实现制预算在现阶段仍有存在的必要性,先在政府会计系统中引入,再在政府预算中引入,可以实行一定时期的双轨制,逐步建立以权责发生制为基础的、包含并连接国有资产负债表的政府综合财政账户。

9.4 作为"宏观经济调控管理手段"的国有资产的配置流动性

国有资本和国有企业是实现经济增长、保证就业、创造税收和维持稳定等目标的重要经济基础。日裔美国经济学家青木昌彦在《政府在东亚经济发展中的作用》一书中指出,"政府政策的职能在于促进或补充民间部门的协调功能,而不是将政府和市场仅仅视为相互排斥的替代物……政府应被视作是与经济体系相互作用的一个内在参与者,它代表了一整套的协调连贯的机制;而不是一个附着于经济体系之上的、负责解决协调失灵(coordination failures)问题的外在的、中立的全能机构"[①]。现代经济生活中,没有哪个国家不存在国有经济或者说国有资产能力,只是表现在具体数量多少亦或他在

---

① 青木昌彦等:《政府在东亚经济发展中的作用》,中国经济出版社,1998年,第2页。

全社会资产总量中所占的比重,当然还有国有资产以什么方式配置在社会经济的哪些部门和企业。

9.4.1 国有经济的配置与政府对宏观经济的调节可以有机结合

观察中国的增长历程可以发现非常有趣的现象。一方面,中国的经济奇迹离不开改革开放以后引出市场化机制带来的激励释放,比如农业领域推行的"家庭联产承包责任制"、城市化过程中出现的农民工大军、价格和物资配给等管制放开以及"联邦式"的地方政府分权体系释放了地方政府建设经济的动力,当然还有,开放允许非公经济发展,这说明在当前经济发展阶段推行彻底的公有制和计划经济是不利于经济增长的。但在另一方面,增长奇迹根植于政府和国有经济的主导和推动中。地方分权的威权主义政治体制带来官员们追求政绩的"锦标赛",这使得地方政府竭尽一切可以获取的资源推动经济增长。我国国有经济在宏观调控管理实践中,既有支持者总结的优点,也因为质疑者指出的诸多问题。从现实实践来看,我国国有经济具有控制力强、逆周期性、保障就业、承担税负、促进产业发展,促进创新等特点。国有经济需要兼顾短期和长期,短期调控是为了防止经济波动对经济增长造成损害,主要形式是逆周期调控、保障就业和财政支持;长期管理是为了充分配置资源实现可持续的创新、增长与发展,主要形式是推行产业政策,开展创新计划。逆经济周期调控主要是在经济危机冲击下保证经济体系不会经历破坏性打击,从而缩短恢复时间;保障社会福利公平。宏观调控能力的基础是政府对于国有经济的控制能力,国有经济的宏观调控能力依赖于政府整体的经济运行管理框架、思路、理论,面对市场经济可能发生的经济不确定性和全球化背景下外部市场的冲击,政府可以通过国有资本的经济力量,采取收购接盘或者是转让退出手段,对经济运行态势加以调节,保持经济增长的稳定性。

国家宏观调控体系的科学化有利于提高国有经济发挥宏观调控能力时

第9章 国有企业改革对国家治理现代化建设的意义

的科学性。短期内,宏观调控可以帮助避免经济剧烈波动下经济体系遭受不可逆损伤。当经济下行时,国有企业可以发挥逆周期稳定作用。针对短期内有效需求和供给的不平衡问题,国有经济可以通过增加社会资本投入(特别是基础建设领域)、平均成本定价等手段治理通胀、吸收就业并救助下游不景气的企业等手段缓解短期经济波动。特别是在遇到外部经济危机产生一定冲击情况下,国有经济可以帮助国家避免大量失业的出现。

在产业政策领域,适当的政府干预是促进产业结构升级,提高经济在国际间的竞争力,推动持续增长。在这一语境下,国有资本配置指向可以是政府职能的一种延伸,政府通过以股东身份进入企业,参与企业治理,对企业经营、生产活动调控具有微观的具体渠道。国有经济(国家出资企业)这一制度形式增强了政府产业政策的推行力度。首先,在工业化过程中,国家可以通过对关键公共部门进行国有化,比如铁路、通信等部门,解决自然垄断部门产业投资动力不足的问题,并用上游产业带动下游产业发展。中国高铁网络的建设就是一个典型案例,对各区域之间的经济互动起到很关键的支撑作用。第二,作为发展中国家,要素市场发育不充分、不完善,通过国有资本投资,可以达到协调各个产业部门共同推进经济发展的作用,这点在我国建国初期工业化过程中格外明显。第三,国家投资的企业一般具有相当的规模,在技术创新方面具有更强的经济实力,通过技术链和分工合作的价值链在全社会经济体系中发挥引领作用。因为科技创新过程存在外溢性,初始创新者需要自己承担项目失败可能导致的风险,创新成功后则对全社会产生知识的外溢效应。中国成功的企业,如宝钢、联想、格力等,也可以被视为国有资本配置推动创新并成功获得国际竞争力的案例。

9.4.2 金融危机背景下国有经济的调控作用的启示

经过2008年全球金融危机的冲击洗礼,学术界开始反思如何发挥国有资本配置股权在应对市场失灵中的作用。在2008年次贷危机席卷全球的过程中,中国金融系统表现得十分稳定,与之相对应的是欧洲爆发欧债危机。金融危机爆发后,美国联邦政府也迅速牵头,对大银行、大企业下手救援,收购这些企业的股权或者是向这几家企业注资,实际上就是隐蔽的国有化过程。国有化对银行等大型金融机构接盘和注资,有效地防止了这些企业在危机中出现挤兑,以保证金融体系不会崩溃。这方面的具体过程中国有经济所发挥的作用和表现是毋庸置疑。正是在这个意义上说,国有化成为政府对宏观经济调控的重要手段,而这样的国有经济不一定就直接表现出具有社会主义的本质特征。恰恰倒是紧扣大银行这一特殊企业的安全性对于整个金融体系稳定具有重要意义。

在中国经济体制改革不断深化的背景下,国有经济仍然保留了关键的经济干预能力。渐进改革所取得的成果,在于坚持了"摸着石头过河"原则,顶层设计与试点试验相结合,而没有采取东欧、拉美等地区失败的"休克疗法"。由此可以得出重要的理论结论:国有经济的问题不是"应不应该存在",而是"应该如何存在"。《深改指导意见》中的制度创新在多个层面保证了国家所有制的宏观调控影响力与科学实施。特别是在强调国有企业改革的直接目标就是要不断提高国有经济的活力、控制力、影响力和抗风险能力。正是呼应了如何自觉运用国有资本配置流动增强政府对宏观经济的调控能力,以保证宏观经济运行的稳定性,有效抵御市场不确定性和外部市场危机可能产生的对中国经济的冲击。在更一般的意义上讲,国有经济宏观调控管理功能的理解和应用,丰富了政治经济学理论对于国有经济和国有资本运营流动功能的认识深度和宽度。

9.5 国家出资配置方式下劳动权益关系的制度创新

前面我们主要从现代公司制企业的法律组织形式,讨论了国有企业转变

第9章 国有企业改革对国家治理现代化建设的意义

为"国家出资企业"相应产生的政府宏观管理工作方式带来的转型创新的积极影响。强调"国家出资"概念,在具体的企业场合,公有制资产的投资行为要求有具体的"出资人"出场,这就产生对既有的公有制产权配置与劳动者劳动产权关系的变化。

传统体制下的全民所有制企业,其经营活动中对于就业的安置和劳动力的使用,有职工是生产资料的"主人"的理论性说法,这种说法似乎传递出员工就是本企业的"所有者",这样的理解一直在企业管理场合被强调。但是主人的内涵究竟是什么,如何行使主人的权利,在相当长的时间里并没有清晰界定。尽管没有成文的法律规定,但是企业在发展过程中形成了一套相对稳定的模式,与职工利益最密切的就是"三铁",即铁工资、铁交椅和铁饭碗。与此同时,由于企业给付职工较低的薪酬,企业对职工的生活有全面保障的义务,如医疗、住房、养老以及子女教育等等。这些因素似乎变相证明了"主人"的概念。这也许符合马克思主义理论对私有制的批判,指出私有制对劳动者带来的参与社会生产活动的不平等,因而,必须建立生产资料公有制,使劳动者拥有公平的、共同的生产资料所有的权利。然而,现实社会主义制度的建成是在生产力相对不发达的国家最先取得成功,受产业分工、技术应用、区域经济条件制约,全社会难以生成对所有生产场合的完全平等均齐的生产条件。因此,那种以全民所有制概念所表达的具体企业场合劳动者直接被赋予全民所有制产权关系的"主人"的命题,碰到了不同企业之间所掌握使用的生产资料、生产条件的差异对企业产出的制约。加之旧体制下对企业职工工资分配标准的"大锅饭""一刀切",所以员工没有更多的生产积极性。在动态经济发展中,逐渐形成负向的激励,直接表现在员工没有劳动积极性、企业没有活力。

针对旧体制的弊端,经济体制改革从刺激企业获利起步,在导入企业员工的劳动收入与企业经营绩效相挂钩的改革措施后,逐渐提出了企业的所有权与经营权可以适度分开,以更好地调动企业的积极性,使其能够自主地面对市场做出经营决策。原来的全民所有制企业(也被称之为"国营企业"),因为"两权分离"被普遍接受采用,形成"国有企业"的概念提法。伴随"市场取向"的改革，在明确社会主义市场经济改革目标模式，将企业推向市场的改革，进一步提出了以建立现代企业制度即现代公司制改造传统的国有企业，确立企业法人财产权独立的市场经济主体地位。特别是十八届三中全会（2013年11月）明确提出"积极发展混合所有制经济"，不同资本属性的出资人共同出资，因此有"国家出资企业"的概念。政府组建了具体承担出资人角色的国有资产管理机构，在企业场合也是有国有资产出资的"产权代表"进驻。传统体制中企业职工是生产资料的"主人"（所有者）的说法，在新的国资管理体系面前被否定。现实生产活动中的资本与劳动的合作关系需要有新的解释。

社会主义市场经济条件下，各类生产要素在企业组织内部的合作，要素主体相互之间拥有平等的权利。劳动的权益是企业中的劳动者所享有的劳动、获得报酬、劳保医疗以及养老保险费缴交等权利。因此，可以给劳动者在企业的地位赋予新的定义。劳动者以自己在企业的劳动参与使自己的个人切身利益得到保证，并且其个人劳动态度、劳动贡献对企业绩效有直接的影响，企业绩效实现也会给劳动者一定"分享"的激励。从而有员工个人利益与企业利益"和衷共济"成为直接的"利益相关者"。

我们从国家出资企业中出资者资本权利与劳动权利关系可以推导提出，如何将这种关系纳入法律的轨道，以促成权利各方的相互制约。在社会范围内，资本追逐利润的行为可能会产生对于劳动权利的侵害，一个最直接的表现就是压低劳动者的工资和其他劳动福利开支。这就需要有其他几个方面的辅助手段加以应对。前面说到的对于劳动权利的法律规范如何不断完善，以保护劳动者权利。在此基础上，需要在劳动力市场发育方面创造更好的配套条件，以促成劳动力薪酬（价格）水平的社会性的基准和信息发布。与此同时，政府应该根据相关测定，发布"最低工资标准"和"劳动权益保护的相关规定"并对企业执行情况加以督察；还有，针对劳资合作关系中存在的资本处于"强势"地位特点，需要在劳动者自身权利保护的组织建设方面以组建工会、加强工会作用，形成组织的力量对劳动者权益加以保护。以建设新型的和谐

第 9 章　国有企业改革对国家治理现代化建设的意义

的劳动关系,促进企业健康发展。

本章从国家治理现代化的视角考察企业改革的意义,有助于我们加深以现代企业制度作为社会主义市场经济的微观基础的理解。作为市场经济条件下社会再生产活动的微观主体,采取混合所有制的公司制形式,为公有制与市场经济相融合开辟了新的路径,对国有资产管理体制和管理方式提出了新的要求,直至成为中国特色社会主义经济制度自我完善的重要工作内容。以"价值型管理"手段方式管理配置国有资产,有助于保持资本流动的灵活性,建立健全资本账户体系对于管理工作的开展具有基础性意义,为市场经济条件下"政府理财"能力的建设巩固提供核算依据,促进国家治理体系的完善巩固,同时也增进国家运用国有资本流动手段对宏观经济进行调控,以促进宏观经济运行的稳定稳健。与此同时,建立健全国有资本账户体系也有助于加强国有资本经营承担主体经济责任的评价,处理好国有资本公共属性和经营属性之间的关系,在具体运营国有资本的经济活动中,调整处理好与劳动者之间的经济关系,使国有资本配置运营与和谐劳动关系建设在制度配套方面有更加扎实全面的设计和具体工作的跟进落实,体现国家治理能力建设的社会基础。

第10章

国有企业改革对基本经济制度内涵的丰富和完善

我们在前面的章节对国有企业改革的主要内容分别展开讨论,对40年来围绕"增强企业活力"这一经济体制"中心环节"阶段性递进深化的改革轨迹加以描述,对改革举措解放和发展生产力的作用机制展开讨论。本章我们聚焦讨论国有企业改革对于完善优化社会主义基本经济制度的理论和实践意义。如前所述,企业是社会再生产和市场经济的主体,企业的采取什么样产权结构和法律组织形式构成社会经济制度的本体内容。正是这样,国有企业改革不断深化的进程,促进了科学处理现实社会主义实践中的生产关系安排,丰富夯实了基本经济制度的具体内容,赋予现实社会主义以蓬勃的活力。我们党在领导经济体制改革工作中,始终坚持"实事求是"的思想路线、坚持社会主义基本原则,为现实社会主义开拓出新的发展空间。在推进企业改革的具体工作方法上注意处理好顶层设计引领和基层主动作为的良性互动。探索出一条具有中国特色的社会主义发展道路。在步入"全面深化改革"新阶段,可以启发我们更加坚定改革信心,增强"啃硬骨头"的韧劲和"涉险滩"的定力,"将改革进行到底"。

10.1 "问题导向"下的"试点探索",渐进推广实现"增量改革"、体制转轨

"问题导向"激发对现实社会主义运行绩效的深刻检讨。一定意义上说,相对于传统计划经济管理体制,改革的进程就是对经济运行的资源配置引入商品货币关系和市场调节机制作用的过程。实践证明,这不是简单的一蹴而就能够做到的,长期积淀形成的对于传统社会主义理论的认识理解,需要用

改革开放实践带来变化的事实加以"开悟"和"启智",形成"诱致性"制度变迁①的驱动能量,去逐步消解旧有的思想理论观念与经济体制改革举措的摩擦羁绊,摆脱由这些旧观念产生的"路径依赖"惰性,使得改革事业总是以一种渐进的、不断深化递次展开、分阶段推进的图像展现出来。

10.1.1 以试点探索开路,形成"集中领导"与"基层创新"、理论创新与体制绩效检验的良性互动,保证体制转轨进程稳定前行

党的十一届三中全会英明决策,确立了"改革开放"方针。针对传统体制的弊端,排斥商品货币关系和市场机制,不尊重企业作为利益主体的"经济理性",改革从触动计划管理的力度和范围开始,通过采用"增量改革""市场取向"的具体措施,以"扩大企业自主权"起步,唤起各类经济主体的"经济理性"复归,承认和尊重经济主体的独立利益,形成了千军万马主动积极关心劳动绩效的局面,以"增量"的新机制消融化解旧体制的"惯性",刺激国民经济活力增强,驱动着中国经济步入发展的快车道。

回顾改革所走过的历程,我们在这里选择两个比较突出的阶段性以试点先行探索,取得经验再面上推开的案例,从中看出改革在党的统一领导下有步骤推进与基层主动进取努力相互间的良性互动;每一步的深化在体制上的突破取得的成果,促成理论创新和绩效改进检验之间的良性互动,形成合力,以"增量改革"渐进展开,成功地实现经济体制的转轨目标的达成。

毫无疑问,改革意味着体制机制的"创新"。然而,创新理论告诉我们,相较于对现状的认知理解,创新存在着的"不确定性"和因为这种"不确定性"有

---

① 美国经济学家道格拉斯·C.诺思(Douglass C. North)在经济史研究中将制度因素纳入解释经济增长,将制度变迁区分为"诱致性"和"强制性"两种类型。他的新经济史论和制度变迁理论使其成为新制度经济学的代表人物之一,并因此获得了1993年度诺贝尔经济学奖。

第10章 国有企业改革对基本经济制度内涵的丰富和完善

可能产生对创新主体的"心理上的恐惧"。值得特别加以讨论的是,鉴于传统计划经济所存在的"短缺"现象,既有的状态对于社会各类主体所产生的"既得利益"并不明显,或者说社会主体的对既有状态并不"依恋"。正是在这样的背景下,以"市场取向"为特征的改革,通过导入商品货币关系,以"试点探索"先行,向企业"放权让利",迅速突破了传统体制的格局,中央及时下发试点方案文件予以指导。1979年7月,国务院颁布了《关于扩大国营企业管理自主权的若干规定》、《关于国营企业实行利润留成规定》等五个文件,选择四川重庆钢铁公司等六家企业试行"利润留成""厂长负责制"等十四条扩权试点,全社会表现出对改革的普遍热情。很快就以"经济责任制"概念在企业经营制度上得到推广,在全社会迅速推开。探索落实企业经营责任也表现出基层的自觉努力,在冶金行业,到1981年,全国有17个省、自治区、直辖市的实行了地区行业性总承包,80%以上企业实行利润包干、亏损包干等多种形式的承包,很快见到了效益。逐渐形成了以"首钢经验"①为代表的"承包经营责任制"。承包经营责任制的基本原则是:"包死基数、确保上缴、超收多留、欠收自补。"它的具体形式有五种:两保一挂、上缴利润递增包干、上缴利润基数包干、微利和亏损企业的利润包干或亏损包干、行业投入产出包干。可见秉承"实事求是"的思想原则,针对不同行业企业的具体实际,落实企业经营责任制的探索呈现出多样性。以至于在经济理论层面形成了"所有权和经营权可以适度分离"的共识,并在党的十二届三中全会所通过的《中共中央关于经济体制改革的决定》中得到应用。《决定》明确肯定了,所有权与经营权相分离,是转变企业经营机制的改革方向。

在探索以建立"现代企业制度"改造传统国有企业的具体动作上,也表现出同样的特点。经过了改革第一阶段以"市场取向"、在经济生活中引入商品货币关系,呼唤各类社会主体经济理性的回归,市场发育的不断深化。实际

---

① 参见《国企改革的先锋试验——首钢的承包制》,http://www.sino-ma.org/djgds.asp?id=323

经济生活中,基层的主动行动,也为改革走向不断深化探索开路。伴随着市场交换关系的发展,面对新的市场商机,我国经济生活中,已经出现了多个经济主体联合出资组建新企业的经济活动。最具代表性的就是,1984年11月14日,经人民银行上海分行批准,由上海飞乐电声总厂、飞乐电声总厂三分厂、上海电子元件工业公司、工商银行上海市分行信托公司静安分部发起设立上海飞乐音响股份有限公司,并向社会公众及职工发行股票,成为上海市第一家股份制企业,而且该音响公司所发行的股票(俗称"小飞乐"),没有期限限制,不能退股,但可以流通转让,也可以说是我国改革开放新时期第一张真正意义上的股票。这种自发的以"集资"方式募集注册资本金,以"股权"(股票记账)形式形成资本联合,并明确规定出资股东不能直接从出资企业退股,但可以从"二级市场"退出,以维护募集资本的稳定经营。可见,市场自身的发育催生了作为现代公司制度的典型形式——股份制企业组织形式的出现,也是利用或依托资本市场发展来推进我国产权改革的破冰之作。它的历史意义还在于,直接影响了中国股市早期的试点和后来的发展,对中国经济体制改革也产生了深远的影响。这一典型得到了邓小平先生的肯定,他在1986年11月14日接见时任纽约证券交易所董事长约翰·范尔霖(John J. Phelan)时,以"小飞乐股票"作为礼品赠予,足以说明这一股票对于中国改革开放的意义。特别是1992年春节邓小平在南方谈话时,还是提到了证券和股市,主张"要坚决地试"①。

在认真总结已经打开的改革开放格局和所取得经验的基础上,促成对经济体制改革目标的认识得到清晰。1992年党的十四大正式确立了以建立社会主义市场经济作为改革的目标模式,适应建设社会主义市场经济体制的要求,必须将企业推向市场,塑造成为真正的市场主体,因此,以现代公司制度法律组织形式,通过多元出资形式注册登记设立企业,在基础性的法人组织

---

① 邓小平:《在武昌、深圳、珠海、上海等地的谈话要点》,《邓小平文选》(第3卷),人民出版社,1994年,第373页。

制度形式上进入全新的阶段,这就是出资者身份必须清晰,出资者首先是在出资者大会上行使自己的所有者权利,形成相应的企业治理结构,出资者与而接受出资的法人企业组织之间形成一种特殊的市场关系,接受出资的法人企业具有完全的自主经营权。既有的"所有权与经营权""两权分离"的理论,进化发展到出资人所有权、企业的法人财产权和日常经营权的"三权分离"。正是这样,基层的自觉"主动作为",及时地得到顶层的设计引领的及时肯定,并以一系列的法律法规在制度形式上加以确立巩固。围绕现代企业制度建设和资本市场发育规范,先后出台了多部法律法规。以1993年颁布的《中华人民共和国公司法》为龙头,发挥了顶层设计引领作用,为实践深化推进提供了法律制度和相关执行条例的规范。正是在现代公司制度、多元出资的公司制度的不断走向经济生活并为人们所熟知,进一步走向企业制度创新的"混合所有制",也就水到渠成,更加容易被理解接受。

党的十八大(2012年)以来,以习近平总书记为核心的党中央对经济体制改革牵引的全面深化改革进行全面规划,于2013年11月召开的十八届三中全会通过了《中共中央关于全面深化改革若干重大问题的决定》,并决定成立中共中央全面深化改革领导小组,负责改革总体设计、统筹协调、整体推进、督促落实。习近平总书记强调:"全面深化改革,全面者,就是要统筹推进各领域改革。就需要有管总的目标,也要回答推进各领域改革最终是为了什么、要取得什么样的整体结果这个问题。","这项工程极为宏大,零敲碎打的调整不行,碎片化修补也不行,必须是全面的系统的改革和改进,是各领域改革和改进的联动和集成。"①不难理解,全面深化改革具有"系统集成"的工作特点要求,需要加强顶层的和总体的设计和对各项改革举措的协调推进。同时,又必须鼓励和允许不同地方进行差别化探索,全面深化改革任务越重,越要重视基层探索实践。贯穿于40年经济体制改革所积累的推进改革的工作

---

① 习近平:《在省部级主要领导干部学习贯彻十八届三中全会精神全面深化改革专题研讨班上的讲话》(2014年2月17日)。

方法，成为更加自觉应用的工作推进方式。加强党中央对全局改革的领导与基层的自主创新之间的良性互动，得到更加理性的自觉应用。强调用法治思维和法治方式推进改革的主要精神的应用；强调开拓具有中国特色的道路，就是要从中国的历史、中国的文化、中国今天所面临的环境条件和机会出发发展自己。处理好社会主义市场经济体系中的企业定位和国有企业应该扮演的角色和发挥的作用。特别对顶层设计与基层主动进取探索相互之间的辩证关系，着力推进改革走向更深层次。

10.1.2 企业改革在经济体制改革所处的特殊地位和改革深化的内在逻辑

如前所述，我国经济体制改革采取以"增量改革"渐进转轨的推进策略，这种策略的一个形象的说法就是"摸着石头过河"。这本来是一句民间俗语，指的是在没有前人经验、没有现成的桥和船的情况下，要想过河就必须以身试水、摸索前进，民间歇后语"摸着石头过河——稳稳当当"说的就是这个意思。把"摸着石头过河"这句民间俗语引入讨论改革推进的工作方法，其含义就是指在实践经验不足、特别是改革这样的制度体制机制创新工作任务的情况下，必须大胆试验、积极探索、摸清规律、稳步前进。所谓"改革必须摸着石头过河"指的就是这个意思。这一说法在实际工作场合被加以引用。但是，笔者发现，在有些场合，往往有人认为这种工作策略与缺乏对改革的整体思路和清晰的规划安排有关，甚至有认为改革进入深水区，"摸不到石头了"加以讽喻。笔者认为，这种理解需要加以澄清。根据笔者在前面对相关改革内容的讨论，认为改革缺乏整体规划的理解是不准确的。

首先，我国经济体制改革是在经过了"解放思想"洗礼，对传统体制存在的弊端有深刻检讨基础上做出的。改革开放的目标和任务就是要解放和发展生产力，实现社会主义现代化。而且改革的着力点就是要解决企业活力不足的问题。因此，对企业改革从一开始就有科学的定位，摆正了企业改革

第10章 国有企业改革对基本经济制度内涵的丰富和完善

在整个经济体制改革中的定位,这就是以"增强国有大中型企业的活力,作为整个经济体制改革的中心环节"。从经济体制的构造意义上说,以解决承担资源配置和再生产活动的企业作为经济体制改革的重点,通过企业改革带动经济体制其他侧面的变革,以体现改革推动经济体制转轨的整体配套性。

其次,回溯40年企业改革的深化演进,不难发现有一条清晰的逻辑线索。这就是围绕增强企业活力,从"放权让利",以直接的利润留成的"自主钱"激活企业理性,带动发育企业的经济核算意识,调整政府与企业的关系,形成对企业的"利益约束"。此后,由于企业自身留利意识的增强,导致政企之间对于企业利润分割处理方式上的博弈关系出现变化,改革也跟进推出了由企业上缴利润转向两步"利改税"(所得税加调节税)的改革做法,因为不同企业留成利润数量基数差异,在承担相同所得税税赋后的"调节税",出现了不同企业之间税率不一致状况。这就导致"鞭打快牛"和企业之间攀比盲目追求更多留利的行为,导致政府可能集中的利润数量增长不甚明显。正是在这样的背景下,为了更好地处理界定政府与企业的关系,于是采取了运用承包合同界定政府企业利益关系,以形成按照合同期"三年早知道"的政府收入安排,也有助于政府更好地运用一定财力,推进其他领域的改革。这种借助合同工具手段处理政府与企业之间利益关系的措施,我把它称之为"契约约束"。是将既有的政企之间的利益关系的利益约束嵌套在合同契约里,也就是包含既有的利益约束的契约约束。然而,由于承包标的的确定性与企业承包经营环境因为改革体制变化存在的不确定性之间有着直接的矛盾,因而"一定三年"的企业承包合同,可能流于形式导致企业不能兑现承包承诺。因为承包经营环境主要是由政府创造和提供的。因此,这样的约束机制仍然是没有找到基准。伴随改革的进一步深化,改革必然触及到国家所有权、企业经营权如何清晰界定并与市场经济环境和机制相融合。需要寻找产权关系的依据。正是这样,以现代企业制度的企业组织形式,塑造市场经济的微观主体,以公司制法律组织形式改造传统的全民所有制(国家所有制)企业,形成国家出资与企业用资之间的新型关系，作为出资人应该获得企业经营的股权权益和股权收益回报。国家作为市场环境的创造者和市场秩序的维护者，向企业征税，取得税收收入。政资关系和政企关系形成两个线路。由此，形成政府与企业关系处理的"产权约束"。显然这种产权约束机制将既有的政企关系的利益约束和契约约束予以覆盖，换句话说，既有的利益约束和契约约束嵌套在产权约束之中。由此形成政府与企业之间关系的根本性的制度安排。解决好国家所有权与市场经济机制相融合。以上分析表明，改革的阶段性推进，有着自己的内在逻辑，在抓准政府与企业调整这一对主要矛盾关系的基础上，一定就能够有自己的系统演进的深化的能力。

最后，企业改革的不断推进深化，必然对经济体制的其他方面的改革提出要求，从而对经济体制其他方面改革产生带动作用，另一方面，其他方面的改革也为企业改革深入推进提供了配套环境，从而形成互相促进的良性互动。包括市场机制发育、价格体系改革、财政金融体制改革、就业和社会保障体制改革、外贸体制改革，等等。我们在前面章节讨论中也曾指出企业改革作为市场经济微观基础的法人地位的变化对整个经济体制变革和体制质量发育的影响。这也促成我们对于体制构造理论的理解，也丰富了我们对于经济体制改革内容本身在调整各类经济社会主体之间的关系，在制度、体制和机制不同层面上的具体内容和这些不同层次相互之间关系的理解。

从以上三个方面的分析，我们可以对那种不恰当地对"摸着石头过河"这一推进改革深化的工作方式加以演绎引申的论调予以批判和澄清。当然，在今天的改革已经进入"五位一体"（经济、政治、文化、社会和生态文明）全面深化阶段，我们有更加自觉地强调顶层设计重要性的明确表述，正如党的十八届三中全会公报和《中共中央关于全面深化改革若干重大问题的决定》中所强调的，必须"加强顶层设计和摸着石头过河相结合"。因为改革覆盖内容和所涉及的面更加需要强调"系统集成"，需要整合五个维度的协同关系，况且不同维度在客观上就存在不同的演进方式以及它们彼此之间的相互嵌套纠缠的复杂关系。

10.2 国有企业改革带动生产关系的不断完善，丰富夯实了基本经济制度的内涵

国有企业的改革推进，无法绕开所有制关系和基本经济制度的规定性和具体内容的理解。客观上说，企业作为社会再生产资源配置的组织载体，作为整合各类生产要素形成现实的生产力的能动主体，其经营活动的体制环境的转轨，从"计划经济"转为社会主义市场经济，企业组织的法律制度形式采取"现代公司制"，是由多个"出资人"共同出资成立的，从市场经济的一般原理出发，共同出资的多元主体具有"平等合作"的出资意愿。国有资本正是其中重要的一类资本形态。"国家保护各种所有制经济产权和合法利益，保证各种所有制经济依法平等使用生产要素、公开公平参与市场竞争、同等受到法律保护，依法监督各种所有制经济"[1]。因此，传统的国有企业蜕变成为"国家出资"的企业，企业成为市场经济活动中法人财产权独立的市场主体。全面深化改革要坚持社会主义方向，这在经济体制改革中就体现在对公有制生产关系的坚持与完善。生产力决定生产关系，生产资料归谁所有即所有制关系是生产关系的重要组成部分。因此，发展与生产力水平相适应的所有制关系是社会进步、经济健康有序增长的基础性命题。基本经济制度更为规范的表述了社会所有制结构，反映出经济的本质特征。尤其是对于如何从动态的国民经济运行来认识和确立基本经济制度，一定是要通过具体实践加以不断完善优化。

---

[1] 《中共中央关于全面深化改革若干重大问题的决定》，第5条，人民出版社，2013年，第8页。

10.2.1 非公经济快速成长对国有企业提供了外部的借鉴，丰富了基本经济制度的内容

为了更好地理解"基本经济制度"的具体规定性，或者说，对如何界定基本经济制度的内容展开讨论，我们可以简单地回顾一下新中国成立以来的宪法经过了怎样的变迁，由此可以更好地理解基本经济制度如何既能够充分表征现实社会主义的最重要的制度特征，又能够更好地处理社会再生产资源配置，解放和发展生产力①。从最初在 1949 年 9 月通过的《中国人民政治协商会议共同纲领》，对社会主义制度如何在具体实践描绘出初步的"图像"，到 1954 年的《宪法》（草案），再到 1975 年《宪法》，对我国社会主义基本经济制度的具体内容的表述都是强调坚持生产资料公有制，包括"全民所有"和"集体所有"，对非公经济的存在如何在基本经济制度内容上加以表达，完全加以排斥。实际经济生活中所发生的严重脱离生产力水平的实际情况，大规模的平均化与集体化，实质上严重束缚了生产力的发展。

我国的现行宪法是 1982 年宪法。该宪法诞生于改革开放初期，并在随后三十余年里经历了五次载入史册的修改。1982 年宪法把非公有制经济中的个体经济写进宪法，明确其法律地位。直到 1988 年宪法修正案增加规定："国家允许私营经济在法律规定的范围内存在和发展。私营经济是社会主义公有制经济的补充。国家保护私营经济的合法的权利和利益，对私营经济实行引导、监督和管理"，这次修宪确认了私营经济的宪法地位，保障非公经济发展。第二次修宪发生在 1993 年，肯定了社会主义市场经济的法律地位。1999 年第三次修宪，确认了"坚持公有制为主体、多种所有制经济共同发展的基本

---

① 参见，李天琪，《新中国成立以来的宪法经历了怎样的变迁》，《民主与法制》（杂志）2018 年 5 月 4 日 http://www.mzyfz.com/cms/benwangzhuanfang/xinwenzhongxin/zuixinbaodao/html/1040/2018-05-04/content-1332935.html

第 10 章　国有企业改革对基本经济制度内涵的丰富和完善

经济制度",明确提到"私有经济是社会主义公有制经济的补充。",确认"个体经济、私营经济是社会主义市场经济的重要组成部分",进一步肯定非公有制经济的地位。第四次修宪发生在 2004 年,在原有对非公经济的规定上补充"国家鼓励、支持和引导非公有制经济的发展。"

实践证明,从中国经济发展的实际出发,发展非公经济不是权宜之计,而是保护和发展生产力的重要方式。因此,在我国社会主义基本经济制度的内容上明确了非公经济作为重要组成部分、共同发展的规定性。正是伴随改革的不断深化,我国经济生活中的资源配置方式的变革,对私营经济(非公经济)的发展的理解和认识乃至于在基本经济制度的内容规定性上赋予私营经济(非公经济)以"宪法地位",即肯定其是社会主义经济的重要组成部分。一方面是改革实践启发我们认识到如何充分调动各类社会主体的开展生产活动的积极性,放开非公经济发展对于加快发展生产力的直接的现实意义;另一方面,非公经济自身的发展也需要有宪法法律所给予的保护。我国《宪法》内容的不断修订完善,正是围绕生产资料所有制安排如何更好地保护和发展生产力这一原则不断丰富深化,我们在讨论国有企业改革问题时,不能就国有企业论国有企业,也不能只是讨论国有企业自身的改革在企业制度和治理机制等方面的变迁,还需要看到非公经济的快速成长市场经营活动环境和竞争机制方面对国有企业生存成长发展的影响。作为一种不同的所有制关系配置的企业组织形式,在企业产权制度和经营机制方面所具有的特点,对国有企业改革形成外部的对照参考物,对国有企业改革提供借鉴和启发。

回到对我国基本经济制度规定性的讨论,我国《宪法》和党的文件对于基本经济制度规定性的表述,正是从实践的不断深化得到启迪,是中国特色社会主义市场经济理论的重要内容,完全符合中国国情。说明积极发展混合所有制与坚持公有制为主体,两者之间可以并行不悖。有助于把基本经济制度与经济运行的经济体制两者之间的关系梳理清楚,特别是从动态的经济运行中如何发挥公有制的主导作用、引领作用;也有助于处理好基本经济制度的活力和生命力。

10.2.2 中国经济生活中的混合所有制发生发展的路径和所有制实现理论创新

我们在本书第三章对于"混合所有制"(实际上也就是"现代公司制度")在现实生活中的"导入"方式和具体路径有过一番讨论,主要是结合社会化大生产的历史演进加以展开阐述的,说明其"自发演进"特点,从而公司制度自身的发育和作用机制的发挥容易做到顺其自然。以至于马克思在《资本论》的有关讨论中对其予以充分的肯定。在这里又再次提混合所有制,是为了更好地理解中国改革开放实践推进到"积极发展混合所有制经济"的理论创新境界,在理论和实践场合为什么会存在较大的分歧。

客观上说,伴随经济活动开展和技术、市场等方面存在的随机多样性特点,对于商机获取和评价使用,新组建企业选择不同所有制主体共同联合出资,形成混合所有制企业组织形式,这样的"新经济组织"容易被理解和接受。这里不用太多笔墨予以阐述。然而,对于既有的国有企业组织形式,从单一出资主体改制成为多元出资的混合所有制,就是要将已经是"大"和"公"的所有制改造成为多元出资、并且是要吸引私人资本进入成为混合所有制,这就必然产生"出资人"之间的合作关系,因此,原来的国有企业概念就需要加以重新界定,正是这样,"国家出资企业"的概念得以明确确认。进一步分析,在混合所有制企业的资产运营场合,相应形成"出资""用资"关系,不同所有制的出资主体相互之间具有"平等"的合作地位。所有者只是派出自己的产权代表参与企业治理,资本的所有权与运营(法人财产权和日常经营权)发生分离,形成企业经营现场的不同生产要素的"产权"主体和这些产权主体的合作关系。出现在企业运营决策"前台"的经营活动主体是维护独立的"法人财产权"的治理活动主体和打理企业日常经营事务的经理人主体。传统的所有制关系衍生表现为要素主体产权关系。传统的所有者主体则是隐到企业法人主体的"后台"("退"到股东的位置上),与其他联合共同出资的所有者主体一样,通过对分离出来的资本使用权权利进行管理。说到这里,我们可以对所有权实现理论有更加清晰的理解,对"所有权"与"产权"这两个概念的相互关系有更加客观的理解。

因此,积极发展混合所有制,作为基本经济制度的重要实现形式,有利于各种所有制资本取长补短、相互促进、共同发展。绝对不会、也绝对不是要否定公有制,而是为了解决好公有制与市场经济相融合。那种对发展混合所有制可能会否定公有制的"担忧",实际上是因为没有从经济活动行为特点出发理解所有制实现形式和具体实现机制。同样,对于不同出资者相互之间的平等地位的理解这一命题的客观性科学性也就不应该再成为问题。换句话说,市场经济活动中不应该有任何特权股东,或者说超级股东。股权数量有多寡,股东地位是平等的。基于这样的理解,也有助于更好地处理公司治理机制的相关问题。

基于以上分析,我们可以提出,从所有权到产权理论的演进,是人类社会生产方式进步的具体表现和具体要求,也是社会制度创新的具体表现。产权制度的发展和演变是与生产力发展水平相适应的。由于产权的独立存在表现为一定的生产要素的贡献能力,这种要素贡献能力可能就是直接的劳动能力,也可能是以科技、信息等物质性和非物质性(知识性)资产形式出现,它们都体现了一定的产权关系,通过一定的产权制度来进行配置。正是这样,产权的概念得以普遍化。于是,产权制度就成为现代经济组织的基石。以上分析也启发我们,如何从传统的所有制理论走出来,如何对资本的所有权和使用权相分离与实际经济运行有机结合,理解"分工"进入所有权实现过程对所有权理论的创新意义,特别是在企业运营场合需要更多地使用产权理论来讨论资本配置效率、企业治理机制等问题。

10.2.3 如何看待"混合所有制"(混合经济)企业的经济制度性质?

混合所有制经济是指财产权分属于不同性质所有者的经济形式。从宏观层次来讲,混合所有制经济是指一个国家或地区所有制结构的非单一性,即在所有制结构中,既有国有、集体等公有制经济,也有个体、私营、外资等非公有制经济,还包括拥有国有和集体成分的合资、合作经济;而作为微观层次的混合所有制经济,是指不同所有制性质的投资主体共同出资组建的企业。

前已述及,积极发展混合所有制与坚持公有制是两个不同层次上的问题。然而,长期形成的对于所有制关系定性研究的思维惯性,使我们在经济问题讨论中,常常会被追究到具体的某一混合所有制企业究竟属于什么性质,在公私二元分野中如何将它们归类。这样的思维着实会困扰我们。因为"姓公姓私"还会进一步关联上升到"姓社姓资"的"站队"问题。因此就提出了如何看待"混合所有制"企业的经济制度性质问题、是否需要对具体企业定性问题。

我国学界关于混合所有制经济的性质的认定,理论繁多,各有不同。归纳起来,大致可分为"控股"论、非"公"非"私"论、和"公有制"论等几种。持"控股"论者认为,混合所有制经济是一种"控股"经济,以股份制这一现代市场经济中重要的企业产权组织形式最为典型,其性质界定为"既不是传统意义上的公有制经济,也不是典型的资本主义性质的私有制经济"。混合所有制经济实际只是一种资产组织形式,其性质由构成部分中占控股地位的资产所有制性质决定①。持非"公"非"私"论者认为,混合所有制经济本身是一种非"公"非"私"的独立经济形式,它与各种不同所有制形式并列而存;其拥有独立的产权归宿及其自身的演变与发展规律,与私有制同时产生于原始公有制向私有制过渡的过程中;并强调混合所有制经济既不是公有制经济,也不是私有制经济,而是一种非"公"非"私"的独立经济形式,是公有产权和非公有产权在企业内部融合所形成的新的财产所有制结构②。持"公有制"论观点

---

① 孙宗伟:《准确理解"使混合所有制经济成为基本经济制度的重要实现形式"》,《思想理论教育导刊》,2014年第8期。
② 丁晓亮:《论混合所有制》,《学术月刊》,1998年第6期。

的学者认为,所有制的经济性质归根结底取决于基本经济制度的性质,因此,混合所有制经济中公有制经济成分的主导地位决定了其公有的性质①。

既然混合所有制经济无论从宏观、还是微观上都是一个复杂的有机系统,那么,要对混合所有制经济的性质进行界定,就必须分析它复杂的内部结构,抓住它的主要矛盾和主要矛盾的主要方面。混合所有制经济作为现代企业的一种资本组织形式,不是终极所有制本身,也不是所有制的具体形式,而是所有制在资本组合方面的实现形式。因此,将其放在较之公有制和私有制分类的次级层次上考虑,不同经济成分相混合本身并不能规定混合所有制性质,不需要对混合所有制企业追诉定性。况且,在微观层次上,产权结构的动态性决定了混合所有制经济性质的复杂性和动态性。

混合所有制是"用资场合"所表现的所有权关系,按照现代公司制度法人财产权理论,公司制企业的资产都是股东出资人的,只是在现代产权制度安排下,出资人不能够任意抽走(逃)企业的资产,按照出资合约,只有全体股东同意企业歇业清盘,企业(用资人)只能是注销法人资格不再存续。然而,当有个别出资人(股东)想要退出出资人(股东)位置,那他只能是到二级市场去寻找愿意承接其出资者地位的新的出资人(股东),彼此以某一约定的资产价格(股权沽值)买卖交割,原出资人(股东)才能赎回出资资金。这里的股权买卖成交价格受到行情波动影响,存在一定的不确定性。由于投资者权利的股权交易二级市场的存在,使得股票买卖成为现实经济生活中的一种"投资"行为。伴随市场、技术等因素的影响,股权价格会发生波动,以至于具体的混合所有制企业的投资者持股数量发生变动、实际持有股权的股东身份发生变化,因此会有追求对具体的混合所有制企业的"定性"难以稳定,使追诉定性失去必要合理的意义。考虑到企业经营场合的投资者关系的平等性,对于具体的混合所有制企业单独论其性质的工作就显得没有实际意义。

---

① 何自力:《混合所有制经济:性质、目的与根本方向》,《人民论坛·学术前沿》,2014年第9期。

10.3 混合所有制改革进程中的资本公允定价，防止国有资产流失

积极发展混合所有制经济，很大范围上说，主要是对既存的国有企业开放社会资本参股，实际上与产业准入的开放性相关联。因此，引出两个方面的问题，一个是产业开放准入如何保持稳健和机会公平；一个是股权沽值对价如何客观公正。因为原来的行政壁垒，必然存在着产业所提供产品和服务的垄断定价的不合理收益，开放准入机会的投放方式必须是公开的不能是封闭的，是开放的而不能是定向的。吸收社会资本的进入，通过信息公开招标投标集合竞价，注意防止国有资产定价不合理带来的流失损失，就成为比较突出的问题。如果资产定价过高，便会出现有价无市的尴尬局面，难以在市场中找到合适的买者，如果资产定价过低，国有资产"贱卖"，便容易出现国资流失的状况，合理的定价机制是保障国有企业混合所有制改革形成良性有序循环的关键所在。

伴随经济运行必然存在的周期特点，企业需要通过管理协调资源流动重组加以应对，因此国有资产的进入退出应该是市场经济运行中的常态，这样的流动重组产权市场实际上就是生产要素产权市场。生产要素产权市场在我国经济生活中发育相对不充分。也正是这种不充分，制约了推行混改在运用"存量折股，增量募股"方式，募集新进入者时，处理不当就会发生"资产流失"或者是"利益输送"现象。可见，推进混合所有制改革动作受制于多方面的配套条件要求，不顾相关条件只是追求形式上的"混"，容易造成定价不准、"利益输送"等国有资产流失现象。

国有企业混合所有制改造既是国有资本和民营资本在公司产权结构上的混合，也是国有资本和民营资本在产业层面上的混合，尤其是提升垄断性领域的市场竞争水平，一些原来由国有资本控制的垄断性行业开始吸收社会

资本进入。这种行业混合提升了国有资产定价的难度,尽管在竞争性行业中资产的定价机制和定价理论已经较为成熟,但是在垄断性行业中,尚未形成科学可靠的定价方法。实际工作中,因为受制于相关配套条件制约,混改推进工作总体上打开局面,但还是存在诸多的不尽人意的地方。2014年5月21日,国家发改委推出80个投资项目实行混合所有制,第一轮实施的结果,只有28个项目落实了混改目标。

我们在这里尝试对作为央企混合所有制改革示范的中国石油化工股份有限公司(中国石化)油品销售业务混改案例做一个讨论。中国石化销售公司的混改引入了社会和民营资本共计29.99%股权,具体的工作经过了三个阶段。第一阶段,中石化完成业务重组,并启动资产评估工作。2014年2月,中国石化发布公告,率先推出油品销售业务引入社会和民营资本实现混合经营。且董事长在社会、民营资本持有股权不超过30%的情况下,有权确定最终投资者、参股条款、实施程序和其他相关事项。2014年4月,中石化将销售业务全体并入中石化销售公司,完成业务重组。同时确定中国国际金融股份有限公司(中金公司)、德意志银行集团、中信证券和美国银行集团4家大型境内外投资银行担任财务顾问。第二阶段,资产审计评估工作完成,启动引资工作。引资工作采取多轮筛选、竞争谈判的方式进行。首先对有投资意向的投资者进行投资者资质认证。随后组织投资者进行约束性和非约束性两轮报价,由中石化组建来自公司内部和业界的专家组成独立评审委员会,综合考虑投资者报价、投资规模以及投资者行业背景等进行评审,至2014年8月最终确定入围投资者名单。第三阶段,即谈判交割阶段。双方对中石化销售公司日后股权转让、增资扩股协议、公司章程以及上市安排等方面进行谈判,25家境内外投资者于2014年9月12日以1 070.94亿人民币(含有等值美元)认购中石化销售公司29.99%的股权,明确了国有资本和民营资本所有者的权利和义务。至此,中石化销售公司的注册资本由200亿人民币增加到285.67亿人民币,完成了国有独资企业的混合所有制改造。

从工作推进阶段特点和实际结果而言,在完成混合所有制改革工作目标实现度上显示出有比较好的成果,根据相关资料①,笔者认为其中有两个方面值得进一步讨论。一方面,我们国家对于石油价格实行特殊的管理机制,在此前提下,如何对销售环节开放准入,由其他社会资本进入投资经营,一定意义上说并不具备完全的开放条件。另一方面,就实际拿到投资机会成为此轮混改股东身份而言,25家入股股东主要还是该公司具有业务关联的企业。这两个因素叠加在一起,是否更加凸显出某种让"局外人"感觉到就是为改而改嫌疑。

客观上说,给国有资产定价并非人们想象中的完全交给市场决定那样简单,这主要是因为国有企业不仅涉及到对于全社会而言的公平性问题,还涉及中央、地方政府之间的利益博弈,同时又必须考虑企业所处的行业因素②。经过放权让利和抓大放小两轮改革后,在基础产业(能源、通信产业)和服务业已经形成几个具有较强市场地位的大型央企集团,理论上说,这样强势的市场地位在定价时必须考虑相应产生的溢价。下表列示国有资产在各产业的分布情况,其中工业、社会服务业和交通运输业是国有资本覆盖最多的行业,工业中又以石油化工业为重。

表10.1 国有资产行业分布(单位:亿元)

年份	工业	建筑业	房地产业	交通运输业	邮电通信业	社会服务业	其他
2002	31 664	1 968	1 465	8 869	7 382	6 184	6 169
2003	33 500	1 782	1 507	9 816	7 913	7 379	6 606
2004	34 638	1 937	2 061	10 472	8 412	8 338	7 324
2005	39 961	2 240	2 514	12 116	9 027	11 032	8 336

① 百度词条"中石化混改项目",参见 https://baike.baidu.com/item/%E4%B8%AD%E7%9F%B3%E5%8C%96%E6%B7%B7%E6%94%B9%E9%A1%B9%E7%9B%AE/16927595?fr=aladdin

② 杨舟:《国有企业资产转让定价行为分析:兼评国有资产流失观》,《经济研究》,1999年第12期。

(续表)

年份	工业	建筑业	房地产业	交通运输业	邮电通信业	社会服务业	其他
2006	44 453	2 873	3 595	13 519	10 489	11 613	10 025
2007	56 437	3 994	4 142	15 590	10 828	14 291	8 815
2008	64 558	5 598	6 388	18 168	10 743	14 963	9 293
2009	73 410	7 666	7 569	22 318	11 173	21 649	11 120
2010	142 488	14 144	20 430	62 679	33 413	59 012	32 767
2011	185 832	20 520	25 155	73 913	39 163	74 225	45 470
2012	210 670	27 539	32 148	90 245	41 521	94 042	55 067
2013	234 192	33 310	44 503	101 980	42 792	110 091	65 072
2014	232 379	32 842	39 759	51 668	42 307	105 404	54 312
2015	234 811	40 272	49 352	62 393	43 207	141 228	67 534

注：根据有关年份统计年鉴整理。

从博弈论的角度来说，混改过程中存在着两个博弈，其一是各级政府之间的博弈，其二是政府与民营出资人之间的博弈。地方政府出于"自我理性"，在招商引资时的目的主要在于提升官员政绩和提高地方税收，尽管中央政府能起到政策引导的作用，但是其利益并不是地方政府最大化的目标。尤其是在吸引外资时，各地方政府对项目的竞争更加激烈。政府与民营出资人之间的博弈，既体现在双方对资产的不同报价上，也体现在公司章程、双方日后的权利义务等诸多条款的商定上。

再就按生产线和产业链布局来说，民营资本参股国有企业有横向和纵向两种方式。横向参股是指持有生产相同商品或提供相同服务的企业的股权，这种方式在金融服务同业（如银行、保险、信托公司等）之间比较常见。纵向参股指的是对产业链上下游的公司进行股权投资，目的是降低购买原材料和销售商品时的交易费用，从而实现纵向一体化。多个公司交叉持股的直接结果就是股权多元化，由此产生公司管理和财务上的协同效应。如果民营出资人管理企业比国有出资人更有效率,那么国有企业的管理水平在接受民营资本投入后,运行效率会有所提升,当然,这是建立在双方按照其持有股份平等地享有相应经营权力的基础上的,也就是现代公司制度的基础上。

应该说,推进混合所有制改革涉及到的相关因素比较的复杂,受制于市场条件和产业行业特点以及募集合作者的工作方式的不同,可能会直接影响合作对价处理的问题,因此产生国有资产定价不合理的"流失"现象,这是我们在工作中必须十分重视的,这也是维护国有资产自身基本特性的题中应有之义。说到底就是,以推进混合所有制改革作为国有企业改革的新的"突破口"这一方向已经有充分的认识和认同,并且已经在多个试点取得经验的基础上,需要致力于加快市场发育的改革举措相协同,以获取混合所有制改革的综合成果。

结 语

本书立足于从政治经济学的研究视野，将企业视作社会再生产经济运行中的资源配置的微观活动主体，或者说将企业视作资源配置的微观组织载体（"平台"），契合将企业体制定位于整个经济体制构造的"中心环节"或"中心地位"，对40年经济体制改革潮流中的国有企业改革历程的演进进行全景式扫描。我们以时间为线索考察国有企业改革不同阶段的工作内容，以期发现改革推进不断深化是如何具体展开的，改革不同阶段的举措是如何投放的，这些措施的目的又是如何实现的，从而对改革动作取得成果和效应有更加深刻的理解。相关的讨论围绕政府与企业关系的调整入手，依据中国共产党十一届三中全会确定的"改革、开放"方针，特别是对十二届三中全会通过的《中共中央关于经济体制改革的决定》明确将"增强企业的活力"作为整个经济体制改革的"中心环节"，针对企业缺乏活力这一症结，突破传统计划经济体制高度集权、"统收统支"的经济管理模式，通过政府向企业"放权""让利"启动改革，激发企业的积极性，通过利益关系变化形成激发企业经营活力的杠杆机制力量，形成对企业领导管理体制、企业组织体制和企业经济制度变革的"诱致性"力量，促成改革不断走向纵深，迈向寻求符合中国实际的企业制度并使之不断完善。

考察国有企业改革进程，不难发现，一方面，政府给企业放权，从而企业运用一定的自主经营权利，生发出"计划外"的"市场行为"；另一方面，结合改革初始阶段对农副产品价格调整和城市职工的副食补贴做法，导入城乡交换行为的商品货币关系，从而经济体制改革的"市场取向"，社会经济主体的经济理性和经济核算观念等到肯定和重视，催生出市场发育的经营环境，形成企业改革与市场发育的互相促进的改革前行的"内生的"力量，使企业"国营"的模式发生变革，形成"国家所有、企业自主经营"的理论创新，伴随企业自身独立利益意识的增强,围绕如何科学处理政府与企业之间的利益关系,先后经过了两步"利改税"和"承包制",在对于整个经济体制改革明确以"建立社会主义市场经济"作为目标模式的引领下,进一步提出了将企业塑造成为完全独立的市场主体,以建立现代企业制度作为企业改革的工作要求,将企业改革的成果用法律形式加以规范巩固,采取现代公司制企业组织形式,将传统的"国有"企业改制成为"国家出资"的企业,成为完全独立的市场主体。由此我们可以清晰地看到改革推进阶段相互之间的内在逻辑,并透过这一逻辑能够更好地理解企业改革又是如何带动促进整个经济体制改革多个方面内容的变革,全社会资源配置手段方式的变化,包括生产要素(包括劳动、资本、土地、技术等)市场的发育,产品的定价方式的变化;政企关系的调整,包括税收征管和税制结构的变化、政资关系和政企关系的变化、产业准入和投资审批管理方式的变革;特别需要指出的是,在对外开放、吸引国外资本投资等方面,引入国际商务规则,形成对传统经济体制的外部参照和变革增量。所有这些方面汇聚形成改革驱动中国经济踏实前行的强劲力量。这一过程中,对中国经济社会带来更深层次的影响还表现在对于居民就业方式和就业观念的变革,与此同时,还表现在适应经济体制改革实践要求产生新的经济理论,理论的创新又可以更好地指导引领改革不断有所深化。

  国有企业改革在制度创新方面的努力,为经济体制的全面转轨奠定微观基础。客观上说,作为社会再生产活动的具体承担和执行主体,其组织形式和制度安排必须与社会主义市场经济体制具体特征要求相适应。以现代公司制度作为具体组织形式的现代企业制度,就成为社会主义市场经济体制建构的微观基础。有了这样的微观经济主体的制度定位,经济体制的其他方面也就找到了自身体制功能具体的服务对象和配套基准。正是这样,也体现出企业体制改革作为整个经济体制改革"中心环节"的科学定位,反映了企业制度与经济体制其他方面的制度安排和协同配套功能发育之间的有机联系。

  针对传统的国有企业,从政府机构"附属物"的行政性身份和计划经济安排生产活动的"国营"生存状态走出来,以"放权让利"探索开辟出国家"所有权"与企业"经营权"的分离,使国有企业概念有了新的生存方式的规定性,适应市场经济的体制环境要求,通过选择现代公司制度企业组织形式,进一步调整规范政府与企业的经济关系,形成市场化的政府与企业之间的"投资"与"被投资"关系,使国有资本的配置投放出现"名义资本"与"现实资本"之间的新的"分工"关系,投资资本采取公司股本(股份)形式。由此传统的国有企业生产资料所有制关系在动态的经营活动中,表现为具体的资本与其他生产要素配置组合的"产权"关系,也就是从所有权(作为经济性质和法律界定的一般理论认识)向社会再生产动态经济运行中资源配置行为的要素产权的概念含义的"转化",有助于更好地处理公有制与市场经济的相融关系。正是这样,使我们对于公有制实现形式的创新有了更加清晰有效的制度安排。有助于更好地根据经济社会发展阶段目标需要合理配置国有资本,使之与产业技术特点相结合,自觉管理好公有资本在社会再生产的具体分工层级和产业体系的不同环节的配置,保持公有制资本对于社会再生产的调控和引领能力,形成动态的国民经济运行过程中国有资本管理运营的主要工作机制。进一步说,在具体的资本配置场合,公有制资本与其他社会资本之间形成一种全新的合作关系,即混合所有制经济形式,进而生成现代公司的治理结构。我们可以从投资者"市场化"投放资本行为更好地理解其与作为接受投资(即用资主体)的混合所有制经济主体两者之间的关系,清晰地得到"坚持公有制"与"积极发展混合所有制"两个原则可以并行不悖,出资主体和用资主体处在两个不同层次的经营行为轨道上。依据这样的理论分析,对于混合所有制的企业主体所承担的法人"所有制"的理解,就能够与国家"所有制"清晰地加以区别。它们是两个不同层次和不同含义的"所有制(权)"概念。也正是由于存在这样的不同层次区别,我们可以将混合所有制企业主体所表现的"用物权"的"所有"(客观上说,市场经营活动中,法人企业也会有对外投资动作所表现的"出资所有")称之为"法人财产权"。换句话说,混合所有制企业是不同性质的出资主体联合合作出资组建的法人企业,法人企业的资产权益最终都是"出资人"的,"出资人"按照市场经济规则行使出资权利,与企业法人之间形成一定的市场契约关系,甚至可以说两者之间是两个市场主体之间的关系。

基于以上讨论,我们必然会逻辑性地提出由谁出面承担国有资本的出资人职能的问题。大家知道,国务院国有资产监督管理委员会作为国务院的特设机构,代表国务院承担国有资产所有者的角色。但是,由于国有资产经营行为上的"出资"属于市场行为,由国资委直接出面显然存在作为全社会国有资本监督管理和出资行为之间的矛盾,造成"裁判员"和"运动员"的角色混乱,这就需要对国有资产监督管理委员会的职能加以梳理,对经营性出资行为加以分离,授权给国有资本投资公司或者是国有资本运营公司,作为国有资本投资经营主体进入市场行使"出资人"职能。可见,国有企业改革的深化对国有资产管理体制和管理组织体系提出配套改革的要求,组建国有资本经营公司(或投资运营公司)成为改革深化推进的一项重要的工作任务。党的十八届三中全会所通过的《关于全面深化改革若干重大问题的决定》中对此有清晰的表述和工作要求。《决定》指出:"完善国有资产管理体制,以管资本为主加强国有资产监管,改革国有资产授权经营体制,组建若干国有资本运营公司,支持有条件的国有企业改组为国有资产投资公司。"[1]国有资本运营公司行使纯粹型控股公司功能,专司国有资本出资经营,类似于新加坡淡马锡,用以隔离政府与一般企业之间的关系。它是一种具有特殊功能的国有企业,我们也可以将它视作一种"类主权投资基金"。由此建构起国家国资委—国有资本经营公司—国有资本出资企业三个层次的、新型的国有资本管理运营组织体系,这也有助于国有资本管理行为顺利地实现从"管资产"转向"管资本"的工作内容方式的转变。因为"资产"和"资本"的概念范畴内涵和指证的载体对象有很大的不同,"资产"是以企业组织载体为对象,受制于具体企业承担生产经营活动的人财物的具体事务,牵制国有资产经营的流动活力释

---

[1] 《中共中央关于全面深化改革若干重大问题的决定》,人民出版社,2013年,第9页。

放；而"资本"是价值对象，根据保值增值目标要求，能够更加灵活加以流动，有助于提高资本运营的效率。进一步说，作为出资投资行为，投资者的完整权利还应当包括拥有"退出"的权利，形成投资进入与转移退出的完整的投资者权利。这也是解决提升国有资本运营活力的题中应有之义，也是着力提高国有资本控制力影响力和抗风险能力的理论和实践的重要内容。也有助于更好地实现从"管资产"向"管资本"的国有资产管理方式的变化。

在明确以组建国有资本运营公司具体承担行使国有资本"出资人"权利，需要提出对国有资本最终出资人账户的确立，以厘清市场经营活动中可能不断派生的多层级出资关系。也正是基于"终极所有者"概念，自然就会归结到多层级政府主体授权组建国有资本运营公司，多层级国有资本所有权关系。相对于这种纵向的行政层级所表现的多层级国有资本账户，横向的有可能出现法人企业投资行为链条。从接受政府授权的国有资本运营公司作为市场活动中的国有资本的初始的（第一）出资投资行为，与其他社会资本共同出资设立混合所有制企业，这样的混合所有制企业有可能根据市场经营活动面临新的投资机会，以至于出现法人投资的投资链条，这样的投资行为对于我们跟进讨论理解公司治理理论和实践具有现实意义。根据"产权清晰、权责明确"的公司治理特征要求，实践场合的公司治理权利责任一定是表现在这种投资与被投资的"当事人"之间。公司治理准则内容和治理行为（权利）在股东（投资者）大会、公司董事会和日常经营者之间根据成文的治理准则既已明确的投资规模数量的权利分工，形成"当事人"相互之间的责任链条，而不会出现越过投资链条环节的非直接当事人干预或参与的情况发生。

强调公司治理行为的"当事人"概念身份，又需要进一步讨论国有资本产权代表，即新国资经营"代理人"如何遴选委派和考核管理问题。需要培养造就一批具体承担国有资本经营的专门人才，与法人企业日常经营管理人才，共同构成现代公司运营管理的企业家市场发育建设的重要工作内容。借助人才市场大环境，发现人才价值，逐渐形成对于国有资本经营和混合所有制企业日常经营人才的激励约束机制。联系对外开放在投资和贸易往来中对于成熟市场经济的商业规则的接触学习和适应能力的提升,加之对内开放中逐渐成长起来的民间资本力量作为竞争主体与国有企业同台竞技竞争激励,对于现代公司制企业运营的治理结构和治理效率如何有所提高,关键在于承担企业治理的"当事人"企业家的素质,由此凸显出强调作为一种特殊的生产要素的企业家作用的特殊地位和作用。企业家作为一种特殊的、稀缺的生产要素的地位作用需要有更加深入的认识理解。

上述讨论表明,国有企业改革与国有资本管理体制改革作为两个不同对象,相互之间有着相关联动关系。正是通过混合所有制企业组织形式,不同所有制属性的资本共同联合投资,使公有资本与非公资本相互取长补短、相互促进、共同发展。可以更好地发挥国有资本的影响力、控制力,提高国有资本的经营活力和抗风险能力。也有助于更好地处理国有资本与市场经济有机结合,更好地实现国有资本的市场化配置运营,也成为社会主义基本经济制度的重要实现形式。

基于科学准确地对国有企业改革的定位,改革不断深化的进程有着自身内在的逻辑。研究发现这一逻辑对于我们坚定将改革进行到底的信心和决心具有特别的理论和现实意义。沿着这一逻辑展开,需要在实践中进一步加强现代企业制度建设和完善工作,围绕坚持和完善基本经济制度的工作原则,在企业制度规范、制度功能和运行质量方面下功夫,最终还是落实在驱动、呵护企业取得更加稳健的发展,以制度建设能力支撑培育具有全球竞争实力的世界一流企业。国有企业改革进程的内在逻辑和改革实践积累的经验,归纳凝练得到具有中国特色的企业理论成果,作为中国特色社会主义经济理论的重要组成部分。这一理论财富在基本经济制度的特征内容与社会再生产经济运行的资源配置组织等多个维度形成有机的、动态的系统优化协整能力,由此指导企业经济行为具有充分的活力,进而赋予现实社会主义鲜活的生命力。

参考文献

中文文献：

1. 北京师范大学经济与资源管理研究院：《2008 中国市场经济发展报告》，北京师范大学出版社，2008 年，第 80 页。

2. 薄一波：《若干重大决策与事件的回顾（上卷）》，中共中央党校出版社，1991 年。

3. 财政部：《政府会计准则——基本准则》，中华人民共和国财政部令第 78 号，2015 年。

4. 蔡昉：《蔡昉经济文选》，中国时代经济出版社，2010 年。

5. 常修泽：《中国混合所有制经济论纲》，《学术界》，2017 年第 10 期。

6. 陈步林、张晖明、李咏今：《率先探索的进程与思考：上海国资管理体制改革回顾与前瞻》，上海人民出版社，2004 年。

7. 陈林：《自然垄断与混合所有制改革——基于自然实验与成本函数的分析》，《经济研究》，2018 年第 1 期。

8. 陈佳贵：《国有企业经营者的激励与约束：理论、实证与政策》，经济管理出版社，2001 年。

9. 陈清泰：《国企"再改革"八论》，《国企》，2014 年第 6 期。

10. 陈清泰：《国有企业改革的思路和国有资产管理体制改革》，《经济研究参考》，2005 年第 50 期。

11. 陈清泰：《资本化是国企改革的突破口》，《中国金融》，2016 年第 4 期。

12. 陈清泰：《重塑企业制度：30 年企业制度变迁》，中国发展出版社，2008 年。

13. 陈宪：《非公经济发展与国有企业改革》，《上海国资》，1999 年第 11 期。

14. 陈云：《社会主义改造基本完成以后的新问题》，《陈云文选》第三卷，人民出版社，1986 年。

15. 成致平：《价格改革三十年（1997—2006）》，中国市场出版社，2006 年，第 648 页。

16. 迟福林：《中国改革开放全纪录 1978—2012》，五洲传播出版社，2013 年，第 402 页。

17. 褚敏：《政府悖论、国有企业行为与中国经济和谐增长》，中国社会科学出版社，2017 年。

18. 《邓小平文选》第 1、2、3 卷，人民出版社，1994 年。

19. 丁家桃：《首钢是怎样层层落实经济责任制的》，《经济管理》，1982 年第 3 期。

20. 董辅礽：《中华人民共和国经济史》，经济科学出版社，1999 年。

21. 董辅礽：《所有制改革与经济运行机制改革》，《中国社会科学院研究生院学报》，1987 年第 1 期。

22. 方竹兰：《人力资本所有者拥有企业所有权是一个趋势》，《经济研究》，1997 年第 6 期。

23. 方艳：《国有企业改革新路》，中国财政经济出版社，2017 年。

24. 冯建生、徐会志：《中国上市公司独立董事与监事会并构模式探析》，《华北电力大学学报（社会科学版）》，2005 年第 1 期。

25. 高明华：《公司治理与国有企业改革》，东方出版中心，2017 年。

26. 高明华、杜雯翠等：《关于发展混合所有制经济的若干问题》，《政治经济学评论》，第 5 卷第 4 期。

27. 耿明斋、李燕燕：《国有资本生存边界与管理模式》，中国经济出版社，2003 年。

28. 郭雳：中国式监事会：《安于何处,去向何方？——国际比较视野下的再审思》,《比较法研究》,2016年第2期,第74—87页。

29. 樊丽明、李齐云等：《中国地方财政运行分析》,经济科学出版社,2001年。

30. 国家工商总局：《党的十八大以来全国企业发展分析》,中国工商报,http://home.saic.gov.cn/sj/tjsj/201710/t20171026_269949.html

31. 国务院发展研究中心"深化国有企业改革中的突出矛盾与对策研究"课题组：《推进我国国有资本布局调整的建议》,《发展研究》,2016年第10期。

32.《国务院关于国有企业发展混合所有制经济的意见》,中国政府网,http://www.gov.cn/zhengce/content/2015-09/24/content_10177.htm

33. 国务院国资委：《国企改革取得重要阶段性成果》,新浪财经,http://finance.sina.com.cn/wm/2017-06-02/doc-ifyfuzym7756726.shtml

34. 国务院国有资产监督管理委员会研究室：《探索与研究：国有资产监管和国有企业改革研究报告（2006）》,中国经济出版社,2007年。

35.《国务院关于国有企业发展混合所有制经济的意见》,中国政府网,http://www.gov.cn/zhengce/content/2015-09/24/content_10177.htm,2015年9月24日。

36. 国务院发展研究中心"深化国有企业改革中的突出矛盾与对策研究"课题组：《推进我国国有资本布局调整的建议》,《发展研究》,2016年第10期。

37.《〈关于深化国有企业改革的指导意见〉学习读本》,中国经济出版社,2016年。

38. 国务院发展研究中心研究报告建议,国资管理实行"分级所有制",参见http://finance.sina.com.cn/g/20021108/0835276398.html

39. 国家统计局国民经济核算司：《中国国民经济核算》,中国统计出版社,2004年。

40. 国家统计局国民经济核算司：《中国资产负债表编制方法》,中国统计出版社,2007年。

41. 管跃庆：《国有企业改革发展探索》,广西人民出版社,2017年。

42. 哈特：《企业、合同与财务结构》，上海人民出版社、上海三联书店，1998年。

43. 郝云宏、汪茜：《混合所有制企业股权制衡机制研究——基于"鄂武商控制权之争"的案例解析》，《中国工业经济》，2015年第3期。

44. 贺耀敏：《扩权让利：国有企业改革的突破口——访袁宝华同志》，《百年潮》，2003年第8期。

45. 胡家勇：《新时期所有制理论的创新发展》，人民日报，2016年8月1日。

46. 中国共产党第十六届中央委员会：《中国共产党第十六届中央委员会第三次全体会议公报》，人民网，http://cpc.people.com.cn/GB/64162/64168/64569/65411/4429167.html

47. 胡祖才：《纵深推进价格改革，提升价格监管水平，以优异的价格工作实绩迎接党的十九大胜利召开》，《价格理论与实践》，2017年第1期。

48. 黄群慧：《企业家激励约束与国有企业改革》，中国人民大学出版社，2000年。

49. 黄群慧：《国有企业管理现状分析》，经济管理出版社，2002年。

50. 黄群慧、余菁：《新时期的新思路：国有企业分类改革与治理》，《中国工业经济》，2013年第11期。

51. 黄群慧：《破除混合所有制改革的八个误区》，《现代企业》，2017年第9期。

52. 黄赟：《论政府资产的界定与确认》，《预算管理与会计》，2007年第9期。

53. 何自力：《发展混合所有制经济是新形势下坚持公有制主体地位的重要途径》，《求是》，2014年第18期。

54. 洪虎：《关于企业法人财产权的思考》，《中国工业经济》，1997年第1期。

55. 蒋黔贵：《构造权责明确的国有资产管理、监督和运营体系》，《中国经贸导刊》，1995年第15期。

56. 江泽民：《高举邓小平理论伟大旗帜，把建设有中国特色社会主义事业全面推向二十一世纪》，1997年9月12日。

57. 江泽民：《全面建设小康社会，开创中国特色社会主义事业新局面》，人民网，http://cpc.people.com.cn/GB/64162/64168/64569/65444/4429125.html，2002年11月8日。

58. 孔祥俊：《企业法人财产权研究——从经营权、法人财产权到法人所有权的必然走向》，《中国人民大学学报》，1996年第3期。

59. 李宏彬、李杏、姚先国等：《企业家的创业与创新精神对中国经济增长的影响》，《经济研究》，2009年第10期。

60. 李建发等：《政府财务报告研究》，厦门大学出版社，2006年。

61. 李锦：《国企改革顶层设计解析》，中国言实出版社，2015年。

62. 李松森：《国有资产管理》，中国财政经济出版社，2004年。

63. 李涛：《国有股权、经营风险、预算软约束与公司业绩：中国上市公司的实证发现》，《经济研究》，2005年第7期。

64. 李维安：《中国公司治理原则与国际比较》，中国财政经济出版社，2001年。

65. 李新春、苏琦、董文卓：《公司治理与企业家精神》，《经济研究》，2006年第2期。

66. 李扬、张晓晶等：《中国主权资产负债表及其风险评估（上）》，《经济研究》，2012年第6期。

67. 李扬、张晓晶等：《中国主权资产负债表及其风险评估（下）》，《经济研究》，2012年第7期。

68. 李扬：《中国国家资产负债表》，中国社会科学出版社，2015年。

69. 李跃平：《回归企业本质：国企混合所有制改革的路径选择》，《经济理论与经济管理》，2015年第1期。

70. 梁琪、余峰燕：《金融危机、国有股权与资本投资》，《金融研究》，2014年第4期。

71. 吕正，黄速建：《中国国有企业改革30年研究》，经济管理出版社，2008年。

72. 陆军荣：《国有企业的产业经济学分析》，上海人民出版社，2014年。

73. 厉以宁：《混合所有制有四大好处》，《西部大开发》，2014年第3期。
74. 厉以宁：《社会主义所有制体系的探索》，《河北学刊》，1987年第1期。
75. 列宁：《列宁选集》(第3卷)，人民出版社，1995年。
76. 林毅夫等：《充分信息与国有企业改革》，格致出版社，2014年。
77. 林毅夫：《解读中国经济》，北京大学出版社，2012年，第175—176页。
78. 林毅夫、李志赟：《政策性负担、道德风险与预算软约束》，《经济研究》，2004年第2期。
79. 刘小玄、李寿喜：《转轨过程中混合股权公司的相对效率——中国电子电器制造业2000—2004经验数据分析》，《世界经济文汇》，2007年第1期。
80. 楼继伟：《以"管资本"为重点改革和完善国有资产管理体制》，《时事报告（党委中心组学习）》，2016年第1期。
81. 马连福等：《混合所有制的优序选择——市场的逻辑》，《中国工业经济》2015年第7期。
82. 马骏、张文魁等：《国有资本管理体制改革研究》，中国发展出版社，2015年。
83. 马克思：《资本论》(第1、2、3卷)，人民出版社，2004年。
84. 马骏、张文魁等：《国有资本管理体制改革研究》，中国发展出版社，2015年。
85. 米塞斯：《社会主义：经济与社会学分析》(中译本)，中国社会科学出版社，2008年。
86. 闵乐：《中国国有资产管理体制改革研究——基于国有资本性质和特点的视角》，经济科学出版社，2017年。
87. 南开大学公司治理研究中心公司治理评价课题组：《中国上市公司治理指数与治理绩效的实证分析》，《管理世界》，2004年第2期。
88. 南开大学公司治理研究中心公司治理评价课题组：《中国上市公司治理指数与公司绩效的实证分析——基于中国1149家上市公司的研究》，《管理世界》，2006年第3期。
89. 南开大学公司治理评价课题组：《中国上市公司治理评价与指数分析——基于2006年1249家公司》，《管理世界》，2007年第5期。

90. 南开大学公司治理评价课题组李维安、程新生:《中国公司治理评价与指数报告——基于 2007 年 1162 家上市公司》,《管理世界》,2008 年第 1 期。

91. 南开大学公司治理评价课题组李维安:《中国上市公司治理状况评价研究——来自 2008 年 1127 家上市公司的数据》,《管理世界》,2010 年第 1 期。

92. 裴长洪:《中国公有制主体地位的量化估算及其发展趋势》,《中国社会科学》,2014 年第 4 期。

93. 青木昌彦等:《政府在东亚经济发展中的作用》,中国经济出版社,1998 年,第 2 页。

94. 邱海平:《论混合所有制若干原则性问题》,《学术前沿》2014 年 3 月(下)。

95. 戚艳霞:《我国政府综合财务报告制度特点分析和完善建议》,《财会月刊》,2015 年第 13 期。

96. 人民日报评论员:《以建设者品格共筑中国梦》,《人民日报》,2014 年 11 月 26 日,第 1 版。

97. 申慧慧、于鹏等:《国有股权、环境不确定性与投资效率》,《经济研究》,2012 年第 7 期。

98. 沈沛龙、樊欢:《基于可流动性资产负债表的我国政府债务风险研究》,《经济研究》,2012 年第 2 期。

99. 史际春:《企业和公司法(第四版)》,中国人民大学出版社,2015 年,第 226—230 页。

100. 孙丽:《传统文化与公司治理:中日韩企业模式的比较分析》,《比较管理》,2011 年第 3 期。

101. 汤林闽:《中国政府资产负债表:理论框架与现实选择》,《金融评论》,2014 年第 1 期。

102. 汤林闽(执笔):《中国政府资产负债表:构建及估算》,《经济研究参考》,

2014年第22期。

103. 汤林闽(执笔):《中国政府资产负债表2017》,《财经智库》,2017年第5期。

104. 汤林闽:《我国地方政府资产负债表:框架构建及规模估算》,《财政研究》,2014年第7期。

105. 王珍:《基于不同所有权性质的中小板公司治理与绩效的实证分析》,《经济问题》,2012年第1期。

106. 王棣华:《中国文化与公司治理》,《大连民族学院学报》,2007年第2期。

107. 汪海波:《中国现代产业经济史1949.10-2009》,山西经济出版社,2010年,第473—474页。

108. 王曙光:《混合所有制经济与深化国有企业改革》,《新视野》,2016年3月。

109. 王勇:《国务院关于国有企业改革与发展工作情况的报告——2012年10月24日在第十一届全国人民代表大会常务委员会第二十九次会议上》,中国人大网,2012年10月26日。

110. 魏江、陈志辉、张波:《企业集群中企业家精神的外部经济性考察》,《科研管理》,2004年第2期。

111. 吴敬琏:《当代中国经济改革教程》,上海远东出版社,2016年。

112. 吴敬琏:《论作为资源配置方式的计划与市场》,《中国社会科学》,1991年第6期。

113. 吴敬琏、周小川等:《公司治理结构、债务重组和破产程序》,中央编译出版社,1999年,第2页。

114. 吴联生:《国有股权、税收优惠与公司税负》,《经济研究》,2009年第10期。

115. 习近平:《在省部级主要领导干部学习贯彻十八届三中全会精神全面深化改革专题研讨班上的讲话》,2014年2月17日。

116. 习近平:《在中央国家安全第四次工作会议上的讲话》,2015年8月

26 日。

117. 习近平:《决胜全面建成小康社会,夺取新时代中国特色社会主义伟大胜利——在中国共产党第十九次全国代表大会上的报告》,人民出版社,2017 年。

118. 习近平考察江苏徐工集团,《经济参考报》,2018 年 1 月 2 日。

119. 肖庆文:《混合所有制企业数量、类型和行业分布》,中国经济新闻网,http://www.cet.com.cn/wzsy/gysd/1719904.shtml,2016 年 02 月 16 日。

120. 肖贵清、乔惠波:《混合所有制经济与国有企业改革》,《社会主义研究》,2015 年第 3 期。

121.《新旧非公经济"36 条"》,人民网,http://theory.people.com.cn/GB/12128956.html,2010 年 7 月 13 日。

122. 殷军:《国有企业混合所有制的内在机制和最优比例研究》,《南开经济研究》,2016 年第 1 期。

123. 余菁、黄群慧:《新时期全面深化国有企业改革的进展、问题与建议》,《中共中央党校学报》,2017 年第 21 期。

124. 袁东明:《国资布局调整新探》,《中国经济报告》,2016 年第 9 期。

125. 一座铁塔带来的改变——解析国企改革的铁塔样本,新华社,2016 年 11 月 13 日。

126. 章迪诚:《中国国有企业改革编年史 1978—2005》,中国工人出版社,2006 年。

127. 张春霖:《国家所有者的商业化:模仿机构所有者》,《国际经济评论》,2003 年第 5 期。

128. 张晖明:《中国国有企业改革的逻辑》,山西经济出版社,1998 年。

129. 张晖明等:《国有企业市场化与政府机构改革》,《复旦学报(社会科学版)》,1998 年第 6 期。

130. 张晖明、邓霆:《国有资本存量结构调整研究》,复旦大学出版社,

1999 年。

131. 张晖明：《现代公司制的认识深化与实践深化》，《国际市场》，1999 年第 4 期。

132. 张晖明、陈志广：《高级管理人员激励与企业绩效——以沪市上市公司为样本的实证研究》，《世界经济文汇》，2002 年第 4 期。

133. 张晖明：《企业核心竞争力的培育与企业家因素作用》，《上海市社会科学界联合会第二届（2004 年度）学术年会文集》，上海人民出版社，2004 年。

134. 张晖明，张亮亮：《对国资职能和定位的再认识——从新加坡淡马锡公司的全称说起》，《东岳论丛》，2010 年第 4 期。

135. 张晖明、张亮亮：《企业家资本与经济增长：一个文献综述》，《上海经济研究》，2011 年第 9 期。

136. 张晖明，陆军芳：《混合所有制经济的属性与导入特点的新探究》，《毛泽东邓小平理论研究》，2015 年第 2 期。

137. 张林山，刘现伟：《不断增强国有经济的活力、控制力、影响力》，《中国经贸导刊》，2015 年第 11 期。

138. 张维迎：《企业的企业家：契约理论》，上海人民出版社，1995 年。

139. 张维迎：《理解公司：产权、激励与治理》，上海人民出版社，2013 年。

140. 张维迎：《企业理论与中国企业改革》，上海人民出版社，2015 年。

141. 张卓元、房汉廷等：《市场决定的历史突破：中国市场发育与现代市场体系建设 40 年》，广东经济出版社，2017 年。

142. 钟轩：《政府推动，全民参与，法治护航——新加坡共同价值观建设的启示》，《人民日报》，2015 年 6 月 19 日，第 14 版。

143. 《中石化销售公司混改交割完成，1050 亿资金到账》，观察者网，https://www.guancha.cn/economy/2015_03_07_311392.shtml

144. 中国社会科学院工业经济研究所、中国投资协会国有投资公司专业委员会联合课题组：《国有经济布局优化与国有投资公司产业整合》，经济管理出版社，2017 年。

145. 中国社会科学院工业经济研究所课题组:《论新时期全面深化国有经济改革重大任务》,《中国工业经济》,2014年第9期。

146. 中国企业家调查系统:《企业经营者对企业家精神的认识与评价——2009年中国企业经营者成长与发展专题调查报告》,《管理世界》,2009年第6期。

147.《中共中央十一届三中全会公报》(1978年12月22日),http://cpc.people.com.cn/GB/64162/64168/64563/65371/4441902.html。

148.《中共中央关于经济体制改革的决定》,1984年10月。

149.《中共中央关于建立社会主义市场经济体制若干问题的决定》,1993年11月14日。

150.《中华人民共和国全民所有制工业企业法》,中国法制出版社,1997年。

151.《中共中央关于国有企业改革和发展若干重大问题的决定》,1999年9月22日。

152.《中共中央关于完善社会主义市场经济体制若干问题的决定》,2003年10月14日。

153.《中共中央关于全面深化改革若干重大问题的决定》,2013年11月12日。

154.《中共中央、国务院关于深化国有企业改革的指导意见》,2015年8月24日。

155.《中华人民共和国公司法》,中国法制出版社,2014年。

156.《中华人民共和国宪法》,法制出版社,2018年。

157. 中华人民共和国国家统计局,《中国国民经济核算体系》,中国统计出版社,2003年。

158. 中央电视台,《公司的力量》,山西教育出版社,2010年。

159. 中共上海市委、上海市人民政府《关于进一步深化上海国资改革促进企业发展的意见》(2013年12月17日发布),http://finance.ifeng.com/a/20131217/11291452_0.shtml

160. 2016、2017年中央经济工作会议公报。参见：http://www.xinhuanet.com/politics/2016-12/16/c_1120133530.htm；http://www.xinhuanet.com/politics/2017-12/20/c_1122142392.htm

英文文献：

1. Black B S, Jang H, Kim W. Predicting Firms' Corporate Governance Choices: Evidence from Korea[J]. Journal of Corporate Finance, 2006, 12(3): 660-691.

2. Brouwer M T. Weber, Schumpeter and Knight on Entrepreneurship and Economic Development[J]. Journal of Evolutionary Economics, 2002, 12(1-2): 83-105.

3. Cipolla C M. Before the Industrial Revolution: European Society and Economy[M]. Norton, 2010.

4. Coffee J. The Future as History: The Prospects for Global Convergence in Corporate Governance and Its Implications[J]. Social Science Electronic Publishing, 1999, 93(3): 641-707.

5. Dias J, Mcdermott J. Institutions, Education, and Development: The Role of Entrepreneurs[J]. Journal of Development Economics, 2006, 80(2): 299-328.

6. Doidge C, Karolyi G A, Stulz R. Why do Countries Matter So Much for Corporate Governance? [P] ECGI Finance Working Paper No. 50. 2004.

7. Durnev A, Kim E H. To Steal or Not to Steal: Firm Attributes, Legal Environment and Valuation[J]. Journal of Finance, 2005, 60(3): 1461-1493.

8. Fisscher O, Frenkel D, Lurie Y, et al. Stretching the Frontiers: Exploring the Relationships Between Entrepreneurship and Ethics[J]. Journal of Business Ethics, 2005, 60(3): 207-209.

9. Gillan SL, Hartzell J C, Starks L T. Explaining Corporate Governance: Boards, Bylaws and Charter Provisions[P]. Weinberg Center for Corporate Governance Working Paper No. 2003-03.

10. Henderson J. Building the Rural Economy with High-growth Entrepreneurs[J]. Economic Review, 2006, 87(Third Quarter): 45-70.

11. Jensen M, The Modern Industrial Revolution, Exit, and the Failure of Internal Control System[J]. Journal of Finace. 1993, 48(3): 831-880.

12. Porta R L, Shleifer A, Vishny R W. Legal Determinants of External Finance[J]. Crsp Working Papers, 1997, 52(3): 1131-1150.

13. Porta R L, Lopez-De-Silanes F, Shleifer A, et al. Law and Finance[J]. Journal of Political Economy, 1998, 106(6): 1113-1155..

14. Porta R L, Lopez-De-Silanes F, Shleifer A, et al. Investor Protection and Corporate Governance[J]. Journal of Financial Economics, 2000, 58(1-2): 3-27.

15. Porta R L, Lopez-De-Silanes F, Shleifer A, et al. Investor Protection and Corporate Valuation[J]. Journal of Finance, 2002, 57(3): 1147-1170.

16. Lazonick W. Business Organization and the Myth of the Market Economy[J]. Business History Review, 1992, 67(3): 372-503.

17. Lucas R E. On the mechanics of economic development[J]. Journal of Monetary Economics, 1988, 22(1): 3-42.

18. Metcalfe J S. The Entrepreneur and the Style of Modern Economics[J]. Journal of Evolutionary Economics, 2004, 14(2): 157-175.

19. Mueller P. Exploiting Entrepreneurial Opportunities: The Impact of Entrepreneurship on Growth[J]. Small Business Economics, 2007, 28(4): 355-362.

20. René M. Stulz, Rohan Williamson. Culture, Openness and Finance[J].

Journal of Financial Economics, 2003, 70(3): 313 - 349.
21. Romer P. M. Increasing Returns and Economic Growth[J]. American Economic Review, 1986, 94: 1002 - 1037.

后　记

结合自己的教学科研实践,写一本纪念改革开放40周年的专著,是这两年惦记着要做的一件"大事"。经过一段时间的潜心写作,终于划上了句号。

感恩邓小平力主恢复高考,使我在下乡五年后能够重新拿起书本,幸运地成为恢复高考后的第一批大学生,进入复旦大学经济系学习。感恩复旦大学良好的校风和各位老师的精心培育,使我能够接受到系统的经济学知识。当时的复旦经济系,可谓大师云集,蒋学模先生、吴斐丹先生、宋承先先生、夏炎德先生、陈观烈先生、洪文达先生、陈绍闻先生、蒋家俊先生,张熏华教授、伍柏麟教授、洪远朋教授、叶世昌教授等都曾为我们系统授课。更老一辈的漆琪生先生、朱伯康先生等亦曾为我们开设过专题讲座。我们这代大学生在专业能力培养上能够接触到这么多的"大师"是十分幸运的。大师们所拥有的国际视野、专业知识和中国优秀传统文化修养在授课语言和逻辑思辨、举手投足之间给我耳濡目染的教育熏陶。他们在经济学专业知识传授中,立足中国发展现实,在解读传播、研究发展马克思主义经济理论中国化的努力中,以开放的态度介绍西方、传授微观经济学和宏观经济学理论。课堂上接触到的国际最新的经济理论动态,使我较快地跟进进入经济理论和实践的前沿,建构起较为系统的经济学专业知识体系能力。感恩改革开放大时代,使我在学习书本知识的同时,更是从社会实践和与现实世界的交流中感悟理论的魅力和通透心性的力量,建立起国家情怀和社会责任。感恩有我们党坚持改革开放方针,带领全国人民砥砺前行,不断引领改革走向纵深,使我在走上教师岗位后,结合教学科研实践,能够参与诸多改革开放理论研究和政策方案设计工作,为推进改革开放事业贡献自己绵薄的力量。感恩我的父母把我培养成人,教育我爱党爱国,怀有一颗赤诚之心。

改革开放40周年的历程可谓波澜壮阔,方方面面的变革累积的大量可圈可点的案例,值得我们加以总结研究。继承和弘扬老一代经济学家的学术传统和学术风格,立足中国,"不忘本来、吸收外来,面向未来",为改革再出发贡献复旦人的智慧,以体现当代中国经济学人应该担当的学术责任。要求我们齐心协力,发挥集体的智慧。在尽力组织纪念改革开放40周年丛书写作的同时,笔者承担国有企业改革专题,结合既有的研究积累,从一个侧面去进行系统总结梳理,以期发现可能存在其间的认识和实践的规律性的东西。记得20年前,为纪念改革开放20周年,本人撰写了《中国国有企业改革的逻辑》(1998年12月,山西经济出版社)一书,作为复旦经济学院纪念改革开放20周年丛书的一本,该书主要尝试提炼概括企业改革内在的逻辑,认为政府与企业关系的调整是经济体制改革的一条"主线",围绕政府与企业关系调整存在着从"利益约束"激活企业理性,朝着规范利益约束的"契约约束"迈进,赋予企业独立法人资格"身份",并最终要走向寻找界定政府与企业关系"制度约束"的法制规范。基于这样的分析,笔者在该书的"展望"部分,提出了"让国有资产向优势行业集中"和"向优秀企业家手里集中"的改革深化理论政策建议。此后,笔者的研究顺着"搞活企业""搞活国有经济"的实质应该是"搞活国有资本"理论认识深化线索,探讨如何解决好"国有资本与市场经济相融性"这一深层次问题,强调企业的活力根本上应该是"资本的活力"。结合有关课题研究,笔者又出版了《国有资本存量结构调整研究》(1999年5月,复旦大学出版社)一书,对"国有资产"和"国有资本"概念加以区分,提出应该重视"资本"概念和对资本配置运行管理体系建设,在该书中提出国有资本管理模式构想,即:"价值性管理、股权化配置、民营化治理、市场化流动",赋予国有资本以流动灵活性。联系企业运营活动中的所有者权益责任关系处理而言,表现在具体的"产权权利责任关系",这就有产权关系处理与传统政治经济学理论所重视的"生产资料所有制"理论如何贯通,这一问题似乎又回到政治经济学研究的轨道上。笔者的博士论文中就曾经有"从所有权到产权"的讨论(见《跳出所有制禁区:现代企业产权理论解析》,上海译文出版社,1994年12月)。可见,用政治经济学理论研究国有企业改革问题,有着莫大的理论解释和理论创新空间。笔者从中感受到政治经济学理论的魅力。

2008年,爆发了全球金融危机,对既有的经济学理论提出严峻挑战,激发起本人对不同经济理论比较的研究兴趣。结合对30年改革开放经验总结,笔者在有关研究中认识到,如何将改革开放的成功经验上升到理论层面,作为国家"文化软实力"重要组成内容,需要"从成功案例总结经验,从经验总结凝练生成新的概念范畴,从概念范畴积累发现它们之间的逻辑关联形成范畴体系",才能为创新中国特色社会主义理论贡献智慧、添砖加瓦。本人先后发表过有关"软实力的经济效应"、解读中国崛起建构"中国经济学"的相关论文。2015年,学院要我负责政治经济学教研室的工作,给予我设计规划复旦政治经济学学科建设发展的机会,正值习近平总书记提出创新发展中国特色社会主义政治经济学,"开拓马克思主义新境界"的号召,我和学院的政治经济学教学科研团队积极行动,组织研讨交流、发表相关成果,并筹划发起以纪念改革开放40周年为主题的丛书写作。

本书所讨论的国有企业改革主题,一直是我国经济理论界关注的热点。公有制生产关系如何理解、如何定位、其具体规定性对于国家经济制度性质特点有什么意义?公有制生产关系如何配置、如何才有效率或者说"更有效率"?如何处理好公有制生产关系与市场经济相融合?政府与企业之间在资本关系和企业经营活动中的产业准入、就业税收、会计核算和市场竞争等方面的管理关系如何处理?不同的处理方式对于经济社会建构和社会秩序会产生什么影响?等等。这些话题涉及的内容可谓"高大上";但是,"高大上"最终需要在现实的资源配置和经济运行中加以表现和体现,也就是说必须"接地气"。我在本书中的讨论,尽管总是想要把话说透,但总还是存在个人认识上的局限性,存在不准确、不透彻的地方,敬请读者提出。希望读者能给我邮件联系,提供思想学术的帮助。我的电子邮箱地址是:hmzhang@fudan.edu.cn。

在这里还需要特别说明,本书在写作过程中,组织了我所指导的部分研究生一起参与,通过多次的讨论促使同学们对国有企业改革问题有所接触思考,我希望通过指导同学们对相关文献阅读和消化,并能动笔写下对相关问题的见解心得,能够促使他们了解企业改革的实际进程和所产生的积极效应,让他们在参与问题研究中得到理论训练和学术能力的收获。同学们搜集的相关资料和所写的文字,对我的写作提供了一定的帮助。他们是:博士研究生刘入嘉、万建军,硕士研究生陈鑫、张俊、荆文娟、程曦、丁园芫。他们中间有的已经把研究内容与自己的学位论文选题很好地结合起来,进入到相关问题比较深入的境界。作为师生能够一起做研究工作,教学相长,也是做老师所特有的成果收获。

复旦大学出版社的徐惠平副总编、戚雅斯编辑,以图书出版编辑特有的专业素养和一丝不苟的工作态度,对全书的体例和相关章节、述语处理提出了不少改进建议,为本书增色不少,在此一并给予衷心的感谢。

张晖明

2018年12月1日谨识于复旦园

图书在版编目(CIP)数据

国有企业改革的政治经济学分析/张晖明著. —上海:复旦大学出版社,2019.6 (2020.3 重印)
(纪念改革开放四十周年丛书)
ISBN 978-7-309-14070-5

Ⅰ.①国… Ⅱ.①张… Ⅲ.①国有企业-企业改革-政治经济学-研究-中国 Ⅳ.①F279.241

中国版本图书馆 CIP 数据核字(2018)第 278762 号

国有企业改革的政治经济学分析
张晖明 著
责任编辑/戚雅斯

复旦大学出版社有限公司出版发行
上海市国权路 579 号　邮编:200433
网址:fupnet@fudanpress.com　http://www.fudanpress.com
门市零售:86-21-65642857　团体订购:86-21-65118853
外埠邮购:86-21-65109143
江阴金马印刷有限公司

开本 787×1092　1/16　印张 23　字数 302 千
2020 年 3 月第 1 版第 2 次印刷

ISBN 978-7-309-14070-5/F·2532
定价:78.00 元

如有印装质量问题,请向复旦大学出版社有限公司出版部调换。
版权所有　侵权必究